场 景
研究文库
SCENES
ACADEMY
LIBRARY

触碰社会更迭的高光时刻
打开人类文明的时空之窗
挖掘国家治理的文化逻辑
探寻美好生活的场景密码

场景研究文库 | 主编　齐骥　[美] 特里·克拉克

蜂鸣

文化艺术如何创造城市动力

The Power of Buzz

How Cultural and Artistic Activities Create Urban Dynamics

主　编　齐　骥
副主编　陆梓欣
陈　思

知识产权出版社
全国百佳图书出版单位
—北京—

图书在版编目（CIP）数据

蜂鸣：文化艺术如何创造城市动力 / 齐骥主编 .—北京 ：知识产权出版社，2025.3.

ISBN 978-7-5130-9728-4

Ⅰ . G0；TU984

中国国家版本馆 CIP 数据核字第 2025D4S977 号

内容提要

本书深入探讨了文化艺术在塑造城市活力和激发城市动力中的关键作用。全书考察了全球多个城市，从纽约到柏林，从芝加哥到东京，从多伦多到首尔，再到北京、上海、成都、深圳等城市，作者通过详尽的案例研究和理论分析，诠释了文化艺术如何成为驱动城市创新、社会凝聚和经济发展的核心力量。书中强调，正如蜜蜂为花朵授粉一样，艺术家和文化从业者通过他们的集聚交流、创意实践，创造了广泛而生动的社会联系，产生了宝贵的“蜂鸣”，促进了城市的创意孵化，激发了社区的参与互动，更增强了城市的文化认同感和归属感。“蜂鸣”生产力，是伟大并具有创造性的。

本书适合场景理论、城市发展、社区营造、文化空间建设等研究领域的读者阅读。

责任编辑：李石华　　　　**责任印制**：孙婷婷

蜂鸣——文化艺术如何创造城市动力

FENGMING —— WENHUA YISHU RUHE CHUANGZAO CHENGSHI DONGLI

主编　齐骥　副主编　陆梓欣　陈思

出版发行：	知识产权出版社有限责任公司	**网　　址**：	http：//www.ipph.cn
			http：//www.laichushu.com
电　　话：	010-82004826		
社　　址：	北京市海淀区气象路50号院	**邮　　编**：	100081
责编电话：	010-82000860转8573	**责编邮箱**：	303220466@qq.com
发行电话：	010-82000860转8072	**发行传真**：	010-82000893
印　　刷：	北京中献拓方科技发展有限公司	**经　　销**：	新华书店、各大网上书店及相关书店
开　　本：	787mm×1092mm　1/16	**印　　张**：	17
版　　次：	2025年3月第1版	**印　　次**：	2025年3月第1次印刷
字　　数：	280千字	**定　　价**：	88.00元

ISBN 978-7-5130-9728-4

前　言

艺术和文化不仅丰富了个人生活，还在推动社会、政治及经济变革中扮演着不可或缺的角色。尽管这些领域的创新与变革经常遭遇人们的抗拒——因为人们倾向于维持既定的生活方式，并对新事物持保守态度——但历史证明，从工业革命到计算机的普及，再到社会运动如女权主义或环境保护，创新与变革一直是人类进步的重要推动力。

本书探讨了艺术和文化如何在全球范围内作为新的模式运作，强调它们不仅能为生活增添色彩，更是社会变革的强大驱动力。作者通过两个主要理论视角来分析这个问题：一是阿历克西·德·托克维尔（Alexis de Tocqueville）关于公民参与促进民主合法性和信任的观点；二是约瑟夫·熊彼特（Joseph Schumpeter）和简·雅各布斯（Jane Jacobs）关于“创新”作为经济发展核心驱动力的理念。然而，当试图将这些西方起源的理论应用于中国、韩国和日本时，发现它们并不完全适用，从而促使学者们重新思考并整合出一个更适合全球语境的新概念。

一、公民参与与民主合法性

阿历克西·德·托克维尔在其著作《论美国的民主》中深入探讨了公民参与对于民主的重要性。罗伯特·帕特南（Robert Putnan）等人进一步研究了社会资本的作用，虽然罗伯特·帕特南的作品在某些方面深化了对公民参与的理解，但其有时忽略了特定文化和历史背景的影响。例如，《独自打保龄球》虽引发了广泛讨论，却未能充分考虑不同地区间的差异性。相比之下，《让民主运转起来》通过对意大利北部和南部地区的对比研究，揭示了民主形式可以因地域而异，并且这些早期形成的模式至今仍在影响着当地的政治文化。

二、“蜂鸣”概念的提出

为了更好地理解艺术和文化对现代社会的影响，本书提出了“蜂鸣”这一概念。“蜂鸣”指的是艺术和文化活动中产生的象征性资源，能够以直观且感性的方式影响政治决策和社会发展。这种资源不仅限于富有的地区，即使在全球经济最不发达的地方也能找到其表现形式，如非洲音乐和艺术所展现出的力量。此外，“蜂鸣”还体现在全球化进程中，即使是在信息不对称的情况下，也能通过流行文化和互联网连接起世界各地的人们。

随着时代变迁和社会背景的变化，艺术和文化作为社会变革力量的重要性愈发凸显。年轻人在着装、音乐和生活方式上紧跟时尚潮流，而大多数人则在 20 岁左右就完成了生活方式的定型。随着年龄的增长，人们往往延续既定的生活方式而抗拒改变，这在创新过程中尤为明显。戏剧性的范式转变需要多年时间才能普及，即便创新已经悄然进入家庭并改变了生活方式，许多观察人士仍可能否认这些变化的影响。

三、案例研究与实践应用

通过深入分析多伦多和芝加哥等城市的具体案例，本书展示了艺术如何重塑城市形象和发展战略。多伦多通过社区艺术团体的努力实现了托克维尔式的公民参与，而芝加哥则采取了不同的路径，体现了艺术和文化可以在多种语境下发挥作用。同时，书中也探讨了全球化与本土化的张力，尽管全球化使世界各地的人们更容易接触到相同的流行文化和消费模式，但本地的艺术形式和文化表达仍然具有强大的生命力。

四、构建新的理论框架

本书的目标之一是激励读者和分析人士在应对政治文化多变的语境和转变区域动力的实践中保持敏锐的洞察力。它增加了制度、语境和价值三个维度，帮助建立一个新的托克维尔分析框架，有时称为“场景”（Scene），它强调了语境及价值在面向主要参与者时所表现出的显著性。

因此，本书的第一篇和第二篇重新审视了托克维尔 / 帕特南公民参与的基本模型，强调地方参与者所处的具体语境及其“游戏规则”。通过深入分析来自多个国家和地区精确的比较数据，我们发现实际的公民参与情况往往与阿历克西 · 德 · 托克维尔和罗伯特 · 帕特南提出的理论预期不同。尽管如此，我们并未否定公民参与可以提高领导能力和合法性这一积极观点，而是进一步探讨这些效应在哪些情况下会发生或不会发生。

五、创新与经济发展

本书的第三篇拓展了第二条理论视角，即从强调公民参与转向关注观念和创新如何驱动经济发展。这一路径强调了宽容、非传统主义甚至波西米亚气质的个体和城市中萌发的思想创新。约瑟夫·熊彼特和简·雅各布斯的传统理念在此得到延续，并被理查德·佛罗里达（Richard Florida）、爱德华·格莱泽（Edward Glaeser）等人进一步发展。其核心观点是，波西米亚气质的邻里构成和生活方式促进了社会的包容精神，吸引了具有创意精神或冒险式创新能力的人才迁入，进而推动专利、发明等创新成果成为经济增长的重要动力。

六、“蜂鸣”的广度、深度和速度

第四至六篇则聚焦于“蜂鸣”——一种源于艺术和文化活动的象征资源，它比传统的货币和工作更具感性和直观性。当前，市民生活方式已经实现了艺术和文化的转向，公民更加积极参与艺术组织并花费更多时间在这些活动中，且这些行为与幸福感和健康紧密相连。此外，新的政治体系也受到了影响，民粹主义、媒体关注度及公民关怀逐渐成为焦点。自 1968 年以来，尤其是柏林墙倒塌后，人权、性别角色和环境等议题在全球范围内广泛传播，挑战了传统政党形态。

“蜂鸣”不仅是艺术和文化领域内的现象，它还作为一种新的象征性资源，在政党和传统等级制度之外连接领导人和公民。“蜂鸣”的重要性在全球范围内日益显著，如日本的“酷日本”战略就显示了政府对流行文化和动漫产业的支持。然而，“蜂鸣”并非单一因素，而是多元化世界的一部分，其中还包括其他相互交织的社会、政治和经济力量。

通过多伦多和芝加哥的案例研究可以看出，艺术如何带动政治和经济变革。不同语境下的参与者公开讨论优先事项，形成了独特的新政治文化，强调了语境变化对区域发展动力的影响。全球化背景下，即使是在经济欠发达地区，艺术和文化也能展现出强大的影响力，如非洲音乐和艺术所体现的情感力量。同时，本土文化的敏感性和热议可以在一定程度上抵御全球化趋势。

最后，“蜂鸣”的产生和运转机制随语境变化而转变，特别是在不同政治文化中。年轻人通过创造新的艺术体验改变他们的政治和社会经验，而一些成年人也在独特的艺术体验中找到新的灵感。这些活动打破了旧有分类，建立了新的组合形式，创造了激情和野心，深刻影响着生活、政治和经济形态。本书试图构建一个理解“蜂鸣”的理论框架，以揭示其广度、深度和速度对社会产生的剧烈影响。

芝加哥大学社会学系终身教授特里·克拉克（Terry Clark）
中国传媒大学文化产业管理学院教授、博士研究生导师齐骥
2025 年 1 月

目 录

第一篇 场景理论的全球研究与中国实践

第二篇　文化参与的全球范本与区域研究

第三篇　波西米亚情境与创意阶层集聚法则

第六篇　文化参与的全球语境与社会法则

第一篇　场景理论的全球研究与中国实践

本篇聚焦“场景理论”的全球探索及其在中国的具体应用，深入探讨艺术、文化与社会变迁的深层联系。通过对比不同国家和地区的发展模式，揭示宽容、非传统主义及波西米亚气质作为创新和经济增长驱动力的重要性。中国实践中展示了独特的托克维尔式公民参与和社会组织形式，结合本土文化和政策环境，形成了别具一格的艺术驱动发展路径。案例研究表明，在快速城市化进程中，中国的艺术家和创意阶层不仅促进地方经济繁荣，还推动公共空间重塑和社会资本积累，为全球化背景下的地方发展提供宝贵视角。本篇旨在连接全球理论与本土实践，为中国及其他国家提供有价值的参考，展示如何通过艺术和文化的独特力量实现社会和经济双重转型，强调在全球化背景下保持地方特色的重要性，并说明如何结合本地资源和国际趋势以实现可持续的社会经济发展。

一起卡拉 OK VS. 独自保龄球：西方规则转为发展与民主驱动力的场景诠释 *

摘　要：本文探讨了激发工作场所活力、政治合作、民主、信任、经济与人口增长的关键因素，以及可能对其形成阻碍的要素。罗伯特·帕特南、西德尼·维巴（Sidney Verba）、理查德·佛罗里达等学者提出的西方模型，在分析亚洲时遇到显著差异。这些模型强调个人主义和个体主动性，如阿历克西·德·托克维尔的“参与促进合法性”和“波西米亚促进创新”，在中国、韩国和日本的研究中往往需要调整或重新审视。随着西方社会传统团体作用减弱，新兴的社交形式如卡拉 OK 餐厅和酒吧开始在巩固工作和家庭团结方面扮演关键角色。构建了一个多层次框架，阐明文化、政治和经济动力如何相互渗透组合。年轻人、工人及普通大众的参与或疏离对社会过程产生重要影响。艺术和文化不仅构成时尚和魅力，也可能被视为违规或非真实的表现，具体取决于其背景环境。

关键词：波西米亚；城市；文化；艺术；经济发展；民主；参与；政治

在探讨全球化时代背景下，欧洲、美国和亚洲的角色逐渐被定义为“过去”“现在”和“未来”的象征意义。这种转变要求我们重新审视源自欧洲的理论，并思考这些理论如何在美国及亚洲语境中应用。学术界关于全球化的对话特别强调了不同区域背景的独特性、历史深度与细节丰富性，这些因素构成了构建全球联系和模式的基础。

社会科学领域在过去十年中聚焦于两个核心议题：市民参与对政治制度合法性的影响及创新作为经济和城市发展动力的重要性，其中包括波西米亚精神的作用。阿历克西·德·托克维尔和罗伯特·帕特南等人提出，市民参与可以增强政治制度的合法性，

---

* 本文作者特里·克拉克，芝加哥大学社会学系终身教授；查德·安德森（Chad Anderson），仁川国立大学公共管理系客座教授；米雷·比恩（Miree Byun），首尔研究所未来与社会政策研究部主任，社会学博士；张元浩（Wonho Jang），首尔大学城市社会学教授；金石浩（Seokho Kim），韩国首尔成均馆大学社会学系助理教授。译者吴军，北京市委党校（北京行政学院）教授。

这一观点通过马萨诸塞州城镇会议和北意大利城邦等案例得到了支持，形成了所谓的**模型1**。同时，约瑟夫·熊彼特、简·雅各布斯、理查德·佛罗里达、爱德华·格莱泽等人则强调了创新对于城市和经济发展的重要性，他们认为波西米亚精神是推动创新的关键因素。

然而，当我们将视角从欧洲转向美国再到亚洲时，这些理论可能需要进行相应的调整、修正甚至质疑。安格·维特（Angcla Welt）的研究显示，在西欧和美国，更多的本地活动参与确实提高了国家层面的政治制度的信任和合法性认同。但是，考虑到不同的背景（Context）和场景（Scene），即特定的社会文化环境和具体的历史条件，这些理论的有效性和适用性可能会发生变化。背景能够改变游戏规则并影响动机模式，从新教伦理到儒家思想，再到现代主义、后现代主义和后物质主义，乃至当前场景的演变，艺术和文化也在这个过程中扮演着重要角色。[1]因此，为了更好地理解市民参与和创新作为发展动力的作用，我们需要超越原有的假设框架，更加重视背景和场景的研究，以适应不断变化的全球环境。

此外，另一项研究聚焦于拉丁美洲地区，结果显示大部分拉美国家的市民参与度、信任感和合法性都较低。[2]这促使了许多秉承“托克维尔 / 帕特南”传统的学者寻求增加市民参与的方法，希望通过扩大市民的参与度来减少本地区的暴力现象，并提升公共和社区生活质量。这种方法被称为**模型2**。尽管模型2提供了一个新的视角来审视市民参与政治制度合法性之间的关系，但它并未从根本上挑战托克维尔 / 帕特南模型的因果逻辑，而是对原有理论进行了有益的补充，强调了在不同背景下市民参与的重要性。

一、市民参与能够带来许多结果

当视角转向亚洲某些国家时，模型1和模型2所蕴含的准决定论（Quasi-Determinism）受到质疑，因此催生了**模型3**。在模型3中，非市民变量之间的正相关关系可能取代模型1所强调的市民参与。例如，在日本，尽管市民的参与度相对较低，甚至与拉丁美洲国家的水平相当，但日本的信任度和政治制度合法性却与欧美国家大体相似。这种现象在诸如国际社会调查项目（International Social Survey Programme，ISSP）、世界价值观调查（World Values Survey，WVS）等标准化市民参与度的调研中有所体现（见图1）。

[1] VETTER A.Local Politics：A Resource for Democracy in Western Europe：Local Autonomy，Local Integrative Capacity，and Citizens' Attitudes toward Politics［M］. Lanham：Lexington Books，2007.

[2] MORENO A. Citizen Vies of Democracy in Latin America［M］. Pittsburgh：University of Pittsburgh Press，2001.

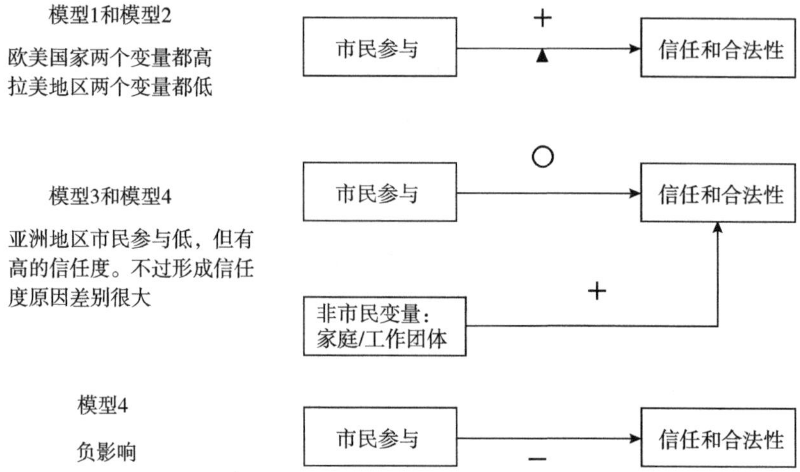

图 1　不同模型下市民参与对政治体系的信任的影响

注："+"表示正向影响；"–"表示负向影响；"▲"表示增加正向影响；"○"表示没有直接的线性关系或影响不明确。

西摩·李普塞特（Seymour Lipset）在其著作《美国例外论》的最后一部分及关于日本数据的附录中详细讨论了这些结论，而弗兰西斯·福山（Francis Fukuyama）在《信任》一书中也探讨了类似议题。然而，小林（Kobayashi）的研究进一步质疑了这种信任的深度，指出在日本，市民参与受到传统领导关系、侍从联系和政党忠诚等多种因素的限制。[1]他特别提到，普遍存在的侍从实践正在削弱特定群体之间的信任，特别是在大城市中受过更好教育的年轻人和专业人士。

通过结合对市民与政党、领导之间联系的细致分析及国家和地区资料的交叉分析，小林的研究揭示了国家内部的差异和变化动态，表明北美和西欧的许多"标准"实践并未广泛应用于日本。[2]

日本研究所强调的主要元素包括家庭纽带的强度、孩子对父母和社会权威的社会责任感、工作环境中同事间的紧密关系及对传统领导的顺从联系。什米尔·艾森斯塔特（Shmuel Eisenstadt）在其关于日本文化的书中指出，尽管经历了外部影响和 20 世纪的现代化努力，这些社会模式仍然适应并持续存在。[3]

金硕浩（Seokho Kim）的博士论文利用 ISSP 国际性调查数据比较了 38 个国家，挑战了托克维尔模型 1 的普适性。他的研究表明，虽然模型 1 适用于大多数欧洲西北部国

---

❶ KOBAYASHI Y. Malfunctioning Democracy in Japan：Quantitative Analysis in a Civil Society［M］. Lanham：Lexing，2011.

❷ INOGUCHI T. Political Cultures Do Matter：Citizens and Politics in Western Europe and East and Southeast Asia［J］. Japanese Journal of Political Science，2002（2）：151–171.

❸ EISENSTADT S. Japanese Civilization［M］. Chicago：University of Chicago Press，1995.

家和美国，但在其他地区，市民参与对政治体系的影响有限，甚至可能减少对政治体系的信任和支持。金硕浩发现，类似的模式也在葡萄牙、巴西和东欧出现，这意味着高社会参与度并不总是带来更高的信任。[1]

这一发现提示我们需要考虑更广泛的背景因素，如性别、年龄、家庭生活状况、信仰等，来解释为何在某些情况下市民参与不能带来信任。它还促使我们思考新社会运动（New Social Movements，NSMs）及其变种——新新社会运动（New New Social Movements，NNSMs）如何在不同背景下兴起，特别是那些没有正式组织结构的社会运动。

二、创新如何驱动经济增长?

第二个核心观点是，随着制造业的下降和传统工业生产模式的衰败，一些经济学家重新审视了他们关于驱动经济增长的理论。传统的土地、劳动力、资本和管理效率作为驱动力已显不足。在新构想中，创新或创意被看作驱动经济增长的核心要素。最具影响力的理论家包括约瑟夫·熊彼特（Joseph Schumpeter），他在《资本主义、社会主义和民主》一书中强调了资本主义企业家的创造性破坏（Creative Destruction）在打破旧生产方式中的重要作用。简·雅各布斯则关注个体邻里社区，如纽约的格林威治村，以其独特的波西米亚风格挑战现有的思考和行为方式。

在这种背景下，城市作为邻里和街道连接的一系列设置变得更有力量，在这里人们能够在咖啡馆、户外书店、社区里互动和交谈；这些互动渗入了一种邻里意义上的区别感，有时会产生从政治请愿签名到示威游行之类的集体行动。简·雅各布斯亲自动员社会力量来终止由纽约著名规划师罗伯特·莫泽斯（Robert Moses）负责的一些高速公路建造项目，因为这些项目并未充分考虑当地居民的利益和意见。简·雅各布斯转变了规划领域里许多习以为常的观念，这种转变后来还扩展到了城市经济学、社会学和地理学之中，特别是通过理查德·佛罗里达和爱德华·格莱泽及其同僚们的详尽研究，这一点变得更加明显。这些观念在21世纪初成为研究者、政策制定者、建筑师和规划师中的主流思想。

然而，当我们转向西方社会之外的区域，如亚洲时，我们必须问：这个模型如何才能“站得住脚”呢？关键点在于，波西米亚精神在亚洲大部分地区较弱甚至不明显，至少运用西方指标工具来测量波西米亚生活方式、思考和行为方式所得出的结论是这样。

---

[1] KIM S.Voluntary associations，Social Inequality and Participatory Democracy from a Comparative Perspective，Doctoral Dissertation，Department of Sociology［D］. Chicago：University of Chicago，2008.

然而，中国、日本和韩国却能取得大量专利，生产出许多新形式的电子硬件和软件，以及最新的音乐和设计。此外，当欧洲经济挣扎、美国经济不景气时，亚洲许多国家在经济上却表现出较强的韧性。这表明，简单的理论可能是错误的，即所谓的标准西方波西米亚并不是创新的关键来源，或者我们需要找到更好的思路来理解波西米亚与创新之间的关系。

三、作为合成器的背景

从黑格尔提出"观念以对立构成否定，而后贯穿彼此的统一中蕴含多元"的论断之后，卡尔·马克思（Karl Marx）用它来说明无产阶级与资产阶级如何通过阶级冲突来推动最基本的历史转型。然而，马克斯·韦伯（Max Weber）认为，马克思主义者所强调的基于物质主义的冲突是不完全的。他增加了背景维度，通过对全球范围内的广泛研究，指出一些地区是如何成功发展出理性的市场、组织化的工业、远距离贸易伙伴和其他现代工业资本主义要素的，而其他大部分地区则未能实现这些发展。这是为什么？马克斯·韦伯在其著作《新教伦理和资本主义精神》中详细说明了加尔文新教作为核心驱动力的作用。接着，在后续的研究中，他探讨了缺乏这些关键元素的地区，如印度、中国、欧洲南部天主教区及环绕古犹太和希腊的旧中东地区，这些国家和地区的抑制因素在一定程度上影响了它们的发展。

马克斯·韦伯还引入了承载于个体大脑和心中的价值维度，这些价值观能够以一种超越物质自我利益的方式驱动人们前行。他指出，单独依赖金钱手段往往会导致不可靠的合作、不被信赖的军队和腐败的政府官员。合法性概念，甚至是对上帝和救赎的追求，作为一种价值，在市民、消费者和士兵的心中扮演着重要角色，这是马克斯·韦伯从现代复杂经济的精英模型迈向更广泛的市民驱动的概念的重要贡献。菲利普·戈尔斯基（Philip Gorski）进一步丰富了这一分析，特别是强调了加尔文主义的政治元素。

当我们转向21世纪更为复杂和弹性的时代时，马克斯·韦伯提出的合法性三个组成部分（传统主义、超凡魅力和官僚主义）似乎有所不足。教育、收入及互联网带来的信息革命已经极大地提高了普通人的精明程度。这些变化促使那些较为简单的理论（通常是自上而下的）忽视了市民价值维度及其复杂性，从而经历了显著转变。在以"新政治文化"为主题的系列著作中，我们展示了这些转变，强调提高市民资源（如教育和收入）的要素如何创造新的独特背景，改变过去较为简单的关系模式。[1]特别地，我们通过引入场景理论的15个维度分类，扩展了一般逻辑框架。这一方法不仅帮助我们形成

---

[1] CLARK T. The New Political Culture［M］. Boulder：Westview Press，1998.

了有关市民参与、创新与波西米亚精神的新理论，还为我们提供了重新解释模型 1 和模型 2 之间冲突与不一致的新视角。场景理论的运用使我们能够将亚洲与欧美的经验连接起来，从而在全球体系的背景下对这些现象进行更加连贯和全面的诠释。

四、背景、价值和场景

关于波西米亚和市民参与的两个一般化命题正在被第三个概念——背景（Context）所转变。家庭是一个典型的背景，它改变着个人的行为模式。然而，场景比家庭更大。随着个人主义的传播，“场景”作为一种开放性的物理空间悄然崛起，这种空间允许个体自由进出，更多地受个人偏好驱动，而非额外强加的社会元素（如阶级、国家、教堂或家庭义务）。

例如，茶室、公园和人行道可以被视为亚洲经典活动的广阔场景。家庭群体经常参与到餐厅或教堂等场景中，但较少涉足极端的波西米亚生活设施（如文身店和非主流音乐会）。社会科学家考虑了多种构建场景理论机理的背景，并将这些背景组合起来，创造出一种新的、全面的综合体。

一个完整的场景包括以下七个方面。

一是社区邻里：聚焦于特定的社区邻里，而不是更大的城市、大都市区、州、省或民族。

二是物质结构：如舞蹈俱乐部或购物商场等具体的物理空间。

三是人群特征：根据种族、阶级、性别、教育、职业、年龄等因素描述的人群。

四是特殊组合与活动：上述三个因素的独特组合及其嵌入的活动，如青年科技工作者参加当地的朋克音乐会。

五是符号意义和价值：这些组合表达的符号意义和价值，包括合法性（Legitimacy）、戏剧性（Theatricality）、真实性（Authenticity），以及公共性（Publicness）。

六是公共性：强调由公共空间展现的场景，对过路人和活动爱好者开放。

七是政治和政策：探讨如何通过政治和政策形塑、维持、转变或生产某种场景，吸引或排斥居民、公司和游客，协调政治敏感、选举模式和有组织团体（如新社会运动）。

这七个方面有助于我们理解地方复杂特征，并以兼具定量和定性的比较方法为指导原则。特别值得注意的是，场景建立在价值和情感基础上，能够给参与者增添更深层的意义，并带来满意或快乐，进而影响投票和经济决策。

我们在图 2 中区分了 15 种场景，用以说明人们复杂的“议题特殊性”和社会生活的差异化。这些数据来源于电子黄页列表、行业类型的普查数据及市民调查数据，覆盖了多个国家和地区，包括法国、西班牙、德国、波兰、韩国、中国、日本、加拿大，以及美国的城市和州郡。这种跨区域的数据收集使得我们能够超越简单的区域标签，建构更为一般化的概念，并用这 15 个场景维度来解释不同形式的组合及其新意义。

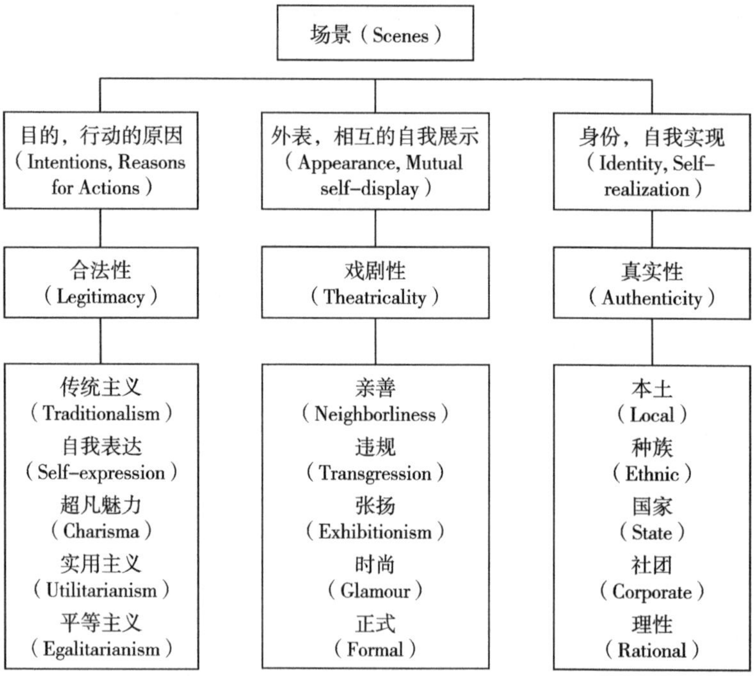

图 2　场景的语法：15 个维度

为了更好地理解亚洲场景之间的差异及其与西方场景的不同，我们提出了更一般化的维度，如较强的家庭纽带、违规（Transgression）和自我表达（Self-expression）。这些维度可以帮助重新解释阿历克西·德·托克维尔的民主导致合法性和波西米亚主义驱动经济发展这两个议题，从而进行更广泛适用的概念分析，使研究更具普遍性和深度。

五、场景可以加入艺术、政治和城市发展

超越以上定义的七个特点，场景还具有情感的力量及联接不同生活方式的整体主义特征。场景清楚地展示了这些特征并非独一无二；许多个体保有部分重叠的要素。场景能够明确更为独特组合的共享建构区块，同时也帮助编撰整理逐渐展开的内在逻辑与剧本。例如，它们涉及如何表达真实的情感而非模仿，保留传统的真实而非摧毁它，发出魅力光芒而非慢慢隐去，展现温暖与亲密而非疏远与冷漠，维持真实性和真正的生活方式而非虚假的存在。根据对场景定性经验的三个一般维度——戏剧性（Theatricality）、真实性（Authenticity）和合法性（Legitimacy），我们清晰地说明了场景生活的这种内在环境。拓展这三个维度后，我们进一步区分了 15 种场景活动，以更好地解释当前人们日益复杂且分化的社会生活和价值构成。

（一）场景的语法：15 个维度

首先，合法性维度涉及人们对什么是有价值的生活方式的决断。它判定的是，什么是对什么是错，一个人应该如何生活，如何建构社会消费的合法性，如何形塑社会成员的信念和意图。合法性维度被分为五个次级维度：传统主义（Traditionalism）、自我表达（Self-expression）、超凡魅力（Charisma）、功利主义（Utilitarianism）和平等主义（Egalitarianism）。平等个人主义的崛起，连同自我表达与波西米亚式的违规，已经在艺术家和他们的粉丝中间得到了强有力的传播。文化参与的民主化是一个关键发展，预示着大量全球性变革。这在东方与西方、年长者与年轻人、传统与社会解放之间形成了鲜明对比。某些东西对于一些人群来说可能比较"酷"（Cool），但对另一些人来说则较为厌恶。分析其他人为什么拥抱不同的美学，对于解释全球范围内的变化至关重要。这种情况在印度和中国尤为明显——这些国家的市民从贫困中崛起，进行着更为复杂的抉择。

（二）自我表达合法性

自我表达将场景合法性根植于展现个体性格的能力基础之上。一个好人是这样的人，他将自己独特的禀赋、个性风格和看待事物的方式带入到每个行动之中。这是一种作为道德任务的自我表达，要求以一种没有脚本、出乎意料的方式作出临场反应。自我表达的议题可追溯到约翰·赫尔德（Johann Herder）、拉尔夫·爱默生（Ralph Emerson）、亨利·梭罗（Henry Thoreau）和美国实用主义者们（American Pragmatists）身上。拉尔夫·爱默生曾说过："坚持自我，永不模仿，你拥有禀赋用一生所积蓄的力量来呈现自己的每一刻。"嘎嘎小姐（Lady Gaga）的主题曲《就这样诞生》（*Born This Way*）是拉尔夫·爱默生名言的更新版。她接受《时尚》（*Vogue*）杂志访谈时表示，"我写它用了 10 分钟，而它却是一首充满魔力的歌；当我写完后，入场的大门刚好打开，歌就汹涌而至……"

自我表达的合法性在以下活动场景的改良和提升中得到证实：喜剧剧院、街头说唱斗士（Rap Cyphers）、卡拉 OK 俱乐部开始强调本性并生产出"设计"来。丹尼尔·贝尔（Daniel Bell）认为，这样的前景已经日渐统治当代艺术世界，并由此拓展到普通大众。在《心性》一书中提到的一个著名案例研究中，一位名叫茜拉（Sheila）的妇女表现出了宗教的潜在可能性——当被问及"是否信仰上帝"时，她回答：是的，我认可茜拉主义（Sheilaism）。[1]

[1] BELLAH R N, MADSEN R, SULLIVAN W M, SWIDLER A, TIPTON S M. Habits of the Heart［M］. Berkeley: University of California Press, 1996.

（三）违规戏剧性

违规意味着打破传统的呈现风格，挑战主流认知。其核心在于认识到社会生活的剧场性，并准备打破既定的戏剧脚本。城市民族志学者理查德·劳埃德（Richard Lloyd）在其著作《新波西米亚》中，基于芝加哥艺术社区柳条公园（Wicker Park）的研究，揭示了这种戏剧性对于维持“强大而脆弱的城市氛围的独特类型”的重要性。[1]穿行于充满沙砾的街道象征着接纳一种“亡命之徒美学”，类似于19世纪50年代诺曼·梅勒（Norman Mailer）所描述的“存在主义的嬉皮士”形象。这种个性风格不仅将他们从主流社会中区分出来，展现了不同于后者的特性，还帮助他们融入所体验的地方场景。

带有违规标识的生活文化设施（如文身店、现代艺术画廊等）颂扬打破传统的呈现风格，成为展示非传统美学的空间。相反，传递顺服与遵从重要性的生活文化设施（如教堂、律师事务所等），则象征着更为保守的场景。这些例子说明了平等主义合法化如何引导市民进行自我思考，并在不同场景中引发共鸣。有关市民参与和经济发展的已有理论，与艺术和文化的交织使解释力更强，因为艺术和文化能够详尽诠释或放大关于参与和发展的重要信息与意义。

场景的影响力不限于美学范畴，它还能调动政治冲突，鼓励或疏导移民，并带来就业机会。本文认为，场景分析是解释城市转型、经济增长、人口流动和社区发展等议题的一种有力理论和政策工具。通过深入理解场景影响社会生活的多个层面，我们可以更好地把握城市和社会变迁的动力机制。

---

[1] LLOYD R. Neo-Bohemia：Art and Commerce in the Postindustrial City［M］. New York：Routledge，2006.

美国到亚洲：从独自打保龄球到一起空手道*

摘　要： 在全球化日益加深的今天，从埃及到韩国，传统机构和权威正面临前所未有的挑战，为了生存和繁荣，必须适应全球化背景下不断变化的价值观和需求。本文探讨了传统、等级森严的权威机构如何应对充满活力、多元化的社会，并提出三点主张：一是现代化和自由化增强了个体间的分离感和冷漠，削弱了传统权威结构的有效性；二是强调共同信仰和惯例的“权威”组织，通过提供归属感和强化联系，吸引了不同背景的人加入，缓解了社会原子化趋势；三是新来者或局外人更易形成多样化的权威团体，这些团体通常更加开放包容，促进了跨文化和群体间的理解与合作。这些观察主要基于美国的情况，但也反映了包括韩国在内的其他地区类似的发展趋势。❶

关键词： 权威；比较政治；文化；包容；韩国

一、自由民主：冷漠的动力

从阿历克西·德·托克维尔对美国自由民主的分析出发，他在19世纪30年代将美国描绘为自由现代性的首个重要体现——一个由个人主义、平等、唯意志主义和经验主义原则所塑造的政体。在这里，“民主”不仅指代议制政府，更涵盖了包含个人主义和平等在内的更广泛的文化范畴。

在传统的封建社会中，如革命前的法国，每个人都有其固定的社会地位，并受制于与上下级之间的义务和责任关系。“贵族制度构建了一条从农民到国王的长链”，每个人都紧密相连。相比之下，在一个以个人主义为主的平等社会中，“民主”打破了这种等级链条，赋予个体自由，但也可能导致人们退回到私人和孤立的“小圈子”中，对更广阔的社会漠不关心。同时，个人可能会寻求加入同质群体来获得认同感和归属感，即

---

* 本文作者约瑟夫·伊（Joseph Yi），汉阳大学（首尔）政治学助理教授。译者范霁雯，云南大学民族学与社会学学院助理研究员。

❶ 这些主张和观察来源于一个聚焦于自由民主国家中冷漠与包容动态关系的研究项目，该项目主要基于美国的情况，同时也涵盖了韩国。

“他们同类的人”。[1]

在美国，人们倾向于与“像自己一样的人”建立联系，寻找共同的意义和归属感[2]，这通常通过种族和经济相似性来定义。某些主流教派尝试通过引入少数族裔牧师和工作人员来促进地方教会的多样化，但此类自上而下的种族融合努力常遭到现有成员的抵制。

高等教育机构积极招收来自不同种族背景的学生，然而，一旦进入校园，学生往往会自发地聚集在更小的、基于种族或国籍的圈子里。毕业后，人们又倾向于回归到种族和经济特征较为一致的社区和组织中。

二、包容的动态：权威社区

在多元化的社会环境中，个人的选择和行为模式对社会结构有着显著影响：一方面，个人的选择可能会导致种族或经济上的同质群体的形成；另一方面，较少的选择自由或更严格地遵循特定规则和惯例，则有助于促进广泛且跨领域的联系。这里所提到的“权威”，指的是那些强调遵守特定规则和惯例的组织。这些权威机构，在某些条件下，能够吸引来自不同背景的人们，并提供一种集体一致性、团结和信任的感觉，即社会资本的凝聚力。[3]

阿历克西·德·托克维尔的观点指出，在一个流动且平等的文化中，尽管个人可能会变得更加孤立并形成狭窄的同质群体，但同时也可能促使个体加入到那些体现集体团结和纪律的权威组织中，如天主教会。[4][5][6] 这类社区因其高度的道德和社会凝聚力而著称，但这也可能导致对外来群体的排斥，除非该组织愿意适应变化，接受新成员的需求和价值观。

宗教和军事组织的例子表明，那些具有强烈内部联系和开放社会网络的组织可以有效地招募和整合不同背景的成员。例如，福音派和保守的新教教会往往比教义松散的自

---

[1] TOCQUEVILLE A D.Democracy in America［M］. New York：Anchor Books，1969.

[2] EMERSON M O，SMITH C.Divided by Faith：Evangelical Religion and the Problem of Race in America［M］. New York：Oxford University Press，2000.

[3] PUTNAM R D. E Pluribus Unum：Diversity and Community in the Twenty-first Century the 2006 Johan Skytte Prize Lecture［J］. Scandinavian Political Studies，2007（30）：137-174.

[4] DOUGHERTY K D，Huyser K R. Racially Diverse Congregations：Organizational Identity and the Accommodation of Differences［J］. Journal for the Scientific Study of Religion，2008（1）：23-44.

[5] PUTNAM R D，CAMPBELL D E.American Grace：How Religion Divides and Unites Us［M］. New York：Simon &Schuster，2010.

[6] YI J.God and Karate on the Southside：Bridging differences，Building American Communities［M］. Lanham：Lexington Books，2009.

由主义主流教会拥有更多的种族多样性，尤其是在快速成长的“巨型教会”中，这些教会通过提供密集的外展服务、小组圣经研读和个人辅导来吸引不同背景的人士。[1]此外，美国军队由于其明确的行为准则和指挥结构，也促进了积极的种族互动。相比之下，一些更加强调个人主义的精英大学在这方面表现得不如军队。[2]

直销机构如安利和玫琳凯化妆品，以及代表不同宗教和伦理传统的组织，如武术学校，同样展示了跨越种族、性别和经济界限的能力。这些组织通过严格的等级制度或职业行为准则，为成员提供了参与感和归属感，从而促进了不同人群之间的融合。[3]

最后，成功的宗教运动或组织，如后期圣徒教会和美国陆军，通过修订核心教义和惯例以满足新的社会需求，不仅增强了新老成员的忠诚度，还扩大了他们的影响力。莱克伍德教会的增长就是一个例子，它通过保持核心教义的同时，开展各种小团体活动，成功吸引了大量不同背景的信徒。

综上所述，权威社区与社会包容之间存在复杂的关系。虽然高度凝聚力的组织可能会抵制外部变化，但那些能够平衡传统与创新的组织，往往能够在保持内部一致性和团结的同时，实现广泛的社交联系和包容性增长。

三、新来者和局外人

在探讨组织如何将服从和争论结合起来，并将不同群体聚集在一起时，社会背景扮演着关键角色。新兴或“局外人”组织相较于成熟的参与者更可能吸引来自不同背景的成员[4]，因为新的“前沿”环境允许参与者放弃旧模式，探索新路径。[5]

武术作为一种亚洲风格的传统，它在某种程度上保持了与文化战争争议的距离，尽管它同样强调纪律和权威，但因其不被视为宗教，所以避开了保守与进步势力的反对。武术不仅促进了不同种族背景的人之间的联系，还吸引了受过教育的进步人士，他们寻

---

[1] MARTI G.Affinity，Identity，and Transcendence：The Experience of Religious Racial Integration in Diverse congregations［J］. Journal for the Scientific Study of Religion，2009（1）：53-68.

[2] MOSKOS C C，BUTLER J S. All That We Can Be：Black Leadership and Racial Integration the Army Way［M］. New York：Basic Books，1996.

[3] BIGGART N W. Charismatic Capitalism：Direct Selling Organizations in America［M］. Chicago：University of Chicago Press，1989.

[4] GOFFMAN E.Frame Analysis：An Essay on the Organization of Experience［M］. Cambridge：Harvard University Press，1974.

[5] “局外人”的概念借鉴了卢梭关于外来立法者的观点，即外来者的身份使他能够超越社会内部的纷争，从而提出一套能被所有人接受的新规则；而“前沿”的概念则建立在弗雷德里克·杰克逊·特纳（Frederick Jackson Turner）的“边疆论文”之上，这一极具影响力的美国历史理论是在1893年的芝加哥世界哥伦比亚博览会上提出的，特纳认为边疆作为未开发的区域，为美国的发展和特性塑造提供了独特的机会。

求一种道德共同体感而不愿加入保守的基督教教堂。[1][2]

在东亚，儒家传统被一些自由派改革者视为父权制偏见的一部分而排斥。然而，在美国，儒家伦理被武术练习者重新诠释为一个向所有人开放的传统，包括女性和少数民族。这说明了一个组织在一个社会语境中可能是旧体制的一部分，而在另一个语境中则可能变成"新人 / 局外人"。[3]

例如，后期圣徒（摩门教徒）在美国盐湖城是历史悠久的宗教机构，但在纽约市的移民社区中则是相对的新来者。直到 1978 年，该教派拒绝非洲后裔担任神职，但是从那时起，它开始向所有种族开放，并积极招募新成员。因此，在不同的社会群体中，摩门教徒的形象和接受程度有所不同：拉美裔人可能视其为新人 / 局外人，而美国黑人则可能持有更为谨慎的态度。在海外发展中国家和移民社区中，摩门教徒在较为"前沿"的环境中运作，受过往种族主义情感的影响较少。

四、韩国

韩国社会在过去几十年里经历了快速的全球化和多样化，这体现在外国人口的增长及跨国婚姻的增加上。然而，这种转变在很大程度上是在缺乏深入公共讨论的情况下发生的，特别是关于如何促进本地居民与外国人之间的日常互动方面。

政府机构、教育单位及其他官方实体投入了大量资源来支持移民群体，包括提供福利、教育和其他援助服务。尽管这些"多元文化"项目意图良好，但它们在当地人群中引发了一些不满情绪，并且没有显著地促进人际的亲密联系。大多数韩国民众与外国人的交往通常限于工具性目的，如雇佣他们进行英语教学或工厂劳动，而主要的情感和社会关系仍然集中在同族人群体中。[4]

特别是在一些有大量低收入移民聚居的地方，如安山市，韩国人往往避免与这些群体共同生活或学习。尽管如此，领导者们已经开始认识到将不同背景的人群融合起来的重要性，尤其是对于多元文化家庭而言。例如，韩国军方开始从多元文化背景的年轻人中招募士兵，并调整效忠誓言以体现更包容的价值观。此外，学校和大学也会举办国际文化节等活动，促进文化交流。

---

❶ HANSEN S B. Religion and Reaction：The Secular Political Challenge to the Religious Right［M］. Lanham：Rowman & Littlefield，2011.

❷ HEELAS P，WOODHEAD L.The Spiritual Revolution. Why Religion is Giving Way to Spirituality［M］. Oxford：Blackwell Publishing，2005.

❸ TURNER F J.The Frontier in American History［M］. New York：Henry Holt and Company，1893.

❹ KIM T. Affective Networks and Modernity：The Case of Korea［M］// LEW S，CHANG M. Confucianism for the Modern World.New York：Cambridge University Press，2003.

私人组织也在促进跨文化联系方面起到了一定作用。例如，“Meetup.com”上的各种团体提供了交流平台，其中语言交换活动特别受欢迎。而像新丰收部［隶属于拥有6万名成员的沙朗（Sarang）特大教堂］这样的宗教组织则为成员提供了一个超越种族界限的精神家园，促进了不同背景人们之间的持久联系。

雷蒙德（Raymond）的例子展示了这样的组织如何为个人提供支持和归属感，帮助他在韩国建立新的生活基础，并考虑未来在这个国家的发展。最后提到武术俱乐部的例子，可以理解为建议采用类似的新俱乐部模式，即通过相对开放和非本土主导的俱乐部（如巴西柔术或日本合气道）来促进不同种族群体之间的交流，而不是选择那些由本土韩国人长期主导的传统武术俱乐部（如跆拳道），后者可能对新人或外来者不够开放。

全球与中国：场景理论的范式转型及其实践 *

摘　要：随着城市文化实践的丰富和城市社会学的发展，场景理论近年来受到了国内外学者的关注。该理论的研究经历了从“前场景”到“后场景”的转变：早期侧重于以音乐群落为代表的文化现象，探讨“文化形式、人、地”之间的互动；现在则强调城市文化和公共政策共同塑造的文化消费场景及其作为城市管理工具的作用。目前，在中国，场景理论主要用于分析文化空间营造、文化消费促进、文化的有机增长及城市发展。未来研究将聚焦两个方向：一是基于“前场景”的虚拟文化场景研究，二是基于“后场景”的文化社区实证分析。

关键词：场景理论；文化动力；文化空间；文化消费

《牛津英语词典》对“场景”的定义是在真实生活或小说里出现过或发生过事件的地方。具体而言，它可以指一个拥有特殊气质或能留下特殊印象的地方和设施，或是一个活动或兴趣集结的特定地点。从 20 世纪 40 年代起，新闻记者开始用“场景”来描述爵士音乐所形成的包括艺术形式和生活方式的风尚。随后，它被用于其他文化场合，如“西威尼斯诗歌场景”“伦敦的剧院场景”“哥特场景”和“朋克场景”。[1]从文化研究的角度，它从戏剧的幕布背景、电影的情节画面或书本里的故事篇章走进了人们生活和娱乐的邻里、大街及小巷。

自 20 世纪 90 年代起，“场景”视角开始受到流行音乐研究的关注，用于描述音乐家、发行人和音乐爱好者聚在一起分享共同的音乐品位，并将自己与其他音乐流派的追随者进行区分的行为。[2]随后，对场景的研究扩展到其他文化或生活品质因素，如文学场景、酒吧场景、夜生活场景等，大部分场景仍然与音乐相关。威尔·斯特劳（Will

* 本文作者温雯，深圳大学文化产业研究院研究员，深圳大学文化数字化与文化创新发展实验室副主任；戴俊骋，中央财经大学文化与传媒学院、文化经济研究院副院长，教授。

❶ BENNETT A，PETERSON R A.Music Scenes：Local，Translocal，and Virtual［M］. Nashville：Vanderbilt University Press，2004：2.

❷ BENNETT A，PETERSON R A.Music Scenes：Local，Translocal，and Virtual［M］. Nashville：Vanderbilt University Press，2004：1.

Straw）正式将场景纳入文化研究，使场景的应用变得更加灵活，成为文化团体（群落、亚文化、网络等）的一个默认标签。[1]以文化研究为代表的场景理论，被视为“前场景”研究时期。在“娱乐城市”[2]和“消费城市”理论[3]的基础上，芝加哥大学的特里·克拉克、丹尼尔·西尔弗（Daniel Silver）教授等进一步拓展和完善了场景理论，并构建了指标体系和研究框架。[4]因场景理论承袭了芝加哥学派的城市社会学、人类生态学的研究路径，因此被称为“新芝加哥学派”。场景理论研究也随之进入了“后场景”阶段。场景研究经历了从音乐研究扩散到文化研究领域再到城市社会学领域，其理论和应用层面也在不断延展，从“前场景”到“后场景”，两个阶段场景理论的特征属性是什么？是如何变化的？在中国城市发展转型期背景下，场景理论又该如何应用？上述几个问题将是本文试图阐释的对象。

一、作为文化景观的“前场景”：文化研究的视角

（一）“前场景”的属性

前场景理论的代表学者威尔·斯特劳认为，“场景”描述的地点具有多个维度和层次的抽象感。[5]艾伦·布拉姆（Alan Blum）描述了“场景”的五项特征，即常规性、延展性、代谢性、集体化和戏剧性。[6]常规性指“场景”是重现的场所，并且参与者有真切的而非伪造的义务去维持“场景”的生命力。延展性体现了一种两难境界：一方面，“场景”具有一定的特殊性，这种独特性可能会对外来者造成神秘感和距离感；另一方面，“场景”又对所有访客和品位展现出“友好性”，这虽然增强了包容度，但也可能削弱其原有的活力与特殊性。代谢性显示了“场景”的波动性和短暂性，表明它与风尚、时尚之间存在必然联系，意味着这些文化现象往往是“昙花一现”，不断经历着快速的更迭和发展。集体化则意味着一种团结——不是创作者之间的团结，而是在那些爱好艺

---

❶ STRAW W.Scenes and Sensibilities［J］. Public，2001（22）：245-57.

❷ LLOYD R，CLARK T.The City as an Entertainment Machine［J］. Critical Perspectives on Urban Redevelopment，2001，6（3）：357-378.

❸ GLAESER E，KOLKO J，SAIZ A. Consumer City［J］. Journal of Economic Geography，2001（1）：27-50.

❹ 此“场景”与罗伯特·斯考伯（Robert Scoble）和谢尔·伊斯雷尔（Shel Israel）在《即将到来的场景时代：移动、传感、数据和未来隐私》（*Age of Context：Mobile，Sensors，Data and the Future of Privacy*）一书中提到的“场景”不同。后者基于移动设备、社交媒体、大数据、传感器和定位系统提供的应用技术，营造出一种在场感，作为虚拟场景，它通过与现实空间的延伸链接，成为新媒体时代人们获取信息的方式，预示着信息生产方式的彻底转型。

❺ STRAW W. Scenes and Sensibilities［J］. Public，2001（22）：245-57.

❻ BLUM A. Scenes［J］. Public，2001（22）：7-35.

术、音乐和写作的人们之间的共鸣和认同感，这些人共同构成了一个充满活力和支持性的社区。戏剧性指的是在城市环境中观察及被观察到的行为，这种行为模式不仅丰富了城市的日常生活，也为“场景”的形成和发展提供了动态的社会背景。

“前场景”的核心特点是基于自下而上的选择，即生产者（音乐人）和消费者（“粉丝”）都被一种特殊的文化现象吸引到一个地方。场景似乎能够为社团增加一种活力而激发舒适的亲密感；它还能识别内部圈子与厚重历史赋予城市生活“四海一家”理念的秘密秩序。总体而言，“前场景”时期场景具有以下三大核心属性。

第一，“场景”表现出强烈的地域属性。约翰·康奈尔（John Connell）和克里斯·吉布森（Chris Gibson）就音乐与地点之间的文化表达、移民族群等做了大量的探讨。[1]哈维·莫洛奇（Harvey Molotch）则阐析了本土特色与传统对作品的影响，如作曲家常常通过捕捉地方的独特韵味来使作品引人注目。[2]安迪·本奈特（Andy Bennett）和理查德·彼得森（Richard Peterson）提出了“本土的”“跨地域的”和“虚拟的”三种“场景”类型。本土场景与根植于某个地理位置的“音乐群落”的概念密切相关。跨地域的场景指“本土场景扩散到其他地域，并围绕一种特定的音乐形式和生活方式形成常规交流”[3]，它以本土场景与全球媒体信息的交流为特征。典型的例子有1969年伍德斯托克音乐节和“音乐嘉年华”，即粉丝们“跟随他们热爱的乐队巡游全国，并且激发了所到之地的音乐热潮”[4]。而“虚拟场景”可见于流行音乐杂志和商业音乐出版社的音乐评论[5]，也包括互联网带来的音乐交流方式的改变，并凸显了粉丝的力量。这种本土的和跨地域架构往往会促进不同音乐流派的形成，如芝加哥蓝调[6]和伦敦的萨尔萨舞场景等。[7]对于这一分类，蒂莫西·泰勒（Timothy Taylor）认为后两种“场景”是对“本土场景”的延伸，因此更贴切的表达应是“场景可以通过印刷、广播或数字技术形成更大

---

[1] CONNELL J, GIBSON C.Sound Tracks: Popular Music, Identity and Place [M]. London: Routledge, 2002.

[2] MOLOTCH H. Place in Product [J]. International Journal of Urban and Regional Research, 2002 (26): 665–688.

[3] BENNETT A, PETERSON R. Music Scenes: Local, Translocal, and Virtual [M]. Nashville: Vanderbilt University Press, 2004: 6.

[4] BENNETT A, PETERSON R. Music Scenes: Local, Translocal, and Virtual [M]. Nashville: Vanderbilt University Press, 2004: 6.

[5] HODGKINSON J A.The Fanzine Discourse Over Post Rock [M]. Nashville: Vanderbilt University Press, 2004: 221–37.

[6] GRAZIAN D.The Symbolic Economy of Authenticity in the Chicago Blues Scene [M]. Nashville: Vanderbilt University Press, 2004: 31–47.

[7] URQUIA N.Doin it Right: Contested Authenticity in London's Salsa Scene [M].Nashville: Vanderbilt University Press, 2004: 96–114.

的网络”[1]。

然而，互联网技术的发展不仅使受众获得评论能力，而且使他们的创作潜能得以发挥。数字音乐的兴起，也使音乐场景的虚拟空间获得多方位的延展，并深刻改变了音乐人、听众和平台之间的关系。例如，曲舒文通过分析音乐生产的内部集体实践，探讨了中国独立音乐生产的历史过程。从场景的地域角度来看，“地下摇滚厂牌”阶段见证了小众精英的本土场景；“网络游击”阶段同时生长出围绕港台的独立流行的新兴跨域消费场景和多元的、碎片化的虚拟场景；而“原创自媒体”阶段则在本土、跨域和虚拟三个维度都有深入发展。[2]如今，有些场景也可能发源甚至仅存在于虚拟世界里（如数字音乐和现象级游戏“宠物小精灵”“旅行青蛙”等），因此，在当下的情境中，“虚拟场景”的存在更为明显和普遍。

第二，“场景”中的文化内容和形式往往与亚文化相关，蕴含着深层次的身份、阶层和社会等因素。本·马尔本（Ben Malbon）研究了伦敦20世纪90年代的泡吧“场景”，发现归属感和身份并非自然产生，而是通过技能、实力和知识分享而形成。[3]安德鲁·菲尔德（Andrew Field）基于上海1997—2007年国际舞厅场景的发展，探讨了舞厅作为舞蹈和音乐进入中国的“通道”及“国际人士”发展舞厅场景的重要性。[4]希纳格·皮埃特罗布鲁诺（Sheenagh Pietrobruno）对蒙特利尔萨尔萨舞的分析表明舞蹈学校成为那些具备拉丁血统的人与这一特殊文化遗产连接的一个标志，并在自我更新中与其他文化也发生交流。[5]艾玛·鲍赫（Emma Baulch）基于对巴厘岛雷鬼舞、朋克和死亡金属音乐场景的研究发现，与音乐相关的身份表达与交流形成了特定的空间和领域，并体现了媒体全球化的过程。[6]王珺和陈立基于对深圳小型音乐现场的研究，得出的结论是这些地下摇滚音乐场景已在城市文化建设的过程中转变为向公众开放的传递主流价值观的场所。[7]

第三，“场景”具有一定的经济意义。在许多“场景”中，生产和消费是同时产生

---

❶ TAYLOR T.Music Scenes：Local，Translocal，and Virtual［M］. Nashville：Vanderbilt University Press，2005：26-28.

❷ 曲舒文 . 中国独立音乐的话语流变与场景重构［J］. 文艺研究，2017（11）：113-126.

❸ MALBON B. Clubbing：Dancing，Ecstasy and Vitality［M］. London：Routledge，1999.

❹ FIELD A. From D.D's To Y.Y. To Park 97 To Muse：Dance Club Spaces and the Construction of Class in Shanghai，1997-2007［J］. China：An International Journal，2008，6（1）：18-43.

❺ PIETROBRUNO S. Embodying Canadian Multiculturalism：The Case of Salsa Dancing in Montreal［J］. Revista Mexicana De Estudios Canadienses，2002（3）.

❻ BAULCH E. Making Scenes：Reggae，Punk，and Death Metal in 1990s［M］. Bali：Duke University Press，2007.

❼ WANG J，CHEN L. Guerrilla Warfare，Flagship Project：The Spatial Politics Of Chinese Rock in Shenzhen's Post-Political Making of a Musical City［J］. Geoforum，2017（11）.

的。[1]安迪·本奈特和理查德·彼得森指出，音乐“场景”的形成与“全球超过80%的商业音乐被5家跨国公司所控制”的传统假设截然不同，“场景”与音乐产业是相互依赖的：场景是原创和新音乐形式的来源，而音乐产业则提供从CD到因特网的各种技术，然后再通过“场景”来扩大它的影响力和实现它的经济价值。同时，帮助形成“场景”的“中间机构”的力量也不可忽视。[2]杰夫·斯塔尔（Geoff Stahl）提出，除了音乐家和投资人，一个由企业家和爱好者——如倡议者、设计师、出品人、DJ、音乐工程师、评论家，以及俱乐部、录音棚和电台构成的广泛而稳定的网络，也在促进“场景”蓬勃生长的过程中扮演着至关重要的角色。[3]肯·斯普林（Ken Spring）也强调了那些能够聚合资源、设定目标并监督完成过程的个人倡议者所扮演的角色。[4]因此，场景可看作是音乐人、听众、乐迷、行业中间人的交流界面与场所。

（二）“前场景”的形成

威尔·斯特劳描述了六种“场景”：①在一个特殊地点经常出现的集会；②集会人从一个集会点到另一个集会点的运动；③这些运动发生的街道和小巷；④这些地点和活动呈现出一种特定文化的特质；⑤这些当地的运动和特质扩散成为更大的地域范围内的现象；⑥能够产生社会性并在城市持续不断自生长的微经济活动网。[5]事实上，这更像是“场景”的形成路径。这与伊丽莎白·柯瑞德（Elizabeth Currid）在其《沃霍尔经济：纽约艺术文化世界的社会和经济活力》一书中所讨论的“创意场景”的形成过程异曲同工：“正式或非正式的组织和社会活动成为消费场所 → 形成创意交换的节点 → 成为社会生产系统 → 在多样、开放和设施丰富的地段形成创意场景 → 形成共生的文化经济。”正式组织如画廊、博物馆和会所，成为创意与商业之间的交易场所。[6]这些地方举办各种社会活动如展览、开幕式和商业聚会，一方面是为了“表面上的目的”，如出售画作、以鸡尾酒为媒，来获得遇见志同道合的人们、评论家及“守门人”——行业关键人物的机会；另一方面是为了潜在的跨界合作。[7]同时，咖啡馆、酒廊和俱乐部等生活设施也

---

❶ MALBON B. Clubbing：Dancing，Ecstasy and Vitality［M］. London：Routledge，1999.

❷ BENNETT A，PETERSON R. Music Scenes：Local，Translocal，And Virtual［M］. Nashville：Vanderbilt University Press，2004.

❸ STAHL G. Musicmaking and the City：Making Sense of the Montreal Scene［M］. Bielefeld：Transcript Verlag，2007：141-160.

❹ SPRING K. Behind The Rave：Structure and Agency in A Rave Scene［M］. Nashville：Vanderbilt University Press，2004：48-63.

❺ STRAW W. Scenes and Sensibilities［J］. Public，2001（22）：245-57.

❻ BECKER H. Art Worlds［M］. Berkeley：University of California Press，1982.

❼ CURRID E. The Warhol Economy：How Fashion，Art and Music Drive［M］. Princeton，Nj：Princeton University Press，2007.

对创意人群的聚集非常重要。学者们已达成共识——非正式的交流与联系可促进正式的人力资源、企业和供应商的聚集；并且在创意经济里，非正式的社会活动成为行动的核心，而非其他正式生产模式的“溢出”效应。这是因为“艺术与文化在一种不同的生产力中运行”，两者不仅仅发生在大学、政府或是商会，而是发生在不同艺术形式与不同创意个体之间的社会互动。这些夜间繁荣的消费场所形成了一种夜生活场景，在这里，最重要的商业合作发生在“乐声巨响、混乱的，而又迷人的地方”[1]。

因此，正式的和非正式的机构、社会事件和活动扮演了创意交换节点的角色。这需要丰富的“创意聚集”，使之成为创意发酵的容器，并在达到“关键数量”的时候发生质变。这还不仅仅是马克·格兰诺维特（Mark Granovetter）提出的“弱联系”，而且是不同产业和职业之间的浓厚聚集来驱动创新和新知识的扩散。知识在最为随意又重要的生产力中交流，这便是社交学习的过程；并且，松散的社团组织成立起来，以帮助想法的“实现”。[2]因此，与其将这些地方看作消费场所或是吸引人们的生活设施，不如将其看作创意人群进行职业拓展的地方。不仅如此，这些不同的动力指向一种社会协同、网络和机构的更广泛的集聚，使知识、技能、项目和评价过程在一个弹性的、非正式的且非常有效的社会生产系统中互动。[3]

此时，整个邻里变成特殊文化领域的“场景”——如切尔西的艺术场景、苏荷的时尚场景、下东区的音乐和艺术场景，以及鲍厄里的音乐场景。渐渐地，邻里与休闲之地之间的地理界限变得模糊，而在多元、开放和设施丰富地方可见的创意场景得以形成。一言蔽之，文化经济中的多元人群和机构在一个更广阔的共生关系（即创意生态）中运行。

由此，笔者总结了“场景”形成所需的三个关键要素：文化形式、地点和人群（见图 1）。这与“人类生态学”从生物、空间和文化三个维度分析城市的现象不谋而合。

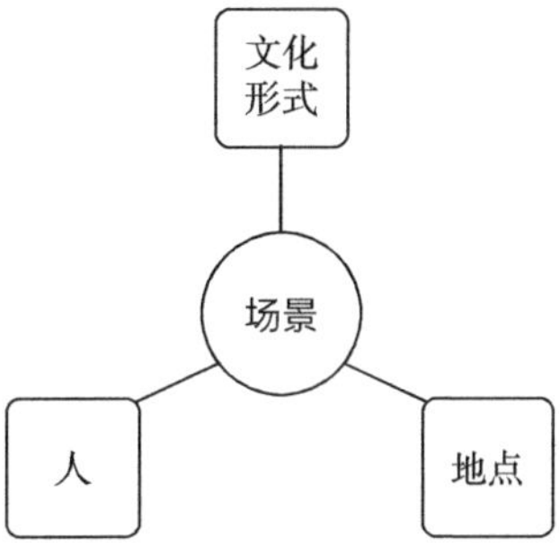

图 1　场景三要素

[1] CURRID E. The Warhol Economy: How Fashion, Art and Music Drive［M］. Princeton, Nj: Princeton University Press, 2007: 88.

[2] GRANOVETTER M. The Strength of Weak Ties［J］. American Journal of Sociology, 1973（6）: 1360–1380.

[3] CURRID E. The Warhol Economy: How Fashion, Art and Music Drive［M］. New York: Princeton University Press, 2007: 110.

首先，“场景”通常诞生于特定的地点，这些地点不仅展现了当地的文化生活，还可能触及道德与伦理议题。这类特殊地点拥有丰富的公共文化设施和消费场所，并频繁举办各类文化活动，成为“创意阶层”职业圈的重要组成部分。

其次，“场景”与一种或多种特定的文化形式紧密相连，如音乐、绘画、文学和时尚等。通过交流与碰撞，这些文化形式不仅能催生新的文化表现方式或内容，还为认同某种特定文化生活方式的人们提供了识别自身“文化特性”的“文化资源”。

最后，“场景”是人群的聚集地，这些人往往被描述为“非正式聚众”甚至是“混杂群体”，他们从事着文化艺术圈内或边缘的各种职业。人与地点共同作为文化形式的载体，赋予彼此新的身份或文化属性；而地点与人的互动则创造了新的社会空间。这三个要素之间存在着丰富的互动和相互作用，它们共同作用形成了“场景”。

综上所述，“场景”既是文化 / 亚文化的展示平台，也是在正式与非正式消费设施和地点中出现的社会现象。它由各行各业的人们共同构建，并对城市文化经济的运作产生深远影响。

二、面向公共政策的“后场景”：城市社会学的视角

“前场景”研究一直较为零散，特别是在中国，因语境转变，自由生长的场景难以与以文化为导向的城市更新及创意经济发展有更好的衔接。直至以特里 · 克拉克为代表的新芝加哥学派出现，将“场景”纳入区域发展及城市创意社区的研究范畴，才使这一概念开始获得国内学界的关注。吴军和特里 · 克拉克提出，全球化、文化消费的增长、中产阶层化和个性化生活需求，为后工业城市的转型和发展及城市公共政策的制定和实施带来了挑战。[1]据此，城市或区域的发展模式，也从原先主导的“传统模式”（Traditional Model）和“人力资本模式”（Human Capital Model），增加了“都市设施模式”（Amenity Model），即“场景模式”，意指以文化为生产要素，以文化消费为枢纽孕育特定的价值观念和生活方式，从而促进知识经济的增长，也带来了城市的发展与转型。[2]

（一）“后场景”的属性

“后场景”研究时期，场景理论的研究出发点可以总结为以“文化和价值观”为核心的“主体—生活娱乐设施—活动”三角模式：在后工业社会的背景下，首先，主体对

---

❶ 吴军，特里 · 克拉克 . 场景理论与城市公共政策：芝加哥学派城市研究最新动态［J］. 社会科学战线，2014（1）：205–212.

❷ 吴军 . 文化动力：一种解释城市发展与转型的新思维［J］. 北京行政学院学报，2015（4）：10–17.

工作或生活空间的选择蕴含在其对文化与价值观的诉求中；其次，特定区域的文化与价值观蕴藏在生活娱乐设施的功能、种类和布局中；最后，文化和价值观通过生活娱乐设施中举办的活动来形成现代生活秩序，并吸引个体的加入。[1]

吴军与特里·克拉克提出构成场景的七个要素：①邻里；②物质结构，如艺廊、培训学校、书店、超市、商场等；③多样性的人群，如种族、阶级、性别、教育、职业、年龄构成；④活动，如音乐会、社区文化艺术节；⑤蕴含在以上四个要素中的符号意义和文化价值；⑥公共性，即这一场景对所有人开放；⑦政治和政策，既包括政策是如何塑造、维持、转变或生产出一个场景，也包括一个场景是如何影响城市的政治氛围。[2]在具体的场景分析中，学者多以前五个要素为构成分析框架，也有学者将其合并为三个要素，即生活文化设施、多样性组织和文化实践。[3]

如此，场景理论的研究体系建立在客观结构和主观认识两大体系上。客观结构包括社区、物质结构、人群和活动等设施；而主观认识则包括意义和价值、公共性及政治。[4]就场景的主观认识，特里·克拉克等进一步提出合法性、戏剧性、真实性三个维度，包括 15 个子维度（见表 1）。合法性是指因符合道德和信仰所得到的快乐，即“善”；戏剧性是指令人快乐的呈现方式，即“美”；而本真性是指认同所带来的乐趣，即“真”。[5]

表 1 场景的主观价值维度

合法性	戏剧性	真实性
传统主义	亲善	本土
自我表达	违规	种族
超凡魅力	张扬	国家
实用主义	时尚	社团
平等主义	正式	理性

---

❶ 吴军 . 城市社会学研究前沿：场景理论述评［J］. 社会学评论，2014，2（2）：90–95.

❷ 特里·克拉克，吴军 . 一起卡拉 OK VS. 独自打保龄球：西方规则转为发展与民主驱动力的场景诠释［J］. 社会学评论，2015，3（6）：44–53.

❸ 吴军，特里·克拉克，等 . 文化动力：一种城市发展新思维［M］. 北京：人民出版社，2016.

❹ 吴军 . 场景理论：利用文化因素推动城市发展研究的新视角［J］. 湖南社会科学，2017（2）：175–182.

❺ DANIEL S，CLARK T.et al. Scenes：Social Context in an Age of Contingency［J］. Social Forces，2010，88（5）：2299–2301.

值得注意的是，一些特性本身之间也有些趋同，如魅力的、张扬的和有感召力的，本土的、睦邻的和传统主义的，那么一项设施也会体现多个特性。特里·克拉克等进一步解释了这15个价值维度的作用是通过不同的搭配和赋权来阐释甚至创造复合型场景。另外，需强调的是，场景不是一个封闭系统，它主张依据现实的需求来进行要素的组合，而这15个维度也非其所创，而是来源于几个世纪以来的关键性审美特征。[1]

（二）“后场景”的形成

“场景”理论从城市文化设施及其活动出发，分析其价值取向和行为主体，对其进行完善或加强，吸引更多的主体、活动、设施的聚集，从而形成鲜明的地方场景。

一方面，城市发展的文化动力促进了“后场景”时期场景的形成。克莱门特·纳瓦罗（Clemente Navarro）和特里·克拉克论述了文化与城市更新之间的关系，他们提出文化是一种发展性手段，它推动着创意城市的发展；文化是一种福利性措施，也使得城市获得教育的功能；同时文化是一种传导性举措，可以借助文化场景的塑造来刺激文化消费。[2]由此，吴军等构建了城市发展的文化动力模型，即都市设施与市民组织组合成为特定的场景，孕育了价值取向，吸引了人力资本，他们的消费实践推动了城市的发展。[3]

另一方面，城市公共政策与场景之间相互塑造。从城市尺度而言，城市特质需要场景来呈现。场景理论摒弃了此前盛行的照搬“最佳实践”的做法，避免千城一面的文化设施架构，而是充分利用或更新现有设施、使新旧设施相得益彰，雇佣或创建中介组织来运营文化设施及活动，并鼓励多级政府从不同角度参与区域规划，实现规划的最大价值。[4]从社区尺度而言，需要对不同区域的邻里氛围、基础设施、文化背景及文化需求进行调查，构建本土的文化设施数据库；随后了解本土的文化传统、价值取向及政治环境等，以熟知当地的游戏规则；最后，了解市民的参与及文化需求，构建具有本土特色的都市场景。

---

❶ 特里·克拉克，李鹭．场景理论的概念与分析：多国研究对中国的启示［J］．东岳论丛，2017（1）：16–24.

❷ NAVARRO C，CLARK T .Cultural Policy in European Cities［J］. European Societies，2012（12）：636–659.

❸ 吴军，夏建中，特里·克拉克．场景理论与城市发展：芝加哥学派城市研究新理论范式［J］．中国名城，2013（12）：8–14.

❹ 吴军，特里·克拉克．场景理论与城市公共政策：芝加哥学派城市研究最新动态［J］．社会科学战线，2014（1）：205–212.

三、从“前场景”到“后场景”的范式转型

“前场景”与“后场景”研究有许多相通之处。例如，艾伦·布拉姆提出的场景的“集体化”“戏剧性”特征，“延展性”中的“距离感”和“友好性”，就与“后场景”价值维度中集体主义（社团）、戏剧性、违规和亲善等价值观一致；又如，两者都强调生活设施。两者的过渡，可从以下三个方面分析。

（一）从“自发形成”到“过程建构”

前场景阶段的“场景理论”主要围绕着人、文化形式及地点三要素；而后场景的学者也认为，“前沿的城市研究文献正在探索文化如何与人、地互动构成一个场景，从而定义一个城市社区，并且这样的一个社区场景如何进一步影响居民的态度和行为。”[1]在三者的关系上，前场景理论更为侧重相同兴趣的人们的聚集，以及相应文化活动赋予地方的文化属性；同时，地方的设施是文化场景得以形成的基础，也使文化产生了地域特色，文化与地域互为标识。后场景理论则相对更为强调一个特定区域所有消费设施所蕴含的价值观，以及这种价值观所吸引的人群和相关的活动。因此，前场景理论侧重于对文化景观的具体分析，从中展现出某一文化艺术流派的形成或转变，对区域文化特质形成的影响及其蕴含的非正式的微观文化经济的效应。而后场景理论的重点在于通过构建蕴含文化及价值观的生活娱乐设施来吸引创意阶层的加入，进而促进城市的发展，也就是说，“‘场景’所具有的魅力是能够将文化的适宜性和人文特性让人们感觉到，并使人们眼中的城市成为人们思绪与情感交融激荡、启迪互补的城市，引导公众行为，推动城市的发展”。[2]简言之，前者以某一种或多种文化属性为核心，分析自发形成的场景；后者分析场景，但更重要的是构建场景。

（二）从“文化共生”到“政策适用”

两阶段的研究者都用了线性结构来描述“场景”的形成过程或动力模型。前场景理论有六个关键节点，侧重于描绘景象的形成过程及其中所产生的微经济行为。后场景理论则提出了场景的“七要素”，相较于此前的动态进化过程显得更为平面、精炼而方便应用，特别是凝练出场景价值观的三个维度——真实性（身份所带来的愉悦）、合法性（意志所带来的愉悦）和戏剧性（呈现所带来的愉悦），并将其进一步分解为15个子维度，从而为解析或是构建都市场景提供了理论框架。在此基础上，通过政策植入及其所

---

[1] 吴志明，马秀莲，吴军．文化增长机器：后工业城市与社区发展路径探索［J］．东岳论丛，2017（7）：61-71.

[2] 吴军．城市社会学研究前沿：场景理论述评［J］．社会学评论，2014（2）：90-95.

彰显的价值观，吸引创意阶层、新兴公司的流入，以及街区的更新，最后获得城市的持续发展及转型。也就是说，前场景理论侧重于场景内部的基于社交网络的文化共生体系的构建，而后场景理论侧重于研究场景与所处的社区、城市乃至区域的转型发展之间的关联。

（三）从“产消融合”到“偏重消费”

两阶段都强调文化设施、实践及消费活动。前场景理论的根基是创意产业和文化艺术的生产和消费是同时进行的，两者相互滋养。在前场景阶段，场景代表了组织文化生产和消费的模式，生产者和消费者形成共同的品位和彼此联系的方式，事实上，生产者与消费者之间的界限也在逐渐地模糊，从而形成基于社交网络的微经济生态和文化共生体系。而后场景理论重在传统的生产、人力资本理论基础上偏重消费的维度，而对创意阶层的生产与消费及其与公民参与之间的关系论述较少。[1]

四、场景理论的中国实践

国内场景理论研究主要由在芝加哥大学的中国访问学者推动，最早出现于吴迪等就场景理论与我国城市择居行为的研究。[2][3] 此后，吴军的研究成果颇为丰硕，并成为中国城市场景数据收集及研究的负责人之一。直至 2013 年，国内文献一直侧重于“西学东渐”，着力阐析“场景”理论的体系。伴随场景从文化研究到城市社会学领域，即从“前场景”到“后场景”，场景理论的研究重点也发生了显著的变化，即从自下而上的自然产生到成为城市公共政策的工具，场景作为文化的表征，与政治、社会和经济产生持续联动（见图 2）。就目前“场景”理论在中国的应用，主要包括文化空间营造、文化消费促进和文化有机增长等方面，探讨的角度包括文化主体的权利、文化消费与供给的关系，以及在文化社区的构建中文化与政治、经济和社会的互动与统一。

---

❶ SILVER D，CLARK T，ROTHFIELD L.A Theory of Scenes［M］. University of Chicago，2005.

❷ 吴迪，高鹏，董纪昌 . 基于场景理论的中国城市居住房地产需求研究［J］. 系统科学与数学，2011（3）：253-264.

❸ 吴迪 . 基于场景理论的我国城市择居行为及房价空间差异问题研究［M］. 北京：经济管理出版社，2013.

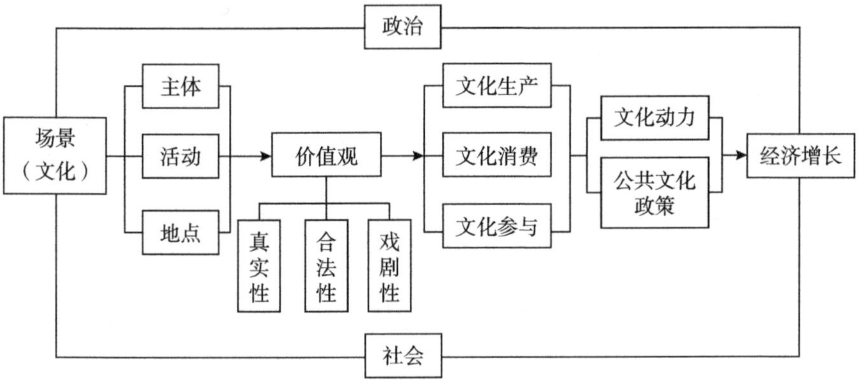

图 2　场景的运行机制构建

（一）文化空间营造

国内学者大多从“场景”的要素，如社区、物质结构、多样性人群、活动、符号意义和文化价值、公共性、政治及政策中选取若干方面，对城市的文化场景营造进行分析应用。陈波系统地思考了场景理论应用在中国城市街区公共文化空间的转型升级框架，构建了城市街区的公共空间分析维度。[1] 场景理论在中国的应用已经涉及不同尺度的城市文化空间营造，从创意空间、历史街区再到实体书店，如中关村创业大街[2]、南锣鼓巷[3]、城市青年公共阅读空间[4]等。从传统型的节日文化场景，如天津传统节日文化场景[5]，到代表新青年文化权利主张的北京 706 青年空间。[6] 除了公共文化空间外，我国现阶段遍布的文化产业园区和集群也被纳入场景理论应用视野，场景理论因为其关注对城市经济及空间布局的影响，注重抽象的符号感知信息传递并强调创意阶层及市民主体文化参与的重要性，因此与文化产业集群具有适应性关系。[7] 张铮等也提出我国的文化产业园区已经进入“场景运营”阶段。[8] 原来更偏重城市视角下的场景理论，也在中国农

---

❶ 陈波．基于场景理论的城市街区公共文化空间维度分析［J］．江汉论坛，2019（12）：128–134.

❷ 祁述裕．建设文化场景 培育城市发展内生动力：以生活文化设施为视角［J］．东岳论丛，2017，38（1）：25–34.

❸ 刘东超．场景理论视角上的南锣鼓巷［J］．东岳论丛，2017（1）：35–40.

❹ 邵娟．场景理论视域下实体书店的公共阅读空间建构［J］．科技与出版，2019（8）：31–35.

❺ 桂慕梅．场景、民俗及认同：天津古文化街年货市场研究［J］．云南民族大学学报（哲学社会科学版），2015（3）：83–92.

❻ 盖琪．场景理论视角下的城市青年公共文化空间建构：以北京 706 青年空间为例［J］．东岳论丛，2017（7）：72–80.

❼ 詹绍文，王敏，王晓飞．文化产业集群要素特征、成长路径及案例分析：以场景理论为视角［J］．江汉学术，2020（1）：5–16.

❽ 张铮，于伯坤．场景理论下我国文化产业园区的发展路径探析［J］．出版发行研究，2019（8）：33–37.

村地区公共文化空间研究中得到一定应用。[1]

（二）文化消费促进

场景理论是研究城市发展新动力的新概念，契合当前消费结构发生重大变化与“新旧动能转化”的现实需要。[2]人们对消费已经不局限于功能性的基础消费，更多是提升性的情感消费和符号消费，其中文化消费最为典型。[3]城市已经不再是生产的中心，更是消费的中心。场景理论对我国文化消费乃至整个城市消费的促进，重点表现在利用城市规划和管理手段谋求不同“舒适物”的最佳组合，以吸引更多的消费人群。在“网红城市”“网红景点”等直播和短视频当代的富媒体情境下，新媒介的传播能为具象的文化空间提供虚拟的在场景观，通过场景的“再场景化”完成了对文化空间的二次建构，进而刺激并促进了各类文化空间的文化消费。[4]传统对区域文化消费的研究往往考虑人均收入、公共文化设施及教育事业财政支出等因素，而有研究提出分析每个场景的主体构成、多样性活动及价值观对文化消费同样产生影响，这对地方政府重视消费及文化生活设施的场景中文化生产或文化供给的作用有一定的启示作用。[5]

（三）文化有机增长

在文化转向的背景下，吴志明等基于哈维·莫洛奇的城市增长理论提出文化增长机器的概念，即增长机器和娱乐机器的结合体——只有文化消费因素与生产因素互动才能转化为动力。[6]场景的构成不是自动的，而是多方努力的结果，其中，政府、市场和大众是三个最重要的主体，不同主体都对文化产生作用，将其作为治理、经济利益和自我表达的工具，三者形成文化增长机器模型。在中国当前的情境下，与西方社会团体为主导的文化增长模式不同，以政府为主导的文化增长模式如何与我国社会文化效益与经济效益的相统一，如何兼容自下而上场景汇总的亚文化甚至是“反主流”属性，这些都是对基层社会治理能力的重大考验。

---

[1] 陈波，刘波．农村内生公共文化资源优化聚合与服务创新研究：基于场景理论的分析［J］．艺术百家，2016（6）：44–51.

[2] 陈波．基于场景理论的城市街区公共文化空间维度分析［J］．江汉论坛，2019（12）：128–134.

[3] 邵娟．场景理论视域下实体书店的公共阅读空间建构［J］．科技与出版，2019（8）：31–35.

[4] 刘桂茹．场景的“再场景化”：新媒介时代文创街区的媒介形象建构与传播［J］．福建论坛（人文社会科学版），2020（2）：65–73.

[5] 李惠芬，叶南客．基于文化场景理论的区域文化消费差异化研究［J］．南京社会科学，2017（9）：132–137.

[6] 吴志明，马秀莲，吴军．文化增长机器：后工业城市与社区发展路径探索［J］．东岳论丛，2017（7）：61–71.

（四）城市发展与治理实践

随着场景理论的深入研究及其在中国实践的广泛运用，其应用面已不仅仅是文化空间、文化消费、文化增长等方面，它已经拓展到更宏观的城市发展与治理层面。正如金元浦先生与劳伦斯教授对话时提及城市场景的文化风格和美学特征对城市发展的作用，特别是对中国城市发展的文化、文脉、城市美学形态和城市艺术的展示具有重要意义。[1]场景与城市创新之间也相辅相成，场景有助于城市文化生态圈和市民体验的提升，而城市创新反过来推进场景的日常化和落地化。[2]场景理论可以更好地助力城市各类空间的营造与发展，不仅仅是文化空间，地下社区空间、菜市场、夜市等各类空间也都可以“重获新生”。[3]国内城市如成都出台了《关于加快发展城市首店和特色小店的实施意见》等，已经把场景作为营造和革新城市的重要理念和举措，场景理论在城市乃至城乡发展中的实践也会越行越远。

五、结论与展望

近二十多年以来，有关场景理论的探讨逐渐从文化研究和城市社会学领域拓展到管理学、艺术学、文化产业和城市规划等学术研究领域。场景理论经历了从“前场景”至“后场景”的转向，从自发形成的以音乐景象为代表的文化景观和创意场景，转变为能够并需要通过背景调查和文化设施布局来构建的都市氛围，主体也从多样化人群拓展到政府、经济和社会；其产出从文化形式转变为价值观；其分析重点也从个体与场景的互动到场景与城市或区域发展的互动。由此可见，后场景理论似乎更为适应当下我国城市更新及文化创意经济发展的需求。

场景理论的发展跟随着文创产业、创意城市的发展而深入，从对自发形成的场景的分析到对都市场景的构建，体现了城市公共文化政策的介入，成为文化空间分析及创意城市测度的新工具。“后场景”由于其具有更强的工具性、可操作性和政策指导性而受到更大范围的关注，但是“前场景”基于文化研究的视角是“后场景”生成的基础，场景之所以成为场景在于其对文化的传承和包容，因此有必要梳理并审视场景的范式转型。前场景理论对带有地域特性的文化现象及流派分析的贡献也应受到重视。因此，场景研究可从两个方面推进。**一方面，**“前场景”方法中对音乐等文化领域中非正式经济、社交网络、微经济活动、文化共生体系等将继续深化，有关场景分析与构建也可用于探

---

[1] 金元浦．场景理论与文化艺术遗产的传承与创新：金元浦对话劳伦斯教授［J］．北京联合大学学报（人文社会科学版），2020（1）：25-29.

[2] 禹建湘，汪妍．基于文化场景理论的我国城市文化创新路径探究［J］．城市学刊，2020（2）：23-29.

[3] 王孟璟．场景理论助力城市社区空间发展与升级［J］．美与时代（城市版），2020（3）：37-38.

索非物质文化遗产的传承与创新。特别是在数字技术快速发展的今天，虚拟文化场景具有广阔的研究前景，诸如“抖音场景”的构建也会不时呈现。[1] **另一方面，**在城市社会学的视野下，“后场景”理论基于文化社区为基本尺度的分析中具有最大潜力，即采用要素分析法或价值维度分析法，对区域、城市乃至空间的场景进行解构和重构。伴随我国的创意聚集已从重生产的创意产业园区转向重文化的历史街区，再到重参与的文化社区，场景与创意阶层的聚集和创意城市发展之间的关联需要更多的实证分析；同时，后场景理论也将对文化消费、文化参与和文化主体权利的实现维持持续的关注。在场景理论两大演进趋势下，场景理论对于政策的提升，一方面是空间制度上，对社区、城市乃至区域尺度的营造、更新和发展有所裨益；另一方面对更具包容性、双效统一的文化发展具有重要价值。

---

[1] 孙路玲．基于场景理论的抖音场景建构研究［J］．卫星电视与宽带多媒体，2020（7）：208-209.

第二篇　文化参与的全球范本与区域研究

通过分析世界各地的成功案例，揭示了文化活动如何促进社区凝聚力、经济活力及身份认同的构建。同时，考察了区域特性对文化实践的独特塑造作用，以及地方文化在全球化浪潮中的适应与发展策略。结合定量与定性研究方法，不仅提供了理论洞见，还为政策制定者和实践者提出了切实可行的建议，旨在推动更具包容性和可持续性的文化参与机制。通过对全球范本的深入剖析，期望能启发更多元化的区域文化发展路径，促进文化交流与创新。

美国与韩国的自愿社团、社会不平等及参与式民主 *

摘　要：通过对2004年美国和韩国社会普查数据的分析，我们发现尽管两国“结社主义”（Associationalism）氛围相似，但社团组织在培育公民资源能力上的差异对参与式民主产生了不同影响。在美国，社团成员身份显著增强了公民美德和社会信任，且社会经济地位（如受教育程度和家庭收入）对政治参与的影响较小，社团起到了加强公民参与的作用。相反，在韩国，社团成员身份并未显著影响公民美德和社会信任，社会经济地位对政治参与的影响更为显著，未能通过社团实现政治参与的平等化。因此，尽管韩国拥有充满活力的群体文化，但其自愿社团在促进参与性平等方面的效果不如美国明显。这表明，即使在相似的社会背景下，社团组织的不同效能可以导致参与式民主实践的显著差异。

关键词：自愿社团；社会不平等；政治差异；社会信任；公民美德；参与式民主

一、自愿社团与参与式民主：美国与韩国的比较

自愿社团通过将资源不足、常被排斥在政治之外的人纳入政治参与，提高了政治参与的质量。由于高教育程度、高收入和社会地位较高的人往往比低教育程度、低收入和社会地位较低的人更多地参与政治[1]，因此，自愿社团旨在为其成员提供公民美德、普遍信任等心理资源，帮助他们克服社会经济资源不足带来的集体行动障碍。简言之，自愿社团为那些在现有权力和金钱分配中不占优势的人提供了发声的途径，从而减少社会经济资源对政治参与的影响，促进更多的参与平等。然而，关于自愿社团是否确实改善了参与式民主，定量的实证证据相对有限。[2]

* 本文作者金石浩，韩国首尔成均馆大学社会学系助理教授；译者范霁雯，云南大学民族学与社会学学院助理研究员。

[1] WOLFINGER R E，ROSENSTONE S J. Who Votes?［M］.New Haven：Yale University，1980.

[2] VERBA S，SCHLOZMAN K L. Brady H E. Voice and Equality Civic Voluntarism in American Politics［M］. Cambridge：Harvard University，1995.

利用美国和韩国的案例进行考察，这两个国家在社团与政治文化上既有相似之处，也有显著差异。一方面，两国都有相似的结社主义传统，即通过加入和组建团体来解决社区问题。[1]另一方面，参与式的政治文化在美国更为成熟，而韩国则刚刚起步并正在扩展。此外，韩国保留了等级森严的儒家传统和威权政权的遗产[2][3]，而美国拥有悠久的自由民主历史和强大的结社主义传统，后者是妇女及少数民族等弱势群体的重要参政工具。[4]这些相同点和不同点，使两国成为比较研究自愿社团与参与性平等之间联系的理想对象。

尽管韩国有着以群体为中心的活力文化，但其自愿社团并未显著促进参与性平等，而美国的自愿社团在这方面表现得更为有效。这并不意味着韩国的自愿社团不能促进政治参与。事实上，许多研究表明，韩国的社团成员通常表现出更积极的政治活动。[5]然而，关键在于，韩国的自愿社团未能发挥作为政治均衡器的作用，因为它们未能培养"公民资源"，如公民美德和社会信任。[6]

美国人为了共同的信仰、关心和爱好积极组织和参加自愿社团，在异质的社会环境中与不同背景的人直接接触，培养了进行政治审议的能力。这种以公民为导向的态度反过来促使其成员采取政治行动，增加了个人政治活动，无论其社会经济地位如何，都实现了一定程度的政治影响力均衡。[7][8]相比之下，韩国人通过结社形成的人际关系更倾向于同质化，基于亲属关系、出生地和旧时同学网络等原始亲缘关系。[9][10]在这种情况下，社团成员难以获得必要的公民资源，导致他们的政治参与往往局限于特定利益或由政治

---

❶ SCHLESINGER A. Biography of a Nation of Joiners［J］. American Historical Review, 944（50）: 1–25.

❷ HAHM C. Disputing Civil Society in a Confucian Context［J］.Korea Observer, 2004（35）: 433–462.

❸ STEINBERG D. Civil Society and Human Right in Korea: On Contemporary and Classical Orthodoxy and Ideology［J］. Korea Journal, 1997（37）: 145–165.

❹ POLLETTA F. Freedom is an Endless Meeting: Democracy in American Social Movements［M］. Chicago: University of Chicago, 2002.

❺ LEE J H.Trust and Civil Society: Comparative Study of Korea and America［J］.Korean Journal of Sociology, 2006, 40（5）: 61–98.

❻ "公民资源"和"政治上理想的特质"是指与参与公民和政治事务有关的态度属性，如公民美德和社会信任。具体而言：社会信任使信任的公民不太可能从事机会主义行为，而是更有可能积极参与政治以改善周围环境，这是因为他们在遵守民主实践要求时，相信其他人也会同样遵守；公民美德则体现在有德行的公民将政治参与视为对社会利益的必要贡献，他们认识到个人的政治行动对于集体福祉的重要性，并愿意为此付出努力。

❼ KRISHNA A. Enhancing Political Participation in Democracies: What is Role of Social Capital?［J］. Comparative Political Studies, 2002（35）: 437–460.

❽ PAXTON P. Social Capital and Democracy［J］. American Sociological Review, 2002（67）: 254–277.

❾ CHANG Y S. The Personalist Ethic and the Market in Korea［J］. Comparative Studies in Society and History, 1991（33）: 106–129.

❿ MCDONOUGH P, SHIN D C, MOISÉS J A. Democratization and Participation: Comparing Spain, Brazil, and Korea［J］.The Journal of Politics, 1998（60）: 919–953.

招募者动员，反而可能加剧特权者与弱势者之间的政治差距。

利用两国的一般社会调查数据，从比较的角度探讨了自愿社团在不同社会、政治和文化背景下对参与式民主的不同影响。首先，探讨了政治参与所必需的公民美德和社会信任等特质是否能通过社团成员身份得到发展。其次，分析了教育程度和家庭收入等社会经济资源对政治参与的影响，特别是对两个国家的社团成员的影响。

二、社会网络的特性在于创造公民美德和信任

自愿社团通过为个人提供与不同背景和价值观的人见面的空间，培养公民美德和社会信任，从而教会他们如何作为民主公民行事。[1][2]阿历克西·德·托克维尔经常被引用为第一个注意到这种良性关系的人。在《论美国的民主》一书中，他强调了相较于亲朋好友之间的直接联结，个人与国家权力这种次要联结的重要性。阿历克西·德·托克维尔将代议制民主的质量与在社团领域形成的公民习惯联系起来，声称自愿社团通过把个人从基本关系中拉出来，教育他们对他人的依赖性，激发公民意识，用对他人的信任取代狭隘的私利，即“正确理解的私利”。因此，对阿历克西·德·托克维尔来说，一个健康的民主制度是通过社团联结和经验培养公民美德和社会信任的结果。[3]

罗伯特·帕特南继承了阿历克西·德·托克维尔的理论，认为自愿社团为与他人积累良好经验提供了最合适的环境。强烈的互动和不断的合作被认为是这些特质出现的必要条件。因此，公民美德和社会信任使个人能够克服集体行动的问题，而集体行动又反过来帮助他们在政治上组织起来，向政府施加压力，并完成“使民主有效”的事情。[4]罗伯特·帕特南声称，自愿社团通过发挥“公民美德的温床”或“民主学校”的作用，在解决集体行动问题方面始终是有效的。即使是参加扑克俱乐部或读书会等小型或非正式团体，也会提高公民美德和社会信任蓬勃发展的可能性。[5]

然而，这种公民资源的开发不一定要遵循社团会员制度。[6][7]基于无数的实证研究，

---

❶ KORNHAUSER W.The Politics of Mass Society［M］.New York：The Free，1959.

❷ SIMMEL G.The Sociology of Georg Simmel［M］. Glencoe：The Free，1950.

❸ TOCQUEVILLE A.Democracy in America［M］. New York：Vintage Books，2004.

❹ PUTNAM R D.Bowling Alone：The Collapse and Revival of American Community［M］. New York：Simon & Schuster，2000.

❺ FLEISCHACKER S.Insignificant Communities［M］\\Freedom of Association. New Jersey：Princeton University，1998：273-313.

❻ GAMBETTA D.The Sicilian Mafia：The Business of Private Protection［M］. Cambridge：Harvard University，1993.

❼ JACKMAN R W，MILLER R A. Social Capital and Politics［J］. Annual Review of Political Science，1998（1）：47-73.

许多学者批评罗伯特·帕特南的观点，认为如果社团成员资格基于非正式和特殊的标准，那么社团内部密集的横向关系网络不一定能培养公民美德和社会信任。与社会或经济上同质、政治上志同道合的成员频繁接触，不仅会在网络内部的成员中产生私人礼仪和信任，而且可能对外部成员产生敌对态度和不信任。[1][2]詹姆斯·科尔曼指出，紧密联系的网络可能会促进互惠和诚信的规范，但这些心理上的好处很可能只会在内部得到消耗，甚至可能加强对外界人员的敌意和偏见，导致内部人士试图将自己的专属利益制度化。[3]因此，在某些情况下，自愿社团不利于公民美德和社会信任的发展，并可能导致非民主的倾向和特定化的信任。

此外，罗伯特·帕特南的理论存在一个问题，即如何将个人礼仪和群体内部信任推广到更大的社会这一模棱两可的立场。[4][5]他倾向于支持自愿社团的有效性，但没有具体说明私人礼仪和人际信任可以分别扩展到公民美德和社会信任的依据。事实上，他似乎夸大了社团成员的积极影响，忽略了强烈的互动可能导致普遍或特殊的态度取决于其人际环境的可能性。[6]因此，那些有着紧密联系的社会群体，如果成员不合理、不宽容地致力于他们的直接关系，就不太可能产生公民资源。这样的情况使公民的态度、互惠的规范及超越群体范围的人际信任难以增长。[7][8]

尽管如此，罗伯特·帕特南至少提到了社团可以在一定条件下促进公民资源的发展。他认为，如果社会网络的密度和多样性这两种特性结合在一起，那么公民美德和社会信任就可能成为社团文化的主导方面。[9]通过将不同的目标和成员聚集在一起，社团活动灌输了合作技能和对集体努力的共同责任感，并建立导致态度温和及政治宽容的交

---

❶ BERMAN S. Civil Society and the Collapse of the Weimar RepublicL［J］. World Politics，1997（49）：401-429.

❷ USLANER E，CONLEY R S. Civic Engagement and Particularized Trust［J］. American Politics Research，2003（31）：331-360.

❸ TILLY C. Durable Inequality［M］.Berkeley：University of California，1997.

❹ STOLLE D，ROCHON T R. Are Voluntary Association Alike?［J］. American Behavioral Scientist，1998（42）：47-65.

❺ STOLLE D. Bowling Together，Bowling Alone：The Development of Generalized Trust in Voluntary Associations［J］. Political Psychology，1998，19（3）：497-525.

❻ LEVI M. Social and Unsocial Capital：A Review Essay of Robert Putnam's Making Democracy Work［J］. Politics & Society，1996（24）：45-55.

❼ MCPHERSON L，SMITH-LOVIN L，COOK J M. Birds of a Feather：Homophily in Social Networks［J］. Annual Review of Sociology，2001（27）：415-44.

❽ WALZER M. Alternative Conceptions of Civil Society［M］. Princeton：Princeton University，2002：34-49.

❾ 显然，综合的社会环境和个人的直接社会网络是不同的，它们可能对政治欲望特征和政治参与有独立的影响。尽管如此，本文并没有对这两个概念进行严格区分。

互压力。❶在他看来，结识不同的人的机会可能来自社团的内部或外部来源，即属于横跨所属社团或同其他社团的成员联合活动。问题是，罗伯特·帕特南无条件地支持密集网络的有效性，对于网络密度如何与其多样性相互作用以发展公民美德和社会信任，他并没有提出明确的观点。

因此，有必要澄清，密集的社会互动网络何时能与公民思想中公民态度的灌输相联系。事实上，密度的成功取决于它的多样性。❷❸只有在社会经济和态度多样化的情况下，紧密相连的网络才能变得更好。在网络中有同质性偏见的群体成员很可能拥有共同的知识和身份，并很容易产生相互尊重的态度。然而，为了使群体内的有利态度得到推广，必须保证提供跨种族和跨阶级接触的机会。高密度与低多样性的结合很可能产生宗族或宗派主义，甚至偏见。❹❺艾米·古特曼（Amy Gutmann）指出："一个社团的成员越具有道德、经济、种族和宗教上的同质性，其培养有利于民主公民资格的公共讨论和审议的能力就越弱。"❻因此，私人礼仪和群体内信任能否得到扩展，取决于由内部和外部关联来源形成的网络中是否存在偏好、观点和社会渊源的漩涡混合。用迈克尔·伍尔科克和迪帕·纳拉扬的话说，外向的、包容的、跨越不同社会分裂的桥接性社会资本比内向的、排外的、团结的社会资本更有可能产生公民特质或民主倾向。❼

三、美国和韩国社团成员对参与性平等的不同影响

美国和韩国普通公民的社团成员构成将被视为培养公民美德和社会信任潜力的最重要指标。当前的社团构成反映了某一国家的历史、社会和政治经验❽❾，因此，通过审查成员的总体分布，可以最好地探讨同样活跃的自愿社团网络在美国和韩国的参与性平等

---

❶ PUTNAM R D. Making Democracy Work：Civic Traditions in Modern Italy［M］.Princeton：Princeton University，1993.

❷ BURT R S. Brokerage and Closure：An Introduction to Social Capital［J］. New York：Oxford University，2005：279.

❸ USLANER E M. The Moral Foundations of Trust［M］. New York：Cambridge University，2002.

❹ LEVI M. Social and Unsocial Capital：A Review Essay of Robert Putnam's Making Democracy Work［J］. Politics & Society，1996（24）：45-55.

❺ USLANER E，CONLEY R S.Civic Engagement and Particularized Trust［J］. American Politics Research，2003（31）：331-360.

❻ GUTMANN A.Freedom of Association［M］. New Jersey：Princeton University，1998.

❼ WOOLCOCK M，NARAYAN D.Social Capital：Implications for Development Theory，Research and Policy［J］.The World Bank Research Observer，2000（15）：225-49.

❽ PUTNAM R D. Making Democracy Work：Civic Traditions in Modern Italy［M］. Princeton：Princeton University，1993.

❾ RILEY D.Civic Associations and Authoritarian Regimes in Interwar Europe：Italy and Spain in Comparative Perspective［J］. American Sociological Review，2005（70）：288-310.

方面产生不同结果的原因。理解这样的构成不仅可以揭示普遍的组织原则，还可以从比较的角度推断出围绕自愿社团建立联系的一般网络模式。[1]一旦这些模式得到确认，就有可能提出假设，即成员资格是否能培养公民美德和社会信任，从而抑制特权者和弱势群体之间日益扩大的政治差距。因此，为了评估自愿社团在减轻社会分层系统固有的参与性不平等方面的作用，首先需要了解每个国家普遍存在哪些类型的社团。

不同国家的人们出于不同的原因加入自愿社团[2]，并且社团的作用也因国家而异。[3][4]与被称为"加入者之国"[5]的美国类似，韩国也是一个人们有着强烈倾向去组织和参加各种社团的国家。两国人民都将社团结社生活视为与他人交往的场所，但结社的目的和通过社团活动创建的社会网络属性存在明显的差异。美国的大多数社团是为了追求特定的利益、价值观、宗教、种族、民族血统或职业而成立的。[6]相比之下，韩国的社团则基于个人友谊、地缘、学校和家庭关系等原始亲缘关系建立起来。[7][8]由于大多数韩国人隶属于具有狭窄和特殊会员基础的社团，成员之间的社交网络往往是封闭且紧密联系的，由具有相似背景、地位、个性和生活方式的人组成。这种人际环境可能无法灌输公民资源或政治上可取的特质，反而可能会强化特定的信任和排他性身份。事实上，这种社团常被指责为传播落后政治文化的渠道，其特征是家族主义、利己主义和排外主义。[9]

与韩国相比，美国自愿社团中的社交网络较少局限于特定的人和价值观，更多起到桥梁的作用。这些社团不仅为成员与内部成员的积极互动奠定了基础，还提供了认识外部成员的机会。一方面，宗教相关的社团和体育俱乐部被认为是公民事务中最重要的两类社团，它们的成员与不同种族、宗教和阶级的人交往，并鼓励他们在当地社区内外开展协同工作。[10]另一方面，传统上普遍存在的社团形式，如工会、专业团体、兄弟会、

---

❶ AVRITZER L. Democracy and the Public Space in Latin America [J] . Princeton: Princeton University, 2002.

❷ ANDERSON R, CURTIS J, GRABB E.Trends in Civic Activity in Four Democracies: The Special Case of Women in the United States [J]. American Sociological Review, 2006 (71): 376–400.

❸ LOWRY R C. Explaining the Variation in Organized Civil Society Across States and Time [J] . The Journal of Politics, 2005 (67): 574–594.

❹ ROSS M H. Why Complexity Doesn't Necessarily Enhance Participation: Exit, Voice and Loyalty in Pre-Industrial Societies [J]. Comparative Politics, 1988 (21): 73–89.

❺ SCHLESINGER A. Biography of a Nation of Joiners [J] . American Historical Review, 1944 (50): 1–25.

❻ PARK C M, SHIN D C. Social Capital and Democratic Citizenship: The Case of South Korea [J] . Japanese Journal of Political Science, 2005 (6): 63–85.

❼ CHANG Y S. The Personalist Ethic and the Market in Korea [J] . Comparative Studies in Society and History. 1991 (33): 106–129.

❽ UKUYAMA F. Trust: The Social Virtues and the Creation of Prosperity [M]. New York: The Free, 1995.

❾ KIM Y H, SON J S. Trust, Cooperation and Social Risk: A Cross-Cultural Comparison [J] . Korea Journal, 1998, 38 (3): 131–153.

❿ WARREN M E.Democracy and Association [M]. New Jersey: Princeton University, 2001.

退伍军人团体、服务团体和宗教派别，帮助他们的成员通过在当地有根基但在全国范围内组织的会员联合会系统建立跨地方的社会网络。[1][2]因此，自愿社团有望促进与不同人的多层次合作，增强对不同社会经济出身者的理解和容忍。在相对意义上，它们更常被视为民主规范和秩序的滋生地，在这些环境中，公民美德、普遍信任和对公共利益的责任感等概念得到了滋养。[3][4]

由于这些社团氛围的差异，美国和韩国提供了有趣的素材，使我们能够比较自愿社团在减少或加强社会经济资源对政治参与影响方面的作用。在韩国，同质网络的普遍存在、排他性的态度及组内成员高信任度和组外成员低信任度，导致社团成员的政治参与主要解释为利益的放大和政治活动家的动员。成员既没有广泛的外部联系，也没有为集体目标共同努力的动力。他们往往通过个人关系和个人网络被动员到政治活动中，组织起来与其他群体争夺社区或国家的有限资源，只追求自己的利益。因此，特权者比弱势群体更多地参与政治，自愿社团可能会加剧参与性的不平等，其程度超过了社会经济资源差异所造成的程度。相反，在美国，成员政治活动的增加在某种程度上可以归因于公民资源的增加。社团内部对特定其他人的私人礼仪和信任很可能会转变为对社区和更广泛社会的信念，因为成员有机会接触社会、经济和态度不同的人。[5]鉴于此，我们可以提出以下假设。

假设 1–1：在美国，社团成员身份会对公民美德和社会信任产生显著而积极的影响。

假设 1–2：韩国的社团成员身份不会影响公民美德和社会信任。

假设 2–1：美国受教育程度和家庭收入对成员政治参与的影响较弱。

假设 2–2：受教育程度和家庭收入对韩国家庭成员政治参与的影响将会很大。

应该指出的是，美国的自愿社团可以扩大那些有资源的人的影响力，因为他们能够更有效地结社，从而增加他们的财富和权力。[6]的确，特权者能够更好地组织他们的政治声音，他们对公共政策的影响比弱势群体大得多。因此，由于社会经济资源分配不均而导致的政治代表性不平等，有可能因特权阶层的优越组织能力而加深。然而，本文的

---

❶ KAUFMAN J. For the Common Good? American Civic Life and the Golden Age of Fraternity［M］. Oxford：Oxford University，2002.

❷ SKOCPOL T. Diminished Democracy：From Membership to Management in American Civic Life［M］. Norman：University of Oklahoma，2003.

❸ EVANS S M，BOYTE H C. Free Spaces：The Sources of Democratic Change in America［M］.Chicago：University of Chicago，1992.

❹ KYMLICKA W. Ethnic Associations and Democratic Citizenship［M］. Princeton：Princeton University，1998：177–213.

❺ SONG H K. Analysis of Participants in the New Social Movements in Korea：Mobilization and Networks［J］. Korea Journal，2000，39（8）：95–130.

❻ SKOCPOL T.Civic Engagement in American Democracy［M］.Washington：Brookings Institution，1999：111–162.

重点是社团成员之间的政治参与和参与平等。并不是说社团成员在社会经济各阶层中的分布是平等的，也不是说自愿社团对政治的影响是无差别的，而是说，至少在社团成员之间，更大程度的参与性平等可能是普遍存在的，因为他们共同的成员身份减轻了社会经济资源对政治参与的影响。

（一）研究方法

1. 数据来源与样本描述

美国的数据来自 2004 年全国民意研究中心（National Opinion Research Center; NORC）进行的社会普查（U.S. GSS）。2004 年美国 GSS 由 2812 名受访者组成，整体回应率为 70.2%。韩国的数据则来自 2004 年成均馆大学调查研究中心进行的韩国综合社会调查（KGSS）。2004 年 KGSS 数据由 1312 名受访者组成，整体回复率为 66%。美国和韩国的 GSS 数据均包含 2004 年国际社会调查计划（ISSP）的公民模块，其中包括关于公民态度和政治身份，以及其社会和政治活动的各种主题。

2. 政治参与指数构建

政治参与指数作为分析中的因变量，通过受访者自述参加的政治行为的数量增加来构建，这些行为需在过去 12 个月内至少发生过一次。2004 年的 ISSP 包括一系列政治行为调查：受访者是否在过去一年中签署了请愿书、抵制了产品、参加了示威活动、联系过官员或政客表达观点、捐款、联系媒体、参与网络政治论坛等。[1] 因此，这是一个累加指数，每一项行为计为一个点，总分为 8 点。该指数虽然不是详尽无遗的，但捕捉了从私人动机到公共事业的政治行为的基本维度。美国受访者的平均政治行为数为 1.42，标准差为 1.65；韩国受访者的平均政治行为数为 0.83，标准差为 1.29。在这两个国家，属于一个或多个自愿社团的人的政治参与程度是非社团成员的两倍以上。

3. 自愿社团分类

1967 年，西德尼・维巴和诺曼・聂在《美国政治参与调查》中提出了 16 种不同类型的自愿社团，包括兄弟会、服务性社团、退伍军人俱乐部、政治俱乐部、工会、体育团体、青年团体、社会服务团体、业余爱好或园艺俱乐部、学校兄弟会或姐妹会、民族团体、农场组织、文学艺术讨论或学习团体、专业或学术团体、教会附属团体和其他自愿社团。相比之下，KGSS 将自愿社团分为 8 种类型对受访者进行询问，分别是公民团体、工会或商业专业社团、体育休闲或文化团体、教会附属团体、家乡组织、校友会、兄弟会和其他团体。美国 GSS 提供了一个更详细的分类，而 KGSS 则简化了类别，如将类型类似

[1] 为了进行比较研究，采用整体政治参与的加权量表而不是为个别政治行为构建八个不同的模型会更合适，因为同一政治行为的一些概念在不同国家的意义不同。

的自愿社团合并到一个类别中。

4. 公民美德和社会信任测量

公民美德指数是通过添加十个项目的评分构建的，这些项目涉及公民义务、自由德行和鼓励个人政治参与的态度。受访者被要求对每一项给出 1（非常不同意）到 7（非常同意）之间的分数，因此指数范围从最低 7 分到最高 70 分。具体问题包括永远在选举中投票、遵守法律法规、关注政府行动、积极参与社会或政治团体、理解持不同观点的人的理由、出于伦理原因选择产品、帮助境况较差的人、愿意在军队服役等。❶

社会信任是用四分制量表来衡量的，问题是："如果有机会，你认为人们会有多频繁地利用你？他们会多久试着公平一次？"回答范围从"跟人打交道，几乎总是越小心越好"到"人们几乎总是可以信任的"。❷

5. 分析方法

在接下来的分析中，公民美德和社会信任将被用作自变量和因变量。首先，通过构建公民美德和社会信任的 OLS 回归模型，研究社会成员、社会经济资源和其他人口统计学因素对其的影响。特别是，笔者比较了美国和韩国自愿社团如何有效地促进公民资源的发展。其次，在估计政治行为的负二项回归模型中，公民资源的测度也被视为自变量。为了说明社会经济资源对政治参与的影响，笔者将样本分为至少有一个成员（成员）和没有成员（非成员）的两组，并对每组分别进行负二项回归分析。

（二）成员资格影响

1. 自愿社团的人口分布

美国人和韩国人都倾向于加入一个或多个自愿社团。在美国，62.3% 的受访者表示他们至少属于一个自愿社团，而在韩国，这一比例则高达 80.8%。简单比较一下美国的整体会员率，可以看出韩国比美国更像是一个"加入者国家"。此外，美国的平均会员人数（1.6 人 / 受访者）也低于韩国（2.1 人 / 受访者）。❸

两国的社团成员构成存在显著差异。在美国，教会附属团体（32.0%）和体育俱乐部（17.5%）是最具影响力的两类社团，在所有美国社团成员中占据了相当大的比

---

❶ 在韩国受访者中，公民美德指数的平均值和标准差分别为 54.030 和 8.670。十个项目的 Cronbach' s Alpha 为 0.801。在美国受访者中，这一指数的平均值和标准差分别为 56.860 和 7.690。十个项目的 Cronbach' s Alpha 为 0.714。

❷ 在韩国受访者中，社会信任的平均值和标准差分别为 2.250 和 0.730。在美国受访者中，社会信任的平均值和标准差分别为 2.430 和 0.720。

❸ 如果我们考虑到会员答案的数量随着调查中提出的自愿团体问题数量的增加而上升的趋势，那么两国之间的总体会员率差异可能会更加显著。需要注意的是，美国的调查涵盖了 16 种不同的自愿社团类型，而韩国的调查仅分为 8 种类型。

例。[1][2] 值得注意的是，兄弟会（6.6%）、退伍军人俱乐部（5.2%）、学校兄弟会或姐妹会（3.8%）和民族团体（2.8%）的占比最低。因为这些团体有时被怀疑通过宣称自己比其他种族或信仰优越，从而产生特殊的内部信任和对非团体成员的排斥。[3] 与职业相关的团体和社交/娱乐俱乐部虽然被认为具有发展公民美德和社会信任的巨大潜力，但其会员的占比仅处于中等水平。[4]

在韩国，大多数社团是由社会和经济上同质的人组成的，具有排他性，并且是分散的。正如之前的预测，大多数自愿社团建立在原始关系的基础上，需要对自身圈子的强烈认同。超过一半的韩国人属于兄弟会（56.5%）和校友会（54.2%），而只有不到 10% 的韩国人加入由正式关系或政治原因组织的团体，如公民团体（2.3%）和职业相关团体（6.9%）。在韩国，教会附属团体（25.1%）和体育文化团体（22.2%）的成员比例适中。家乡社团（19.7%）的加入比例显示了基于地缘关系的社团的重要性，尽管它在以地缘为纽带的社团中加入比例最低，但仍是职业相关团体的三倍。简言之，基于原始标准的团结是韩国最常见的结社形式。这些社团因排他性或优越感而蓬勃发展，损害了整个社区的团结。

综上所述，在美国和韩国，自愿社团在培养公民美德和社会信任方面的作用不同。由于美国通过社团活动建立的社会网络可能更具有异质性和桥梁性，因此有理由认为它们在开发公民资源方面具有更大的潜力。相比之下，在韩国，由于社团成员很可能提供同质的、狭隘的社交网络，私人礼仪和团体内信任很难超越直接关系的界限。

2. 成员资格对公民美德和社会信任的影响

OLS 回归分析结果显示（见表 1），成员资格对公民美德和社会信任的影响在美国和韩国形成了鲜明对比。在美国，保持其他变量不变的情况下，成员资格显著且积极地影响着公民美德和社会信任这两种政治上重要的特质。这意味着在美国，当成员属于社团时，他们会开发政治上重要的心理资源，学会如何为集体目的而共同努力。而在韩国，成员身份与这两项发展没有显著关联，表明自愿社团未能发挥“民主学校”的作用。这似乎意味着，如果韩国的社团成员的政治活动有所增加，原因可能不在于公民美德或社会信任的增强。

研究结果还表明，自愿社团在美国比在韩国更有效地缓解了社会经济资源对政治参与的影响。具体来说，在控制了社团成员资格和公民资源后，教育程度和家庭收入对美国成员的政治活动的影响变得较弱，而这种影响在韩国则保持不变或加剧。

---

[1] CORNWELL B，HARRISON J A. Union Members and Voluntary Associations：Membership Overlap as a Case of Organizational Embeddedness［J］. American Sociological Review，2004（69）：862–881.

[2] CURTIS J E，BAER D E，GRABB E G. Nations of Joiners：Explaining Voluntary Association Membership in Democratic Societies［J］. American Sociological Review，2001（66）：783–805.

[3] KAUFMAN J. For the Common Good? American Civic Life and the Golden Age of Fraternity［M］. Oxford：Oxford University，2002.

[4] WARREN M E.Democracy and Association［M］.New Jersey：Princeton University，2001.

表 1　美国和韩国社团成员资格及资源对公民美德和社会信任的 OLS 回归分析

变量		公民美德		社会信任	
		美国	韩国	美国	韩国
社会成员资格		1.260（0.460）***	0.790（0.660）	0.120（0.040）***	0.090（0.050）
社会经济资源	高中文凭	0.470（0.710）	−0.130（0.790）	0.190（0.060）***	0.150（0.060）**
	大学在读或辍学	2.340（0.980）**	−0.330（0.970）	0.250（0.090）***	0.160（0.080）**
	大学本科或以上学历	2.250（0.800）***	−0.170（0.910）	0.380（0.070）***	0.200（0.080）***
	收入第二 1/4 梯队	1.300（0.670）*	−0.380（0.770）	0.140（0.060）**	0.070（0.060）
	收入第三 1/4 梯队	0.520（0.760）	−0.480（0.830）	0.130（0.070）**	0.170（0.070）**
	收入最高 1/4 梯队	0.460（0.760）	−0.490（0.850）	0.270（0.070）***	0.170（0.070）**
	拒绝回答 / 不知道	−0.030（0.950）	−0.120（1.330）	0.180（0.080）**	0.170（0.110）
其他控制变量	35 ~ 54 岁	1.930（0.510）***	2.350（0.69）***	0.120（0.050）***	−0.090（0.060）
	55 ~ 64 岁	2.320（0.670）***	4.410（1.05）***	0.140（0.060）***	−0.090（0.090）
	65 岁及以上	3.950（0.810）***	3.100（1.05）***	0.080（0.070）	0.060（0.090）
	白人	0.880（0.660）	NA	0.250（0.060）***	NA
	其他种族	2.490（1.020）**	NA	0.200（0.090）**	NA
	女性	0.770（0.430）*	0.680（0.55）	−0.090（0.040）**	0.010（0.050）
	已婚	−1.250（0.500）**	1.100（0.66）*	−0.050（0.040）	0.010（0.050）
	全职工作	0.210（0.540）	−0.910（0.59）	−0.110（0.050）**	0.020（0.050）
	兼职工作	0.350（0.710）	0.000（0.98）	−0.070（0.060）	0.000（0.080）
	新教	1.850（0.650）***	1.480（0.65）**	0.040（0.060）	−0.100（0.050）*
	天主教	0.950（0.710）	2.230（0.92）**	−0.030（0.060）	−0.060（0.070）
	其他宗教	2.020（0.840）**	0.550（0.65）	−0.040（0.070）	−0.110（0.050）**
	父母身份	0.620（0.480）	−0.060（0.63）	−0.050（0.040）	−0.020（0.050）
	住在南部（岭南）	1.340（0.450）***	−1.040（0.57）*	−0.050（0.040）	0.030（0.050）
	大城市	0.980（0.570）*	0.050（0.62）	0.060（0.050）	0.020（0.050）
	郊区	1.310（0.640）**	0.120（0.62）	0.010（0.060）	0.040（0.050）
常量		48.990（1.220）	50.950（1.20）	1.810（0.110）	2.010（0.100）

续表

变量	公民美德		社会信任	
	美国	韩国	美国	韩国
R 平方值	0.076	0.059	0.118	0.043
样本量	1318.000	1186.000	1372.000	1254.000

注：括号内为标准误差（SE）；* 表示 *P*<0.100，** 表示 *P*<0.050，*** 表示 *P*<0.010（双尾检验）。

3. 政治参与的差异

负二项回归模型的结果显示（见表 2），受过高等教育和收入较高的人在政治上的参与程度显著高于其他人。在美国，拥有高中文凭的人过去一年的政治行为比没有高中文凭的人多出 0.70 次；接受过大学教育的人政治行为分别比没有高中文凭的人多出 1.05 次（大学在读或辍学）和 1.78 次（大学毕业或以上）。在韩国，拥有高中文凭的人表现出的政治行为比没有高中文凭的人多 0.38 次；受过大学教育和本科以上学历的人表现出的政治行为比没有高中文凭的人分别多出 0.55 次和 0.78 次。

表 2　社会经济资源与控制变量对美国和韩国政治行为影响的负二项回归分析

变量		模型 1		模型 2	
		美国	韩国	美国	韩国
社会经济资源	高中文凭	0.54（0.12）***	0.51（0.15）***	0.40（0.12）***	0.50（0.16）***
	大学在读或辍学	0.62（0.16）***	0.65（0.18）***	0.44（0.16）***	0.59（0.18）**
	大学本科或以上学历	1.07（0.13）***	0.87（0.17）***	0.77（0.13）***	0.81（0.17）***
	收入第二 1/4 梯队	0.23（0.10）**	0.19（0.15）	0.14（0.10）	0.23（0.15）
	收入第三 1/4 梯队	0.28（0.11）**	0.34（0.15）**	0.13（0.11）	0.32（0.15）**
	收入最高 1/4 梯队	0.38（0.11）***	0.47（0.15）***	0.24（0.11）**	0.46（0.15）***
	拒绝回答 / 不知道	0.18（0.14）	0.40（0.22）*	0.19（0.14）	0.48（0.23）*
其他控制变量	35 ~ 54 岁	0.10（0.08）	−0.08（0.11）	0.04（0.08）	−0.15（0.11）
	55 ~ 64 岁	0.26（0.10）***	−0.53（0.20）***	0.18（0.09）*	−0.64（0.21）***
	65 岁或以上	0.03（0.12）	−1.10（0.23）***	−0.13（0.12）	−1.08（0.24）***
	白人	0.04（0.10）	NA	0.00（0.10）	NA
	其他种族	−0.49（0.16）***	NA	−0.60（0.16）***	NA
	女性	0.04（0.06）	−0.17（0.09）*	0.02（0.06）	−0.18（0.10）*
	已婚	−0.07（0.07）	−0.02（0.12）	−0.08（0.07）	−0.01（0.12）

续表

变量		模型 1		模型 2	
		美国	韩国	美国	韩国
其他控制变量	全职工作	−0.13（0.08）*	0.00（0.10）	−0.17（0.08）**	−0.05（0.10）
	兼职工作	0.02（0.10）	0.22（0.16）	−0.05（0.10）	0.18（0.16）
	新教	−0.08（0.09）	0.01（0.11）	−0.21（0.09）**	−0.06（0.11）
	天主教	−0.27（0.10）***	0.10（0.15）	−0.32（0.10）***	0.13（0.15）
	其他宗教	0.09（0.12）	−0.08（0.11）	−0.02（0.11）	−0.05（0.11）
	父母身份	−0.01（0.07）	0.04（0.11）	−0.03（0.07）	0.04（0.11）
	住在南部（岭南）	−0.24（0.07）***	0.06（0.10）	−0.24（0.06）***	0.06（0.10）
	大城市	0.08（0.08）	−0.04（0.10）	0.05（0.08）	−0.05（0.11）
	郊区	−0.01（0.09）	−0.16（0.11）	−0.03（0.09）	−0.15（0.11）
社团成员资格		—	—	0.64（0.07）***	0.56（0.13）***
公民美德		—	—	0.02（0.00）***	0.02（0.01）***
社会信任		—	—	0.08（0.04）*	0.07（0.06）
常量		−0.46（0.19）	−0.75（0.21）	−1.85（0.30）	−2.18（0.37）
过度分散 α		0.45（0.05）	0.88（0.10）	0.33（0.05）	0.80（0.10）
样本量		1386.00	1265.00	1327.00	1180.00
似然比卡方检验		217.43	189.76	315.94	198.62
对数似然函数值		−2164.20	−1501.90	−2027.60	−1419.30

注：括号内为标准误差（SE）；* 表示 $P<0.10$，** 表示 $P<0.05$，*** 表示 $P<0.01$（双尾检验）。

引入社团成员资格和公民资源变量后，美国社会经济资源对政治参与的影响显著减弱。例如，在包括社团成员和公民资源之后，受教育程度最高和最低的人的政治行为数量预期差异从 1.78 下降到 1.14。然而，在韩国，即使控制了这些变量，教育和收入对政治参与的影响仍然显著，变化较小。

综上所述，结果表明，自愿社团在美国比在韩国更有效地缓解了社会经济资源对政治参与的影响。尽管结果并不完美，但它暗示了美国活跃的结社文化可能比韩国更有助于实现参与性平等。

四、美国和韩国社会经济资源对成员和非成员政治参与的影响

1. 成员与非成员的差异

负二项回归模型的结果显示（见表 3），目前尚不清楚成员资格如何与其他变量相

互作用。为了更清晰地理解社会经济资源对政治参与的影响，在此为社团成员和非社团成员分别构建了两个独立的模型。这些模型将帮助我们认识到，在社会经济资源差异的基础上，成员资格是加剧还是减少了参与性差异。

表 3 社会经济资源对美国和韩国人民政治行为影响的负二项式回归分析（按社团成员划分）

变量		成员		非成员	
		美国	韩国	美国	韩国
社会经济资源	高中文凭	0.22（0.15）	0.44（0.16）***	0.63（0.23）***	0.85（0.55）
	大学在读或辍学	0.03（0.19）	0.56（0.19）***	0.96（0.28）***	0.82（0.63）
	大学本科或以上学历	1.55（0.15）***	0.77（0.18）***	1.17（0.26）***	1.04（0.61）*
	收入第二 1/4 梯队	−0.07（0.12）	0.25（0.16）	0.43（0.19）**	0.13（0.47）
	收入第三 1/4 梯队	−0.10（0.13）	0.34（0.16）**	0.57（0.22）***	−0.04（0.50）
	收入最高 1/4 梯队	0.10（0.13）	0.43（0.16）***	0.47（0.22）**	0.82（0.53）
	拒绝回答 / 不知道	0.08（0.18）	0.18（0.25）	0.46（0.25）*	1.58（0.62）**
其他控制变量	35 ~ 54 岁	0.11（0.09）	−0.09（0.12）	0.00（0.16）	−0.43（0.36）
	55 ~ 64 岁	0.16（0.11）	−0.52（0.21）**	0.21（0.19）	−2.06（1.15）*
	65 岁或以上	0.09（0.13）	−0.88（0.25）***	−0.57（0.26）**	−2.26（0.87）***
	白人	−0.05（0.11）	NA	0.26（0.22）	NA
	其他种族	−0.51（0.18）***	NA	−0.66（0.35）*	NA
	女性	0.07（0.07）	−0.12（0.10）	−0.21（0.13）	−0.80（0.33）**
	已婚	−0.07（0.08）	−0.03（0.13）	−0.05（0.14）	−0.18（0.45）
	全职工作	0.07（0.09）	0.01（0.11）	−0.72（0.15）***	−0.16（0.35）
	兼职工作	0.17（0.11）	0.28（0.17）*	−0.44（0.22）**	−0.45（0.71）
	新教	−0.16（0.10）	−0.03（0.12）	−0.26（0.17）	−0.32（0.46）
	天主教	−0.35（0.12）***	0.09（0.16）	−0.26（0.19）	−0.04（0.47）
	其他宗教	0.03（0.13）	0.01（0.12）	−0.17（0.23）	−0.62（0.36）*
	父母身份	−0.12（0.08）	0.04（0.11）	0.26（0.15）*	0.28（0.39）
	住在南部（岭南）	−0.23（0.07）***	−0.01（0.10）	−0.37（0.14）***	0.56（0.36）
	大城市	0.06（0.09）	0.00（0.11）	0.13（0.18）	−0.23（0.35）
	郊区	0.01（0.01）	−0.15（0.11）	0.05（0.19）	0.17（0.38）
公民美德		0.02（0.00）***	0.02（0.01）***	0.03（0.01）***	0.03（0.02）*
社会信任		0.05（0.05）	0.04（0.07）	0.15（0.09）*	0.24（0.22）

续表

变量	成员		非成员	
	美国	韩国	美国	韩国
常量	−0.61（0.34）	−1.55（0.38）	−2.95（0.61）	−2.89（1.25）
过度分散 α	0.27（0.05）	0.72（0.10）	0.36（0.12）	0.88（0.36）
样本量	841.00	963.00	486.00	217.00
似然比卡方检验	125.37	123.71	115.69	67.04
对数似然函数值	−1456.40	−1244.80	−536.40	−157.00

注：括号内为标准误差（SE）；* 表示 $P<0.10$，** 表示 $P<0.05$，*** 表示 $P<0.01$（双尾检验）。

2. 社会经济资源对成员政治参与的影响

结果显示，自愿社团在美国比在韩国更有效地发挥了均衡力量的作用。在美国成员中，受教育程度和家庭收入对政治参与的影响较小。除了最高教育水平的人群外，其他所有教育和收入变量的系数在统计上都不显著。这意味着，在其他条件相同的情况下，有高中文凭或大学学历，与没有高中文凭的人相比，都没有表现出更多的政治活动。只有那些拥有大学学位或更高学历的人，才比教育程度最低的人更有可能参与政治。此外，不同收入水平的美国人在政治活动方面也没有显著差异。尽管过去的研究一致认为，正规教育是美国政治行为的关键决定因素，但这种微小的解释性关联令人惊讶。总之，这些结果清楚地证明了笔者的假设，即社团成员资格减少了社会经济资源对美国政治参与的影响。一旦人们加入了自愿社团，由于社会经济资源分配不均而产生的政治影响差异就会消失。尽管完美的参与平等或许是不可能的，但在某种程度上，美国的自愿社团似乎提供了一个空间，让个人能够表达他们的政治偏好，而不受其社会经济地位的影响。

对于韩国成员来说，情况却完全相反。结果显示，自愿社团加剧了而不是缓解了韩国的参与性不平等。除了家庭收入的第二梯队（相对于最低）外，社会经济资源的系数在 95% 置信水平上都是显著的。在保持其他变量不变的情况下，所有类别的受教育程度都比“高中学历以下”的人更有可能参与政治。收入第三和最高的 1/4 人群也比收入最低的 1/4 人群表现出更多的政治参与积极性。研究结果表明，社会上层人士倾向于通过利用结社活动来积累政治影响力，知识、政治技能、时间和金钱等资源帮助有特权的人获得更多的政治机会，从而使他们能够在政治上取得优势。换言之，即使弱势群体加入了韩国的自愿社团，他们也很少会发出自己的政治声音。受教育程度和收入较低的成员很可能与政治事务分离，不仅因为他们没有收到参与请求，还因为他们既没有正确的渠道，也没有工具性的理由这样做。因此，成员资格导致要么参与政治，要么退出政治，这取决于成员的社会经济资源水平，而成员资格基于特殊和排他性的标准。具有讽刺意味的是，由于自愿社团未能发挥公民教育者的作用，它们似乎加剧了韩国特权者和弱势群体在政治影响力上的差距。

3. 社会经济资源对非成员政治参与的影响

在美国，非成员的政治参与完全取决于社会经济资源。所有高等教育和高收入阶层的人都比那些高中文凭以下的人和低收入阶层的人更有可能采取政治行动。这一结果意味着，在美国，缺乏自愿社团等机构力量时，特权阶层和弱势阶层之间的政治差距就会加剧。相比之下，在韩国，除了受教育程度最高的人以外，其他社会经济变量在非成员中的影响都不显著。然而，这并不意味着参与性平等在韩国非成员中显而易见；相反，失去与社团的联系使社会经济资源难以转化为政治行动。例如，正式的政治渠道如政党无法正常运作，因此，自愿社团成为普通公民接触政治机会的最有效渠道。因此，非成员很难有机会参与政治，导致韩国非成员的政治活动相对较少。即使受教育程度和家庭收入不同，他们的政治参与程度也几乎没有明显差异。[1]

五、社团成员资格对公民美德和社会信任影响的比较分析

在本研究中，已经证明即使是不同社会中相似的结社（社团）主义氛围也会对参与性平等产生不同的后果，这取决于结社在公民中培养公民资源的能力。通过调查，展示了在美国，自愿社团有效地抵消了一些社会不平等对政治不平等的影响；而在韩国，这些影响被加深了。具体来说，美国的自愿社团成功地向人们灌输了公民美德和社会信任，这些政治上可取的特点反过来降低了教育和收入对政治参与的影响程度。相比之下，在韩国，加入自愿社团既不能产生公民资源，也不能抵消教育和收入对政治活动的影响。在社团成员中，受教育程度越高、越富裕的人参与政治的机会就越多。

基于上述结果得出结论：与韩国相比，美国的自愿社团在发挥公民教育和促进政治平衡方面表现得更好。在美国，通过成员身份的政治参与不是围绕收入和教育的社会分化来构建的，而在韩国，政治参与主要由收入和教育的社会分化塑造。

认为这种差异可以归因于自愿社团通常创造的人际环境特点。尽管自愿社团在社会生活中具有重要地位，但由于各国社会网络性质的不同，美国和韩国的自愿社团在参与式民主方面采取了完全相反的道路。在美国，大多数人更容易接触到更多元化的人群，而在韩国，大多数人都拥有共同的社会特质。从比较的角度来看，异质的社会环境使社团成员不论其社会经济资源如何，都有为集体工作的公民动机，从而为参与性民主提供了更多的结构性机会。另外，韩国同质的社会环境更可能让自愿社团成为参与式民主的

---

[1] KIM S H. Civil Society in Democratizing Korea［M］.Cambridge：Cambridge University，2003：81-106.

结构性制约因素，因为它们往往使成员具有特殊性，对其他背景和价值观不同的人不够宽容。因此，在韩国，通过社团成员开展的政治活动主要是受到战略性政治动员和追求眼前自身利益的鼓励，导致自愿社团加剧了特权者与弱势群体之间的政治差距。

综上所述，发现质疑了社会科学中长期存在的信念，即自愿社团在所有情况下都起着民主学校、公民组织者和参与性平等代理人的作用。虽然美国和韩国之间的对比明显，但将美国的结社文化视为其他社会参与式民主的典范或认为韩国的范式是劣等的，这样的结论过于绝对。请注意，本研究只揭示了美国自愿社团在政治参与影响方面相对于韩国的相对优势。也就是说，韩国的自愿社团有可能在政治领域的其他方面赶上甚至超越美国的自愿社团。例如，同质和特殊的社会网络可以在领导人和被领导者之间有效产生互惠和信任的准则，提高决策过程的效率并降低事务成本。因此，韩国的相对弱点可以被视为同一枚硬币的另一面。

然而，有限的数据可用性带来了几个问题，需要在未来的研究中加以解决。

一是网络属性，现有数据未能识别出关于社团成员之间网络属性的详细信息。如果能够控制实际的网络测量值，结果可能会有所不同。网络的同质性或异质性被认为是产生公民美德和社会信任及实现参与性平等能力差异的主要原因。[1][2]

二是社团层次特征，缺乏有关社团目标、内部结构、成立年限、规模、例会存在、分会数量等信息。这些结构性特征与公民资源的培育和政治影响力的均等化密切相关。[3]

三是政治动员机制，尽管政治动员和工具性追求被认为是加深韩国社团成员间政治不平等的重要机制，但目前无法验证它们是否确实导致了这种情况。

尽管存在这些局限性，但相信结论和含义仍然可靠，并且可以丰富对自愿社团在政治中的作用及其在不同社会中的社会学后果的理解。未来的研究，应该用更全面的数据来解决这些潜在的问题。

---

❶ MCCLURG S D.Social Networks and Political Participation：The Role of Social Interaction in Explaining Political Participation［J］. Political Research Quarterly，2003（56）：448–464.

❷ HOLBROOK T M，MCCLURG S D. The Mobilization of Core Supporters：Campaigns，Turnout，and Electoral Composition in United States Presidential Elections［J］. American Journal of Political Science，2005，49（4）：689-703.

❸ STOLLE D. Clubs and Congregations：The Benefit of Joining Organizations［M］. New York：Russell Sage Foundation，2001.

首尔、东京和芝加哥的公民参与 *

摘　要： 本文探讨了场景理论如何与公民参与相结合，并分析其在首尔、东京和芝加哥的不同表现。讨论始于西方观点，即公民参与能增强合法性，但提出可通过引入其他路径简化理解。根据金石浩[1]的研究，在西欧、北欧和北美，更多的公民参与会提升信任感。而在拉丁美洲，尽管部分人的参与有作用，但民众整体的参与度和信任度仍较低。对于韩国、葡萄牙和东欧，公民参与对信任感影响甚微，甚至有时为负。为了理解和解释这些差异，建议采用新的理论视角，深入探讨其原因及影响程度。本研究将提出一系列命题，解释这三个城市公民参与的差异，并结合场景理论的概念进行阐述。

关键词： 参与；城市；文化；政治；亚洲

一、社群主义场景与公民参与

在人丁兴旺的大家族中，家庭成员更倾向于参与那些所有成员均有意愿加入的家庭相关组织和活动。这些活动包括邻里社团、节日庆典、民间音乐演奏和宗教服务等，对年龄层和教育水平没有限制。在便利设施完备的地方，如餐厅和公园，家庭可以一起进行吃饭、锻炼、散步和放松等活动。这类家庭集体活动填补了托克维尔公民模式中由公民团队应填补的角色，并取代了一些个人化的行为方式。

相比之下，家庭集体活动减少了成员参与某些极端意识形态活动的机会，因为这些活动往往需要单独进行。当家庭成员数量较多时，家庭的力量和参加家庭活动的时间，在一定程度上抑制了极端活动的发生。因此，亚洲人，尤其是韩国人，在新社会运动中的参与度相对较低，尤其是对于与父母同住的年轻人来说，社会经济地位对新社会运动的影响也较小。这种差异可能未直接反映在官方报告中，但会在实际活动中体现出来，

---

* 本文作者张元浩，首尔大学城市社会学教授；米雷·比恩，首尔研究所未来与社会政策研究部主任，社会学博士。译者孙鸿妍，青岛大学文学与新闻传播学院 副教授。

[1] KIM S.Voluntary Associations, Social Inequality and Participatory Democracy from a Comparative Perspective, Doctoral dissertation, Department of Sociology [D]. Chicago: University of Chicago, 2008.

且更多地被博客等非正式渠道讨论。

环保组织，如回收利用或社区清洁工作，适合整个家庭共同参与，这在大家庭较多的社区中会获得更多的支持，而不像20世纪七八十年代的一些极端政治环保主义行为那样具有争议性。这种强有力的家庭凝聚力在全球普遍存在，在亚洲尤其显著，因为这里结合了佛教和儒家文化，家庭内部的支持和关联更为紧密。

自20世纪90年代以来，亚洲青年积极参与到各种公民自愿组织的活动中，包括自然灾害的救援行动，这提升了中国、韩国和日本的社会服务水平。❶这些活动通常采取国家扶持的方式，而非西方体制下的挑战性新社会运动。

年龄差异影响着人们对改变的接受程度，年轻人比他们的长辈更容易接受新的观念和社会变革。研究指出，大多数人在18 ~ 25岁形成他们对政治参与的看法，此后鲜有深刻转变。这意味着重大社会变革可能会因年龄差异而产生不同的价值观变动。在中国和韩国，年轻一代的成长环境更加开放民主，导致他们与年长者在政治宣讲、网络争论和选举投票等方面存在一定冲突。❷

韩国年轻人更活跃于个人化的或网络化社团中，如博客和互联网网站，部分原因是担心受到长辈干涉。这种现象与尊重长者的文化、避免个人冲突有关，与西方的新教传统精神形成了对比。

“快闪族”（Flash Mob）是年轻人通过短信、即时消息等方式组织起来的短暂聚集活动，反映了互联网导向的公众参与趋势，成为一股强大的力量。新新社会运动不同于传统的新社会运动，它没有正式组织结构，参与者匿名且自愿选择参与的程度。这些运动通过情感主题吸引观众，筹备过程成为招募新成员的中心。游行越来越多地融合音乐、艺术和舞蹈，以引起情感共鸣，并通过大众媒体传播信息。虽然新新社会运动最初被认为过于个人化或分散，但它们实际上是数量众多且影响力强大的力量。

二、波西米亚场景与公民参与

自巴尔扎克以来，波西米亚风格的概念一直被广泛讨论。20世纪末出现的新版本，表现出对社会问题的宽容态度，但在财政税收和政府开支上持谨慎立场。这种新政治文化（New Political Culture，NPC）在超过20个国家中得到了记录，并通过“波波”（Bobo，即波西米亚/资产阶级的缩写）这一标签来描述。在韩国，相似模式体现在所

---

❶ KALLMAN M，CLARK T，LIN J.The Global Transformation of Organized Groups：New Roles for Community Service Organizations［Z］. Non–Profits，and the New Political Culture Chicago，2012.

❷ INGLEHART R.Modernization and Postmodernization：Cultural，Economic，and Political Change in 43 Societies［M］.Princeton：Princeton University Press，1997.

谓的“386代”中。

以往研究及本书其他章节中的定量分析覆盖了类似的社会现象。为了评估这些解释的有效性和连贯性，经典的方法是让独立的研究者各自使用不同的方法进行验证和比较。随着社会科学家的专业化细分，他们之间的交流减少，同时公众与学术期刊的距离也在拉大。记者和新闻人士填补了综合社会科学留下的空白，塔尔科特·帕森斯（Talcott Parsons）、马克斯·韦伯等人的工作在此背景下显得尤为重要。

对比社会科学家和新闻工作者的研究结果，类似于对比两种不同阐释方式的复杂模型统计表。这反映了“民族志”兴趣的复苏，以及为公众理解而撰写的传记和国别历史。

戴维·布鲁克斯（David Brooks）在其著作《天堂里的波波族：新上层阶级及其形成之路》中描绘了新政治文化的多个版本。[1]波波族（Bobos）是20世纪80年代资产阶级与20世纪60年代反主流文化的混合体，代表人物包括比尔·克林顿（Bill Clinton）和城市年轻专业人士。布鲁克斯揭示了一套新型价值观和规范的产生，尤其是在美国和西欧。这包括审美、社会运动、职业志向等方面的变化，以及传统左右派政治被新的政治文化所取代的趋势。[2]

理查德·佛罗里达在其著作《创意阶层的崛起》中阐述了充满创造力的人们的新个人主义，特别是年轻人，他们被生活方式和便利设施吸引到新的城市定居。理查德·佛罗里达批评了罗伯特·帕特南关于“独自打保龄球”的观点，认为过去的社会主义活力远不如个人主义时代的创意阶层。

在亚洲，尤其是韩国，由于家庭变动、儒家思想影响、邻里隔离设施缺乏，以及几代同堂的现象，波西米亚和新社会运动之间的联系较弱。尽管预期的波西米亚/左翼投票模式通常适用，但其差异需要详细解释。如图1所示，波西米亚场景得分较高的地区，自由党的投票比例也较高。最近的研究往往是狭义的政治或经济研究，我们需要结合政治、生活和经济层面来了解它们如何相互关联并产生变化。这有助于解释极端政治候选人和互联网普及的成功，因为这些选择可能具有私密性或跨时代分割。

---

[1] BROOKS D. Bobos in Paradise：The New Upper Class and How They Got There［M］. New York：Simon and Schuster，2000.

[2] CLARK T . The New Political Culture［M］. Boulder：Westview Press，1998.

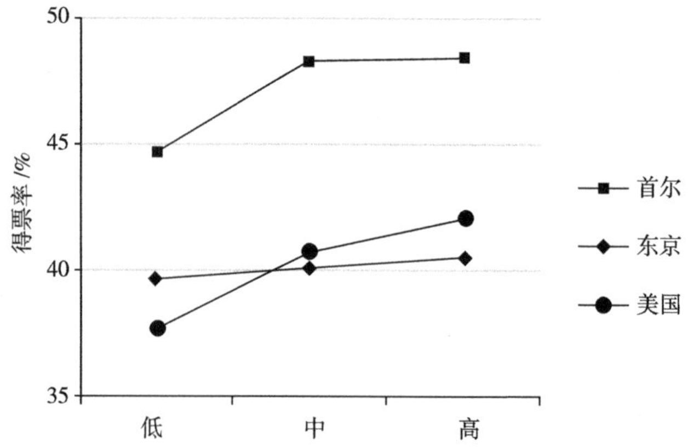

图 1　首尔、东京和美国的波西米亚场景与自由党得票率关系

注：横轴表示波西米亚主义得分（分为高、中、低三个等级），纵轴则表示左翼自由党的得票率。对于首尔和东京的数据，分析单位是当地社区；而对于美国的数据，由于全国选举中难以获取比县更小单位的信息，因此分析单位设定为县。

三、亚洲传统与西方观念的鲜明对比

在 21 世纪初，特里·克拉克在日本政治科学会议上发表关于社团和民主的意见时，一些日本政治学家指出“在日本没有民主传统”。他们引用了一个农民因向上级提出改革要求而被暗杀的故事，强调了日本传统上对公民参与的限制。这种态度与托克维尔/加尔文主义的观点形成鲜明对比，后者强调公民参与和社会组织的重要性。马克斯·韦伯的研究进一步探讨了不同文化背景下社会组织的作用，为理解文化和亚文化的差异提供了经典理论框架。

尽管传统文化模式有助于解释社会经济变化的背景，但它们并非一成不变。中国近几十年来的快速转变证明了这一点，从强有力的政治平均主义转向市场经济，并实现与其他经济体的全球一体化，展示了国家执行变革的强大能力。柏林墙倒塌后，资本主义和社会主义作为相互竞争的世界观念逐渐失去了其作为具体政策指南的有效性，更具体的问题如公民参与和社区组织的角色反而变得更加重要。

在亚洲，第三部门（即非营利组织、志愿者团体等）[1]经常扮演着服务提供者的角色，尤其是在为穷人、老人和儿童提供帮助方面。这些小型组织通常比国家机构更灵

[1] 第三部门是指所有不属于政府（第一部门）和企业（第二部门）的组织集合，即通过志愿活动提供公益服务的非政府组织（NGO）或非营利组织（NPO）。这些组织独立于政府和私人部门之外，以实现公共利益为目标，强调非营利性和志愿性。它们通常是合法注册的实体，主要由民政部门登记的社会团体、基金会和民办非企业单位构成，同时也包括未正式注册的草根组织。

活、成本更低、效率更高。例如，在某些情况下，公民会“联办”某些服务项目，如放学后的辅导班，这不仅提高了服务质量，还降低了成本。随着时间推移，这些组织中的一些已经建立了国际联系，或者看到了新型组织的发展，引发了对第三部门整体作用及其与其他部门协作方式的质疑。

新政治文化的核心在于促进社团和组织的作用，特别关注两个主要问题：一是公民从生产导向向消费导向的转变；二是随着收入水平、教育水平、媒体曝光率及互联网普及率的提高，消费者需求变得更为复杂，单凭收入已不足以决定特定行为。因此，“特异性组织”开始出现，这类组织不再仅基于单一因素（如邻里关系），而是基于多种因素。此外，随着全球社会资本观念的兴起，非营利组织和活动自 20 世纪 80 年代末以来迅速增长，这与新政治文化的传播及民粹主义、平等主义、公民权利的政治发展同步进行。

美国政府对非营利组织的支持经历了显著增长，特别是在社会和医疗项目上的支出增加，使非营利性组织成为最主要的人力服务资助部门之一。有趣的是，这一趋势在美国与亚洲国家支持模式之间形成了对比：当美国加强与非营利性组织的合作时，亚洲国家则朝着赋予各类公民和社会团体更大自主权的方向迈进。然而，各国各部门之间的实质性差异仍然存在，反映出新政治文化的异质性特征。

公民艺术活动激发法国和欧洲的政治活力 *

摘　要：本文是最早分析地方文化，特别是自愿社团和公共艺术活动如何动员公民并提高选民投票率的文章之一。本文的主要假设是通过对比选举类型（法国总统选举与欧盟选举）和艺术类型（当代艺术、世袭艺术、民俗艺术）来进行背景分析。本文通过分析法国 263 个市镇的人口、文化和政治数据，采用线性回归法来检验这些背景假设。研究发现，公民社团和某些艺术活动似乎增加了欧洲选举的投票率，但对总统选举的投票率影响并不大。此外，不同类型的艺术活动与各政党之间的投票行为存在不同程度的关联。这些发现凸显了公民和艺术活动在今后分析投票率和政党选举中的重要性。

关键词：文化；政治；艺术；参与；欧洲社团；投票

本文探讨了欧盟（EU）作为全球化力量的崛起及人们对艺术和文化的新兴趣对法国政治的影响。为什么这种变化在法国尤为显著？因为法国是利用艺术和文化来巩固外交政策和政治策略的领先国家之一。卢浮宫作为全球文化的象征，曾是国王在搬到凡尔赛宫之前的住所。凡尔赛宫及其他王室城堡汇聚了优雅人士、个人阴谋和政治阴谋，并激发了许多欧洲政治领袖的想象。从莫里哀时代起，国王赞助音乐会和剧院，法语因此成为国际外交语言。各地的法国贵族在巴黎度过了大量时间，削弱了他们与地方的联系，促进了国家行政人员巩固法国民族国家。什米尔・艾森斯塔特在其《帝国政治制度》中将这种通过文化进行国家建设的政策定义为法国特有的。

由此，法国领导建立了一个强大的民族国家，在加强文化活动的同时相对压制公民团体。阿历克西・德・托克维尔以美国公民团体和教堂为特色，将其与他的祖国——法国作对比，因为在法国 19 世纪的大部分时间里，大多数公民会议都是非法的。第二次世界大战以来，法国的公民团体蓬勃发展，文化活动也是如此，但在不同地区的发展程

* 本文作者丹尼尔・波斯特（Daniel Posta），康奈尔大学社会学系的博士生；斯蒂芬・索耶（Stephen Sawyer），巴黎美国大学历史学系主任和城市研究课程的发起人，同时也任教于巴黎大学及巴黎自由政治学堂（现名巴黎政治学院）；阿凯达・迪尼（Arkaida Dini），巴黎大学和芝加哥大学博士生。译者张必春，华中师范大学政治与国际关系学院，湖北省城市社区研究中心教授，场景（中国）学术联合体发起人。

度明显不平衡。例如，阿维尼翁和艾克斯等城市有盛大且花销高昂的戏剧和音乐会，而附近其他市镇几乎没有，这主要是由地方决策导致的。近年来，法国地方议会资助了超过一半的地方艺术文化活动，而文化部仅资助约 15%。

社会党自 1945 年以来主导着公共政治，许多地方议会还赞助广泛的体育社团、邻里社团和公民社团，体现出市政社会主义（Le Socialisme Municipal）的特征。这些投资是否影响了公民行为和投票率？法国内许多国家和地方层面的政治领导人曾希望或认为会如此，但几乎没有实际分析来验证这一假设，本文是最早尝试这样做的研究之一。

欧盟的崛起创造了一种新背景，提供了比较法国总统选举和地方政治的天然实验机会，即对同一市镇选民在法国总统和欧盟议会候选人之间的投票行为进行分析。笔者设计了这项研究来比较总统选举和欧盟大选，假设新的欧盟大选能比传统的基于阶级的政党政治更成功地吸引新议题和政党。如果地方选举不如全国性选举激烈、受政党主导较少、投票率较低，那么地方公民团体和艺术活动应该更为重要。随着新议题如环境、生活方式、公园、体育和娱乐进入政治领域，传统政党和阶级政治的解释力变弱。这些主题已成为阶级政治衰落、新兴政治问题崛起的研究中心，主要通过“第三条道路”（the Third Way）、“波波族”（Bobo）、“新政治文化”（New Political Culture）等标签体现出来。[1][2]

在几乎所有欧盟国家中，欧盟大选的投票率一直低于其他选举。在法国 1979 年第一轮欧洲选举中，只有大约57.5%的选民参与投票[3]，而在两年后的总统选举中，这一比例上升到 80%。近年来，欧盟选举的吸引力持续低于所有其他国家性选举，趋势更加明显。[4]除了低投票率外，欧盟选举也成为小型政党的舞台，尤其是法国绿党和其他欧洲生态党。

本文试图通过提出两个相关问题来增加一种新视角。

一是考虑到欧盟大选的投票率与其他国家性选举的投票率差异显著，在这种（相对）较新的选举形式中，传统的投票率预测指标是如何被重塑或改变的？

二是随着导致选民投票或弃权的传统因果路径的改变，不同阶级的政党受到了什么影响？

笔者将艺术和地方公民社团引入地方投票的分析中，尽管这两者在过去的研究中通常是独立领域。换句话说，即使在公众对选举兴趣较低的情况下，思考如何通过地方社

---

❶ CLARK T.The New Political Culture［M］. Boulder：Westview，1998.

❷ CLARK T，LIPSET S M.The Breakdown of Class Politics：A Debate on PostIndustrial Stratification Baltimore［M］. MD：Johns Hopkins University Press，2001.

❸ CURTICE J. The 1989 European Election：Protest or Green Tide?［J］. Electoral Studies，1989（8）：217–230.

❹ CHARLOT J，CHARLOT M.France［J］. Electoral Studies，1984（3）：274–277.

团活动和艺术活动维持选民活跃。一些从新加坡到芬兰参访的领导人也意识到，通过公民参与和公共艺术吸引潜在选民是一条新途径，并为此投入巨额资金。因此，法国样本的分析结果具有显著的全球意义。

一、文献综述

（一）对投票率的传统理解

以往关于选民投票率的文献大多集中在三类预测因素上：社会经济因素、特定竞选因素和制度因素。就社会经济因素而言，跨国研究表明，经济发达国家投票率较高，而较贫穷、发展中国家投票率较低。其他研究指出，人口规模、集中度和稳定性对解释投票率水平差异有很大影响。对于个人（而非生态单位）投票率的影响，分析结果各不相同。一些研究将个人投票倾向与若干社会经济指标挂钩，特别是个人受教育水平；而其他研究发现社会经济差异与个体投票率之间几乎没有联系，并指出社会经济地位更高的人更倾向于参与其他形式的政治活动，如竞选和结社活动。[1]

基于这些复杂的发现，我们仍然不清楚社会经济差异将如何广泛影响投票率。然而，根据西德尼·维巴、诺曼·聂和金载恩的研究[2]，笔者推测在投票率普遍较低且其他形式公民参与发挥更大动员作用时，社会经济因素在选举中更具影响力。

虽然制度因素的重要性有时可能被夸大[3]，但它们仍然是大多数学术文献的主要基础。强制投票、同时选举、比例代表制和便利的选民登记都与较高的投票率有关。[4]除了这些永久性的制度安排外，竞选支出和选举时间的临近也被证明对投票率有显著影响，两者均一致预测投票率会更高。然而，由于竞选支出是欧洲选举投票人数的结果，因此，这一因素未包括在模型中。

（二）欧盟大选有什么不同

讨论了选民投票率的广泛传统理解后，接下来必须了解欧洲大选投票率的动态与其他国家性选举有何不同。几项研究表明，欧洲选举的选民很大程度上受国家政治问题驱

---

❶ BLAIS A.To Vote or Not to Vote? The Merits and Limits of Rational Choice［M］. Pittsburgh：University of Pittsburgh Press，2000.

❷ VERBA S，NIE N，KIM J O.Participation and Political Equality：A SevenNation Comparison［M］. New York：Cambridge University Press，1978.

❸ BLAIS A.What Affects Voter Turnout?［J］.Annual Review of Political Science，2006（9）：111–125.

❹ GEYS B.Explaining Voter Turnout：A Review of Aggregate–Level Research［J］. Electoral Studies，2006（25）：637–663.

动，而不是欧洲政治问题。[1][2]执政党在欧盟议会选举中的表现通常不佳，其主要对手则不断取得进展。这表明选民利用这些选举表达他们对国家执政党的看法，而不是基于政党对欧洲问题的立场投票。[3]

尽管如此，欧洲选举和其他国家性选举之间的差异也可能用简单的理性选择理论来解释。例如，在使用比例代表制的地区，小型政党更容易成功，在这种情况下投票给小型政党更为理性。此外，强制选举法、周末选举和同时进行的选举都有助于提高投票率。[4]

然而，现有证据显示，欧洲选举投票率似乎确实有所不同。在公众对欧盟支持程度较高的国家，投票率往往较高[5]；在接受欧盟财政补贴的国家，投票率也更高[6]；而在被迫为这些补贴买单的国家，投票率较低。[7]因此，笔者质疑无效假设的有效性，并假设欧洲选举投票率的变化可能无法完全用其他国家性选举的预测因素来解释。[8][9]

（三）文化适用于哪里

本研究关注地方文化的两个元素——自愿社团和艺术活动，以及它们作为欧洲选举投票率预测指标的可能性。法国的自愿社团传统上比其他西方民主国家弱得多，因为受政府的长期压制。[10][11]近年来，随着态度转变，笔者预测法国的社团参与现在至少已经开始履行某些整合功能。[12]

像自愿社团一样，文化和公共艺术现被视为研究个人与社区关系的有效对象。[13]随

---

❶ CHARLOT J，CHARLOT M.France［J］.Electoral Studies，1984（3）：274–277.

❷ KOUSSER T. Restrospective Voting and Strategic Behavior in European Parliament Elections［J］. Electoral Studies，2004（23）：1–21.

❸ CURTICE J.The 1989 European Election：Protest or Green Tide?［J］. Electoral Studies，1989（8）：217–230.

❹ MATTILA M. Why Bother? Determinants of Turnout in the European Elections［M］. Electoral Studies，2003（22）：449–468.

❺ NIEDERMAYER O.Turnout in the European Elections［J］.Electoral Studies，1990（9）：45–50.

❻ JESUIT D.The Regional Dynamics of European Electoral Politics：Participation in National and European Contests in the 1990s［J］. European Union Politics，2003（4）：139–163.

❼ MATTILA M. Why Bother? Determinants of Turnout in the European Elections［M］. Electoral Studies，2003（22）：449–468.

❽ GALLAGHER O R. Voluntary Associations in France［J］.Social Forces，1957（36）：153–160.

❾ SAURUGGER S.Democratic “Misfit”？Conceptions of Civil Society Participation in France and the European Union［J］. Political Studies，2007（55）：384–404.

❿ GALLAGHER O R. Voluntary Associations in France［J］.Social Forces，1957（36）：153–160.

⓫ SAURUGGER S.Democratic “Misfit”？Conceptions of Civil Society Participation in France and the European Union［J］. Political Studies，2007（55）：384–404.

⓬ NICHOLLS W J.Associationalism from Above：Explaining Failure Through France's Politique de la Ville［J］.Urban Studies，2006（43）：1779–1802.

⓭ SILVER D，CLARK T，NAVARRO C J. Scenes：Social Context in an Age of Contingency［J］. Social Forces，2010（88）：2293–2324.

着民众对公共艺术需求增加，这些元素已成为个体归属感的核心。❶笔者认为应该更频繁地研究公共艺术，并将其视为社区内积极参与和社会融合的表现。❷因此，笔者在分析中纳入了艺术活动这一衡量指标，以调查这些活动是否促进政治参与，以及如何促进政治参与，特别是在后工业社会和新的选举形式中，如欧洲选举。

二、假设

为了验证自愿社团和艺术活动是欧洲选举投票率的重要驱动力这一理论，笔者提出了几个假设，并使用来自法国263个市镇的数据进行检验。以下是具体的假设及逻辑。

第一，假设收入（1A）和失业率（1B）相对于总统选举而言，是欧盟大选投票率更重要的预测指标。这一假设基于过去的研究，即社会经济阶层较高的人更可能是自愿社团的主要成员和艺术活动的受众。❸在那些社团和艺术活动更能预测投票率的地方（见假设2A），预计社会经济地位也更能预测投票率。

第二，进一步假设自愿社团（2A）和艺术活动（2B）是欧洲选举而非总统选举投票率的重要预测指标。尽管总统选举和其他国家性选举通常具有较高的投票率，但笔者认为，在欧洲选举中投票的人群所体现出来的更高水平的政治参与度，将明显地从那些积极参与文化和艺术活动的人身上反映出来。

第三，笔者还假设社团和艺术活动对欧洲选举投票率的特别影响应该会让绿党比右翼政党（3A）和传统左翼政党（3B）受益更多。笔者认为这很可能是由于绿党及其环境保护主义立场的历史背景所致，这种历史是从环境社团和其他松散的积极分子网络中浮现出来的。❹因此，笔者提出社团和艺术活动对欧洲选举的影响（假设2A和2B）可以解释绿党在这些选举中的成功原因（见图1）。

---

❶ LLOYD R，CLARK T.The City as an Entertainment Machine［J］. Critical Perspectives on Urban Redevelopment，2001，6（3）：357-378.

❷ BECKER H S. Art as Collective Action［J］. American Sociological Review，1974（39）：767-776.

❸ DIMAGGIO P，USEEM M.Cultural Democracy in a Period of Cultural Expansion：The Social Composition of Arts Audiences in the United States［M］. Albany：SUNY Press，1989.

❹ MULLER-ROMMEL F.The Greens in Western Europe：Similar but Different［J］.International Political Science Review，1985（6）：483-499.

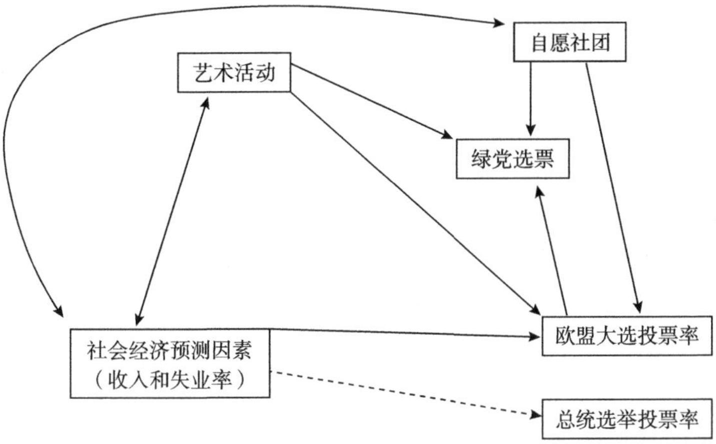

图 1　相关假设

注：虚线表示较弱的预测关联；全线表示较强的预测关联。

三、数据与方法

（一）数据集

用于验证这些假设的数据来源多样。人口统计数据来自法国国家统计局（INSEE）。自愿社团的数量来源于法国黄页（the French Pages Jaunes），艺术活动数据则来自文化部观景局（the Ministry of Culture's Bureau de l'observation du spectacle vivant）。选举投票率和政党支持者投票的数据来自巴黎政治研究所的社会政治数据中心（CDSP）保存的公开数据。来自法国国家统计局、黄页和文化部的数据是从法国每个市镇收集的。然而，社会政治数据中心关于市镇级投票的数据仅限于 263 个大型市镇的选定样本，约占法国总人口的 30%。

在 263 个市镇样本中，平均人口数大约是 72 541 人，相比之下，被排除在外的市镇平均人口数为 1265 人。因此，样本明显偏向人口稠密的城市市镇，笔者的发现应被理解为最直接应用于城市和人口稠密的郊区环境。样本市镇也比被排除在外的市镇更富有，受教育程度更高，尽管这些差异远不及上述人口规模的差异那么显著。[1] 样本包括来自法国 94 个大陆省份的至少一个市镇。科西嘉岛（2A 和 2B）、瓜德罗普岛（971）、

[1] 平均收入和受教育程度的数据源自省级而非市镇级，因此笔者根据市镇所在省份对每个市镇的收入和受教育水平进行了大致赋值，尽管这种方法假设了省内的市镇在这些方面相同，实际情况中存在差异。使用省级数据是当前条件下最佳选择，估计 263 个样本市镇的年均净收入约为 18 596 欧元，而被排除的市镇平均净收入约为 16 360 欧元；无文凭居民比例在样本市镇中平均为 18.73%，而在被排除的市镇中平均为 20.74%。

马提尼克岛（972）、圭亚那岛（973）和留尼汪岛（974）的其他非大陆省份不包括在内。

（二）变量：人口

第一组自变量衡量了每个市镇人口组成的不同方面。笔者纳入了2006年法国国家统计局确定的市镇人口总数。平均收入变量来自法国国家统计局2005年的测量数据，代表了“年净收入/欧元”的省级数据，并为每个市镇所在省份分配相应的平均收入。失业人口百分比使用上述市镇人口变量和法国国家统计局2008年对每个市镇失业居民总数的测量来计算。职业测量是基于2008年对每个市镇中职业为“农民”和“工匠、商人、企业家”的居民总人数的测量。笔者还测量了“管理人才和高等知识型职业”及“专业中介”，但由于与其他变量（尤其是平均收入和失业率）之间的多重共线性较高，最终将这两个类别从分析中排除。年龄变量根据2006年对18岁至24岁的市镇居民总数的测量计算得出。最后，笔者计算了非本地法国人的百分比这一变量，依据是2006年统计的每个市镇的“外国人”总数。

（三）变量：自愿社团

为了测量每个市镇的自愿社团，笔者使用了2009年的黄页数据。笔者计算了每个市镇每100位居民的自愿社团数量作为人均指标。此外，笔者区分了不同类型的自愿社团，计算了一个市镇里十个类型社团的存在情况占社团总数的百分比。例如，如果一个市镇共有5个社团，其中2个是体育俱乐部，则“体育社团百分比”变量显示为40%。由于一些市镇没有任何自愿社团，所以这个市镇缺失某些类型社团的变量。笔者对得到的11个变量进行了主成分分析，表1展示了四个主成分的结果。

表1　人均自愿社团总数和各类社团百分比度量的主成分矩阵

输入变量	提取的主成分			
	成分1	成分2	成分3	成分4
人均协会总数	0.161	0.708	0.348	−0.009
文化类	−0.827	0.072	0.130	−0.278
环境类	−0.100	0.473	0.245	0.148
社会类	0.559	−0.158	0.266	0.069
体育类	−0.178	−0.375	0.376	0.565
人道主义类	0.155	0.348	−0.881	0.219

续表

输入变量	提取的主成分			
	成分 1	成分 2	成分 3	成分 4
宗教信仰	−0.515	−0.097	0.170	−0.196
消费者	0.031	0.623	0.349	0.138
俱乐部	0.368	−0.328	0.244	0.297
工会	0.497	0.179	0.126	−0.218
专业类	0.411	−0.188	0.133	−0.710

（四）变量：艺术活动

除了人口和社团变量外，笔者还计算了每个市镇艺术活动的几个指标。这些数据由“Scenes”项目人员整理，涵盖了带有艺术色彩的各种集体行动，如舞蹈团到市镇节日，再到街头表演。笔者计算了每 100 位居民的人均艺术活动量，并创建了三种不同的艺术活动概念：当代艺术、世袭艺术、传统艺术或民俗艺术。这三个类别是互斥的，但并未涵盖所有已有的艺术活动类别。笔者计算了每个市镇这三类活动事项的数量和百分比。

（五）变量：投票率和党派性

投票量在每个模型中都被用作因变量。笔者利用 2007 年法国总统选举和 2009 年欧盟议会选举第一轮投票中实际投票选民占登记选民的百分比来测量投票率，以检验关于影响这两种选举投票率差异的主要假设。虽然有几种方法可以测量选民投票率，但笔者选择了这种方法，因为它不依赖于可能不准确的总人口估算[1]，并已在众多先前的研究中使用。[2][3]

对于欧盟大选投票率，笔者主要使用省级指标，因为市镇级指标只适用于巴黎的 74 个市镇和周边几个省。尽管这种差异可能导致某些问题，但模型解释的方差百分比惊人地相似，表明这种差异不太可能在重要方面影响结果。笔者也记录了两次选举中四个政

❶ BLAIS A，DOBRZYNSKA A.Turnout in Electoral Democracies［J］.European Journal of Political Research，1998（33）：239–261.

❷ CREWE I.Electoral Participation［M］.Washington：American Enterprise Institute，1981.

❸ BLAIS A，CARTY R K.Does Proportional Representation Foster Voter Turnout?［J］.European Journal of Political Research，1990（18）：167–181.

党各自的得票率，即绿党、社会党、人民运动联盟和国民阵线。❶

（六）分析方法

表2提供了所有变量的描述统计。采用普通最小二乘法（OLS），用SPSS统计软件包进行线性回归分析。考虑到*N*值相对较低，模型的一个主要问题是多重共线性的潜在混杂效应。笔者通过不纳入任何两个彼此相关性高于0.5（以皮尔逊相关系数的方式计算）的自变量来控制这种可能性。简单的线性回归方法，可以验证社团参与和艺术活动是否重要。此外，在后来的模型中，笔者通过用党派因素代替投票率来检验假设，即在欧盟大选中，"文化效应"更有利于绿党，而不是更有利于传统的政党（人民运动联盟、国民阵线和社会党）。❷

表2　变量的描述统计

变量		平均值	标准差	有效样本数(*N*)
人口统计	市镇人口	72 540.770	77 553.400	263.000
	平均收入	18 595.530	3654.630	263.000
	失业占比 / %	6.480	1.500	263.000
	从事农业人口占比 / %	0.070	0.100	263.000
	从事手工业人口占比 / %	2.190	0.670	263.000
	18 ~ 24岁人口占比 / %	11.230	3.310	263.000
	非法国本地人 / %	9.720	6.320	263.000
自愿社团	每100名居民中的社团总数	0.130	0.110	263.000
	成分1	0.010	1.000	241.000
	成分2	0.050	0.990	241.000
	成分3	0.030	1.000	241.000
	成分4	−0.001	1.000	241.000

❶ 绿党得票指的是总统选举中Dominique Voynet或欧盟大选中欧洲生态党获得的选票；社会党得票指的是总统选举中Ségolène Royal或欧盟大选中"现在与社会主义者一起改变欧洲"名单获得的选票；人民运动联盟得票指的是总统选举中Nicolas Sarkozy或欧盟大选中总统多数派名单获得的选票；国民阵线得票指的是总统选举中Jean-Marie Le Pen或欧盟大选中由Jean-Marie Le Pen领导的国民阵线名单获得的选票。

❷ FALCK O，FRITSCH M，HEBLICH S.The Phantom of the Opera：Cultural Amenities，Human Capital and Regional Economic Growth［J］. Labour Economics，2011（18）：755–766.

续表

变量		平均值	标准差	有效样本数（N）
艺术活动	每 100 名居民文化活动数	5.710	17.690	263.000
	当代艺术比例 / %	23.040	18.250	262.000
	世袭艺术比例 / %	8.860	24.150	262.000
	民俗艺术比例 / %	0.670	3.960	262.000
选民投票率	欧洲选举投票率	41.360	4.440	263.000
	总统选举投票率	83.380	3.410	263.000
党派	绿党得票	9.380	2.550	263.000
	人民运动联盟得票	29.340	6.620	263.000
	社会党得票	22.460	4.200	263.000
	国民阵线得票	7.560	2.970	263.000

注：收入数据统计来自法国大都会的 94 个省，其平均值被赋给该省内的每个市镇。

四、发现

（一）人口对投票率的影响

表 3 展示了以欧盟大选投票率为因变量的回归模型结果，而表 4 则显示了总统选举投票率的结果。在两个表中，模型 1 检验了主要人口因素对投票率的直接影响。从中可以明显看出，一个市镇的平均收入对欧盟大选投票率的影响至少与对总统选举的影响一样大，甚至可能更大。在所有检验模型中，平均收入始终是总统选举和欧洲大选中较高投票率的有力且积极预测因素，其他被检测变量并未降低其预测力。因此，假设 1A 得到了证实：相比总统选举，平均收入似乎更能预测欧盟大选的投票率。

表 3　人口统计变量、自愿社团和艺术活动对 2009 年欧盟大选投票率的影响

自变量		模型 1 β	模型 2 β	模型 3 β	模型 4 β	模型 5 β	模型 6 β
人口统计变量	市镇人口	−0.041	−0.041	−0.029	−0.035	−0.032	−0.031
	收入中位数	0.793***	0.782***	0.741***	0.755***	0.702***	0.800***
	失业占比 / %	0.111*	0.082	0.090	0.073	−0.016	0.089
	从事农业人口占比 / %	0.192***	0.190***	0.200***	0.194***	0.152***	0.179**

续表

自变量		模型 1 β	模型 2 β	模型 3 β	模型 4 β	模型 5 β	模型 6 β
人口统计变量	从事手工业人口占比 / %	0.240***	0.169***	0.185***	0.145**	0.154**	0.152***
	18–24 岁人口占比 / %	0.251***	0.167***	0.220***	0.156***	0.130**	0.157***
	非法国本地人 / %	–0.477***	–0.422***	–0.465***	–0.419***	–0.346***	–0.419***
自愿社团	人均社团数	—	0.205***	—	0.191***	—	—
	成分 1	—	—	—	—	0.103**	—
	成分 2	—	—	—	—	0.233***	—
	成分 3	—	—	—	—	–0.040	—
	成分 4	—	—	—	—	–0.082*	—
文化活动	人均活动数	—	—	0.113**	0.060	0.056	0.055
	当代艺术 / %	—	—	—	—	—	–0.043
	世袭艺术 / %	—	—	—	—	—	0.168***
	传统艺术 / %	—	—	—	—	—	0.003
	调整后的 R^2	0.508	0.540	0.515	0.541	0.558	0.563
	N	263.000	263.000	263.000	263.000	241.000	262.000

注：（1）通过不计算进行双变量相关检验后皮尔逊相关大于 0.500 的变量来控制多重共线性；（2）给出的数字表示线性回归的 β 系数；（3）* Sig. < 0.100，** Sig. < 0.050，*** Sig. < 0.010。

表 4　人口统计变量、自愿社团和艺术活动对 2007 年法国总统选举投票率的影响

自变量		模型 1 β	模型 2 β	模型 3 β	模型 4 β	模型 5 β	模型 6 β
人口统计变量	市镇人口	0.023	0.023	0.024	0.022	0.025	0.018
	平均收入	0.379***	0.376***	0.374***	0.378***	0.373***	0.379***
	失业占比 / %	–0.499***	–0.507***	–0.501***	–0.506***	–0.506***	–0.494***
	从事农业人口占比 / %	0.116**	0.115**	0.117**	0.115**	0.110*	0.116**
	从事手工业人口占比 / %	0.115**	0.095*	0.109*	0.097	0.130**	0.106*
	18–24 岁人口占比 / %	0.121**	0.097*	0.118**	0.098*	0.112*	0.096*
	非法国本地人 / %	0.133**	0.149**	0.134**	0.419**	0.166**	0.145**

续表

自变量		模型 1 β	模型 2 β	模型 3 β	模型 4 β	模型 5 β	模型 6 β
自愿社团	人均社团数	—	0.059	—	0.060	—	0.048
	成分 1	—	—	—	—	0.044	—
	成分 2	—	—	—	—	0.022	—
	成分 3	—	—	—	—	–0.035	—
	成分 4	—	—	—	—	0.081*	—
文化活动	人均活动数	—	—	0.012	–0.005	0.018	0.007
	当代艺术 / %	—	—	—	—	—	0.053
	世袭艺术 / %	—	—	—	—	—	0.018
	传统艺术 / %	—	—	—	—	—	0.021
	调整后的 R^2	0.506	0.507	0.504	0.505	0.503	0.502
	N	263.000	263.000	263.000	263.000	241.000	262.000

注：（1）通过不计算进行双变量相关检验后皮尔逊相关大于 0.500 的变量来控制多重共线性；（2）给出的数字表示线性回归的 β 系数；（3）* Sig. < 0.100，** Sig. < 0.050，*** Sig. < 0.010。

相比之下，失业率对不同选举类型投票率的影响存在显著差异。对于欧盟大选（表 3），失业率在控制其他人口统计指标（模型 1）时是一个重要的积极预测指标；但当添加其他变量到模型（模型 2 至模型 6）时，失业率就失去了统计意义。然而，对于总统选举投票率（见表 4），失业率在控制其他人口因素（模型 1）时是一个重要的消极预测指标，并且这种效果在添加其他变量后保持不变或略微增强。因此，失业率低的市镇在总统选举中投票率更高的可能性大于失业率高但人口结构相似的市镇。基于这些结果，假设 1B 被否定：失业率对总统选举投票率的影响实际上大于对欧盟大选投票率的影响。

从事农业和手工业的居民百分比作为职业分布的度量标准，在欧盟大选投票率的所有六个模型中均增加投票率。对于总统选举投票率，农业百分比是积极预测指标，但其 β 系数和显著性水平低于对欧盟大选的预测。手工业百分比也普遍如此，但在总统选举的一个模型（模型 4）中失去了统计意义。由于与其他变量有很强的相关性，其他职业分布指标（如管理人才和专业中介）被排除在外。

（二）自愿社团和投票率

表 3 和表 4 中的模型 2 将人均自愿社团总数加入到模型 1 控制的人口统计变量中。对于欧盟大选（见表 3），人均社团总数是非常积极且显著的投票率预测指标（模型 2）。此外，社团数量的加入使失业率变得不显著，并显著降低了年龄变量（18 ~ 24 岁者百分比）

和手工业变量（手工业者百分比）的β系数。从模型1到模型2的R平方值增加了约3.2%，表明人均自愿社团总数解释了欧盟大选投票率总方差的一部分。相比之下，在总统选举中（见表4），社团变量对投票率没有显著预测作用，仅增加了0.1%的总方差。这些发现支持假设2A，即地方自愿社团提高了欧盟大选投票率，但对总统选举影响较小甚至无影响。

当我们用四个主成分指标替换人均社团总量（模型5）时，欧盟大选投票率模型（见表3）的解释力增强。成分1和2均为强有力的积极预测指标，成分1包括工会、专业社团和社会社团，成分2主要包括消费者团体、环境社团和人道主义活动团体。成分4（体育俱乐部较多的地区）对投票率有显著的消极预测作用，这表明体育俱乐部与其他类型自愿社团相对不同，即使其他社团通常不影响投票率的情况下，它们也会影响投票率。体育社团对总统选举投票率有积极预测作用（见表4，模型5）。

（三）艺术活动与投票率

艺术活动对欧盟大选和总统选举的影响不同。在人均参与艺术活动较多的地区，欧盟大选投票率更高（见表3，模型3）。然而，当加入人均自愿社团数量（模型4）时，艺术活动的影响减弱。而在总统选举中（见表4），无论是否包含自愿社团（模型3和模型4），艺术活动对投票率均无重要影响。分析艺术活动的三种类别（模型6）时，世袭艺术成为投票率的重要预测指标，其β系数接近自愿社团的β系数（见表3，模型6）。尽管整体的艺术活动不能一贯预测投票率，但法国爱国者的“共和”艺术和民族赞美艺术与投票率的联系牢固，支持了假设2B，但也仅限定于世袭艺术这一类。

（四）政党适合哪里?

表5展示了针对绿党、人民运动联盟、社会党和国民阵线在两次选举（2007年总统选举和2009年欧洲选举）中的平均得票率的三个回归模型。在绿党和国民阵线的模型中，还额外控制了社会党的得票率，以避免潜在的混淆效应。

在绿党得票率分析中，自愿社团的影响不显著（见表5A，模型2），但人均艺术活动总数有积极且显著的影响（见表5A，模型3）。对于人民运动联盟，自愿社团也不重要，而艺术活动有显著且消极的影响（见表5B，模型3）。鉴于人民运动联盟和绿党所在市镇具有相似的人口特征，上述对比现象显得特别有趣。自愿社团和艺术活动对社会党的较高得票率而言都是非常积极的预测因素（见表5C，模型2和模型3）。最后，自愿社团对人民运动联盟得票率有消极预测作用，而艺术活动的影响微不足道（见表5D，模型2和模型3）。这些发现支持假设3A，表明在艺术活动相关的地区（如欧洲选举），绿党通常比右翼政党受益更多。然而，笔者未找到假设3B的支持证据，反而发现社会党在这种情况下似乎与绿党获益相当。

表 5　人口变量、自愿社团和艺术活动对主要政党得票的影响（以 2007 年总统选举和 2010 年欧盟大选的平均百分比测量）

自变量	因变量											
	A. 绿党得票			B. 人民运动联盟得票			C. 社会党得票			D. 国民阵线得票		
	模型 1	模型 2	模型 3	模型 1	模型 2	模型 3	模型 1	模型 2	模型 3	模型 1	模型 2	模型 3
市镇人口	0.104**	0.103**	0.118**	0.074	0.074	0.062	–0.061	–0.061	–0.044	0.006	0.008	0.009
平均收入	0.561***	0.557***	0.489***	0.234***	0.235***	0.285***	–0.074	–0.080	–0.144**	–0.372***	–0.363***	–0.384***
失业占比 / %	–0.211***	–0.217***	–0.233***	–0.267***	–0.262***	–0.246***	0.259***	0.242***	0.231***	0.558***	0.573***	0.555***
从事农业人口占比 / %	–0.025	–0.025	–0.013	–0.036	–0.036	–0.044	0.037	0.036	0.049	0.094**	0.095**	0.096**
从事手工业人口占比 / %	0.288***	0.265***	0.206***	0.430***	0.441***	0.485***	–0.310***	–0.352***	–0.384***	–0.226***	–0.170***	–0.240***
18 ~ 24 岁人口占比 / %	–0.023	–0.045	–0.060	–0.029	–0.015	0.003	0.240***	0.191***	0.197***	–0.145***	–0.092*	–0.152***
非法国本地人 / %	0.071	0.088	0.092	–0.204***	–0.213***	–0.217***	0.183***	0.214***	0.199***	–0.140***	–0.182***	–0.136**
社会党得票	0.385***	0.376***	0.360***	—	—	—	—	—	—	–0.568***	–0.546***	–0.572***
人均社团数	—	0.059	—	—	–0.033	—	—	—	—	—	–0.142***	—
人均艺术活动数	—	—	0.151***	—	—	–0.111**	—	—	0.150**	—	—	0.026
调整后的 R^2	0.528	0.529	0.542	0.475	0.473	0.481	0.382	0.399	0.395	0.637	0.651	0.636
N	263.000	263.000	263.000	263.000	263.000	263.000	263.000	263.000	263.000	263.000	263.000	263.000

注：（1）通过不计算进行双变量相关检验后皮尔逊相关大于 0.500 的变量来控制多重共线性；（2）给出的数字表示线性回归的 β 系数；（3）* Sig. $<$ 0.100，** Sig. $<$ 0.050，*** Sig. $<$ 0.010。

五、结论

本研究是我们知道的最先探讨地方社团、艺术文化团体对法国内选举产生影响的文献之一，这类研究在其他国家似乎也很少见。因此，笔者评估了法国总统选举和欧盟议会选举中以前未曾探索过的潜在政治驱动因素，尤其是投票率和政党选择。结果表明，发展自愿社团和公共艺术可能会吸引公民，尤其是对欧盟大选而言。除了这个宽泛的假设外，笔者还用有关投票的重要结论检验了几个更小的命题。

首先，笔者想检验社会经济变量如何对总统选举和欧盟大选投票率产生不同的影响。结果显示，在欧盟大选中，收入是更强的预测指标；而在总统选举中，失业率则是更强的预测指标。

其次，正如假设的那样，自愿社团和艺术活动似乎增加了欧盟大选投票率，但没有增加总统选举投票率。笔者的发现确实支持这一点：自愿社团对预测欧洲选举投票率有强大影响。尽管在大多数模型中，人均艺术活动总量的影响微不足道，但世袭艺术这一特定类别显著增加了投票率。这些发现支持笔者的一般性假设，并表明在某些情况下，社团和艺术活动可以充当政治参与的重要孵化器，特别是在公众政治兴趣较低的地方，这些地方活动的影响力就会更强。

未来的研究可能会关注的关键问题是：具体的自愿社团和艺术团体如何产生此处所说的影响？尤其是，世袭艺术可以通过哪些机制在政治上吸引公民？

一种观点认为，公民通过艺术的集体性和网络性特点与他人建立更多的社会联系。[1]第二种观点认为，在长期由国王、总统和罗马天主教会长期赞助爱国艺术的国家里，社团和艺术表演可能表现出民族和爱国主题，有时还可以压制持不同政见的群体。还有一种观点认为，随着移民上升为一种政治问题，新主题已经登上政治舞台。人们可以看到，这些主题切实创造了一种新的政治环境，因为选举前发行了一些海报，这些海报动员公民投票支持世界语、反对英语作为欧盟官方语言，并反对移民。当然，最重要的问题仍然是国内和欧盟政治中的环保主义。

[1] BECKER H S. Art as Collective Action［J］. American Sociological Review，1974（39）：767-776.

第三篇　波西米亚情境与创意阶层集聚法则

波西米亚情境指的是一个充满艺术气息、思想开放且富有创造性的环境，在这样的环境中，创意人才能够找到灵感，彼此交流，并共同成长。这种情境不仅促进了个体的创造力发展，还对当地的文化产业产生了深远影响。创意阶层的集聚不是偶然现象，而是由一系列社会、经济因素驱动的结果。例如，低成本的生活开销、丰富的文化活动及宽容的社会态度都可能成为吸引创意人士的重要条件。此外，当创意人才开始在某一地区聚集时，会形成一种正向反馈机制：更多创意人才的加入，进一步增强了该地区的吸引力，形成了独特的波西米亚文化和创意生态，进而推动了城市的创新性发展。通过理解这一法则，政策制定者和城市规划者可以更好地打造有利于创意阶层发展的环境，促进城市的文化繁荣和经济活力。

西班牙的文化战略、创造力和地方发展 *

摘　要：本文探讨了文化作为促进地方发展的有力工具，通过指导性策略（在本地居民中推广文化服务）和工具性策略（创建大型文化空间和举办大事件以刺激经济发展）来推动这一进程，并分析这两种策略对吸引创意阶层及对西班牙各城市收入差异的影响。本文假设工具性策略相较于指导性策略对本地创造力和经济成长有着更为积极的作用。基于西班牙人口普查的次级数据分析显示，工具性策略不仅对创意阶层的本土化有正面影响，而且不论创意阶层是否已存在，它还能积极提升当地收入水平，而创意阶层对收入的影响则依赖于文化策略的选择。这说明创意对地方发展的影响取决于所采取的文化策略性质，强调政策制定者应考虑更有效地利用工具性策略，创造有利于创意人才聚集并促进经济增长的环境，同时理解不同文化策略之间的差别，为特定城市背景制定最有效的政策措施。

关键字：创意；文化战略；创意阶层；经济发展；西班牙市政当局

一、作为地方发展政策的文化：工具性与指导性策略的比较

从工业社会向后工业社会的转变中，文化作为社会、政治和经济变革驱动力的作用日益显著。如同传统社会向工业社会转型时的变化主要体现在城市中一样，当代这些变化也在城市里表现得最为明显。因此，城市成为分析文化在后工业社会作用的理想空间。

学术界与公共机构普遍认同，文化是地方发展战略和政策实现目标的重要资源。随着时间演变，文化政策的方向经历了两次重要转变。直到 20 世纪 60 年代，城市文化政

---

* 本文由玛丽亚・罗德里格斯 – 加西亚（Maria Rodriguez-Garcia）、克里斯蒂娜・马特奥斯（Cristina Mateos）和克莱门特・纳瓦罗・亚内斯共同撰写。他们分别是西班牙巴勃罗・德・奥拉维德大学的社会学讲师、助理教授和政治社会学教授，均隶属于城市政治社会学和政策研究中心；克莱门特・纳瓦罗同时担任地方政府观测中心（安达卢西亚研究中心）的负责人。译者温雯，深圳大学文化产业研究院研究员，深圳大学文化数字化与文化创新发展实验室副主任。

策主要集中在提升“艺术”。然而，自20世纪60年代末至20世纪70年代，在后唯物主义文化转变的影响下，文化逐渐被纳入市政议程，旨在扩大城市居民的文化参与度，使国家成为“流行”文化生产的重要力量。进入20世纪90年代后，文化明确被视为城市发展工具，通过连接创意产业、信息技术、旅游业和娱乐业，催生了新经济形态。[1][2]

面对多样化的实施方法，市议会常常会在选择何种文化策略上感到困惑。一方面，“工具性方法”将文化视为促进经济增长的手段，认为大型文化设施（如剧院、博物馆）和活动能吸引创意人才和游客；另一方面，“指导性方法”则致力于提高居民的文化服务水平和丰富日常文化生活（见表1），相信这些努力有助于吸引或培养对经济增长至关重要的“创意阶层”（Creative Types）。[3]

表1　地方文化政策的两种策略

主要特征	工具性策略“创意城市”	指导性策略“教育城市”
目标	经济发展	公民或社区发展
设施举例	创意或者文化产业	文化服务
主要活动	文化生产与分配	接触文化
人群举例	创意阶层或游客	公民（居民）
典型地点	文化区成为文化和创意产业的空间 （如博物馆、剧院、歌剧音乐会等）	邻里成为公民发展的空间 （公民和文化中心，图书馆等）

在很大程度上，这两种策略与关于文化在城市中的角色及其潜在影响的文献密切相关。工具性策略与“创意城市”方法密切关联，并影响经济发展，其主要目标是培育或吸引文化和创意产业以及与之相关的“创意阶层”。[4][5][6][7][8]

假如“创意阶层”作为一个相对独立的因素，即脱离了人力资本和技术产业等传统

---

❶ BASSETT K. Urban Cultural Strategies and Urban Cultural Regeneration：A case Study and Critique［J］. Environment and Planning，1993（25）：1773–1788.

❷ KONG L. Culture，Economy，Policy：Trends and Developments［J］. Geoforum，2000（31）：385–390.

❸ HESMONDHALGH D，PRATT A C.Cultural Industries and Cultural Policy［J］. International Journal of Cultural Policy，2005，11（1）：1–13.

❹ LANDRY C H，BIANCHINI F.The Creative City［M］. London：Demos，1995.

❺ LANDRY C H. The Creative City. A Toolkit for Urban Innovators［M］. London：Earthscan，2000.

❻ SCOTT A.The cultural economy of cities［J］. International Journal of Urban and Regional Research，1997，21（2）：323–339.

❼ SCOTT A.Capitalism and urbanization in a new key? The cognitive–cultural dimension［J］. Social Forces，2007，85(4)：1465–1482.

❽ JUDD D R，FAINSTEIN S S.The tourist city［M］. New Haven：Yale University Press，1999.

因素的影响而推动了经济发展，那么吸引这一群体便成为市议会的重要目标。[1][2]依据这种方法，创意阶层会受到一种以宽容、文化多样性和活跃的文化消费为特征的社会氛围所吸引（或因此留下来）。这涵盖了一种地方环境，在此环境中，文化创新成为一个经济部门，并且可以从文化消费的角度来享受这种地方氛围。一种围绕文化服务和非传统生活方式的充满活力的文化生活增加了地方对“创意阶层”、新波西米亚一族及游客的吸引力。[3]

相反，“指导性策略”及其“教育城市”侧重于设计鼓励公民文化生活的教育和文化服务。在这种情况下，其主要目标是促进平等和有效地获取文化、休闲和教育资源，这也成为除了传统的社会福利政策之外公民权利的主要构成部分之一。这种方法包括图书馆、学校、演练厅和社区文化活动等设施和公共服务。这一战略的目标不是直接面向经济发展，而是更多地面向社区融合和公民参与。[4]

到目前为止，笔者已经依照分析框架比较了这两种策略；它们的实施依赖于环境背景和每个城市的具体举措。毫无疑问，这使地方当局的决策过程变得复杂。工具性策略比指导性策略更倾向于促进经济发展。因此，根据相关文献，无论是通过直接培养还是通过吸引创意阶层，工具性策略都应该对地方发展产生积极影响。基于以上分析，可以提出以下三个假设。

H1. 尽管创意阶层也受到其他与社会氛围相关的因素（如宽容或多样性）的吸引，但更具工具性的文化策略对创意阶层的吸引力更大。

H2. 无论其他常规因素（如人力资本、技术产业）或创意阶层是否存在，更具工具性的文化策略都会对当地经济发展产生积极影响。

H3. 那些将工具性策略与创意阶层的出现相结合的城市将会有更大的发展，因为前者不仅影响后者的吸引力或地点，而且还为创造力的发展提供了有利的文化氛围。

（这是一个语境假设，因为创意阶层会根据不同的文化政策策略而对发展产生不同的影响）。

---

[1] FLORIDA R. The Rise of the Creative Class［M］.New York：Basic Books，2002.

[2] FLORIDA R，MELLANDER C，STOLARICK K.Inside the Black Box of Regional Development–human Capital，the Creative Class and Tolerance［J］.Journal of Economic Geography，2008（2）：1–35.

[3] LLOYD R.Neo–Bohemia：Art and Commerce in the Postindustrial City［M］. New York：Routledge，2006.

[4] SEMM K.Neighborhood Milieu in the Cultural Economy of City Development：Berlin's Helmholtzplatz and Soldiner in the German‘Social City’Program［J］. Cities，2011（28）：95–106.

二、文化与地方发展战略：如何衡量？

为了提炼每个城市使用的文化发展策略的特征，可以从两个角度入手：**一是**直接问询公共部门和私人机构所实施的举措、服务和政策；**二是**通过研究城市中现有的文化设施来间接衡量这一策略。❶其主要观点是，一个城市的现有文化设施不仅反映了其文化发展规划的方向，还展示了如何抓住现有资源和机会，使文化政策朝着特定战略发展。

方法不仅仅局限于对城市中现有文化设施进行统计和分类，更进一步包括使用提出的维度和子维度对这些设施进行分析性解读，以探讨工具性策略与指导性策略之间的动态关系。具体来说，建议根据三个主维度及其七个子维度来定位城市文化发展的机会，如表 2 所示。

表 2　文化和区域发展机会

<table>
<tr><th>维度</th><th>子维度</th><th>定义</th></tr>
<tr><td rowspan="3">目标</td><td>经济发展</td><td>产生经济活动和 / 或就业</td></tr>
<tr><td>文化传播</td><td>提高对文化的重视 / 使其更容易获得</td></tr>
<tr><td>文化教育</td><td>教育、培训……</td></tr>
<tr><td rowspan="2">公众</td><td>游客</td><td>吸引活动的举办和 / 或人</td></tr>
<tr><td>居民</td><td>使城市居民享受生活</td></tr>
<tr><td rowspan="2">资源类型</td><td>集体化</td><td>一项资源或服务被其他人使用的概率不会降低</td></tr>
<tr><td>定向性</td><td>无论这一类用户存在与否，这类资源存在着使用规则或特定的目标（即使不是正式的）</td></tr>
</table>

第一个主维度是指便利设施、文化服务或场所的主要目标。定义了三个子维度（或目标），它们之间也存在着交叉：**一是**经济发展，其主要目标是创造就业和财富（如美食、休闲、旅馆、赌场等）；**二是**文化生产的传播（如博物馆、剧院、风景区、展览馆、音乐会等）；**三是**传播价值观和学习的文化教育（如图书馆、档案馆等）。

第二个主维度是目标人群或“公众”，包含两个子维度：主要针对游客文化消费的设施（如主题公园、赌场、大型博物馆、专卖店等）和那些面向城市居民的设施（如小型企业、酒吧、酒馆等）。

第三个主维度是生产的资源类型，包括两个子维度：定向性和集体化。定向性意味着设施是针对特定目标受众，依照他们的偏好定义其用途的正式或非正式规则而设计的

❶ SILVER D，CLARK T，NAVARRO C J. Scenes：Social Context in an Age of Contingency［J］. Social Forces，2010，88（5）：2293–2324.

（如赌场、歌剧院、体育馆等）。集体化意味着设施所提供的资源的使用，不会因为此前的使用而减少（如历史遗迹、公园、市民中心等）。

每个设施都可以通过这七个子维度来表征，从而清晰展示其在城市文化发展战略中的定位。例如，主题公园的目标更多是经济发展而非文化教育或传播，旨在吸引游客而非城市居民，定位于特定人群且集体化程度较低。相比之下，图书馆不针对任何特定人群，旨在让城市居民使用，目的是传播文化和开展教育活动，展示了高度的集体化。前者是工具性策略的一个鲜明例子，而后者则体现了指导性策略。

换句话说，指导性策略代表了文化传播和教育的结合，面向城市居民并具有高度的集体化。相反，工具性策略聚焦于经济发展、吸引游客和有效定位等目标。这些例子描述了分析性视角。我们知道，文化发展策略的方向可以更倾向于指导性策略或工具性策略，但两者并非水火不容（见表 3）。

表 3　文化和区域发展战略：理想类型

维度	工具性策略（子维度）	指导性策略（子维度）
目标	经济发展	文化传播和教育
公众	游客	居民
资源	定向性	集体化

为了衡量这些策略，我们从《国家经济活动分类》中选取了不同类型的设施，这些设施类型常用于评估创意阶层在经济发展中的作用。[1]然后，根据 7 个子维度，使用李克特五分量表对每种设施类型进行评级，其中最小值表示该活动与子维度几乎没有关系，最大值则表示活动与其密切相关。接下来，将每个评分乘以相应设施在当地的数量，再将这个结果除以当地所有设施的总数，得到一个性能指标。该指标反映了地方在每个子维度上的特性。[2]

随后，将各子维度的绩效指标相加，得出每个地点的工具性和指导性策略定位。最后，通过从指导性策略得分中减去工具性策略得分，计算出发展策略指标，这一指标衡量了城市主导战略的倾向。正值表示更倾向于工具性策略，而负值则表明对指导性策略的重视。这些分数和策略应被视为连续谱的一部分，而非零和博弈。因此，极值仅表示战略方法中的相对排他性，强调了公共政策可以在两者之间找到平衡。

---

❶ FLORIDA R，MELLANDER C，STOLARICK K.Inside the Black Box of Regional Development – human Capital，the Creative Class and Tolerance［J］. Journal of Economic Geography，2008（2）：1–35.

❷ 有关方法论和子维度的有效性及可靠性的更多详情，请查阅 Navarro（2012）或 www.upo.es/cspl/scenes/。

三、数据和方法

根据上述假设，本研究的关键问题集中在探讨发展机会（在工具性和指导性策略方面源自现有文化设施）是否会影响创意阶层在城市中的存在。此外，还探讨了在其他条件相同的情况下，这一点如何反映在地方经济发展速度上。最后，调查了文化策略的导向是否增强了创意阶层的存在感。

鉴于西班牙存在的高度城市碎片化，拉斐尔·博伊克斯（Rafael Boix）和维森特·加莱托（Vicente Galleto）提出的806个地方工作系统被选为分析单元。[1]这些系统代表了与家庭—工作流动相关的市政机构集合，并组成比市政机构更大且由生产率标准定义的地区单位。这并没有抹去已缩小区域和大城市之间的现有交通路线，而是更充分地反映了西班牙经济活动发生的工作场所的位置。因此，这些指标代表了城市价值观的汇总，纳入了各个地方工作系统，我们将专门称为“地方”（Localities）。

几乎所有使用的变量均来自2001年西班牙最新一次的住房和人口普查。为了衡量当地的经济发展，研究采用了2002年以来的城市人均收入指标。[2]每个地方的社会氛围由多样性指标（外国人口所占百分比）和容忍度指标（未婚夫妇所占百分比的总和）来衡量，这两个指标都是创意阶层研究中的基本和通用指标（见表4）。为了衡量创意阶层，根据理查德·佛罗里达的方法[3]、大卫·麦格拉纳汉（David McGranahan）和托马斯·沃贾（Thomas Woja）的修正意见[4]，以及参照其依据《西班牙职业分类》[5]对职业进行了分组。就一个城市的创业氛围而言，技术产业的存在一直被认为符合亨里克·汉森（Henrik Hansen）的规范。[6]为了衡量人力资本，计算了受过大学教育的职业人口的百分比。最后，通过指导性策略绩效指标值减去工具性策略绩效指标值得到的差值来衡量发展策略的方向。但最后一种情况除外，所有变量的分布已给定，因此使用了各自对应指数的对数。

---

[1] BOIX R，GALLETO V. Sistemas Industriales De Trabajo Y Distritos Industriales Marshallianos En España［J］. Economía Industrial，2006（359）：165–184.

[2] 该指标是《拉凯萨社会经济报告》所使用的，采用从1到10的定距变量进行衡量。

[3] FLORIDA R. The Rise of the Creative Class［M］. New York：Basic Books，2002.

[4] MCGRANAHAN D，WOJA T. Recasting the Creative Class to Examine Growth in Rural and Urban Counties［J］. Regional Studies，2007，41（2）：197–216.

[5] NAVARRO C J，MATEOS C.La Geografía Municipal de la Clase Creativa en España［J］.CSPL：Working Paper Series，2010（3）.

[6] HANSEN H. Technology，Talent and Tolerance：The Geography of the Creative Class in Sweden［J］. Rapporter Och Notiser，2007（5）.

表 4 分析中使用的变量

概念	维度	指数	均值	标准差
经济发展	收入	平均收入（2002）	4.28	2.01
规模	人口	居民人数	51 489.57	238 435.81
社会氛围	多样性	外国人（%）	2.95	4.35
	包容性	未婚夫妇（%）	7.28	7.31
人才	创意阶层	职业（%）	14.98	4.42
创业氛围	科技	工业技术（%）	2.22	2.09
区域发展机会	战略方向	指导性 工具性	–0.59	0.13

注：数据来源 2001 年西班牙住房和人口普查（西班牙国家统计局），$N = 806$ 个地方工作系统。

为了验证假设，使用了多种多元回归模型。首先，将创意阶层作为因变量，除地区规模和发展战略方向外，也将社会氛围（宽容性和多样性）作为自变量。其次，将收入作为因变量，自变量除了包括发展战略的方向之外，还包括源于创意阶层理论的自变量（创意阶层的存在、包容性和多样性），以及其他传统的解释因子（人力资本或创业环境的技术方向）。最后，在解释城市间收入差异的过程中，包括在这两个变量之间的“互动效应”模型中，研究了文化发展战略是否对创意阶层的存在具有增强作用。

四、分析与讨论

对创意阶层存在和发展战略方向进行的双变量分析表明，创意阶层更倾向于集中在以工具性战略为主导的地方（见图 1）。然而，当纳入其他与创意阶层位置相关联的因素时，这种关系是否会消失呢？结果表明，即使在控制了当地劳动力市场的规模、城市的宽容度和多样化水平等因素后，工具性战略仍然能够解释创意阶层聚集的差异。因此，认为这证实了我们提出的第一个假设（见表 5）。

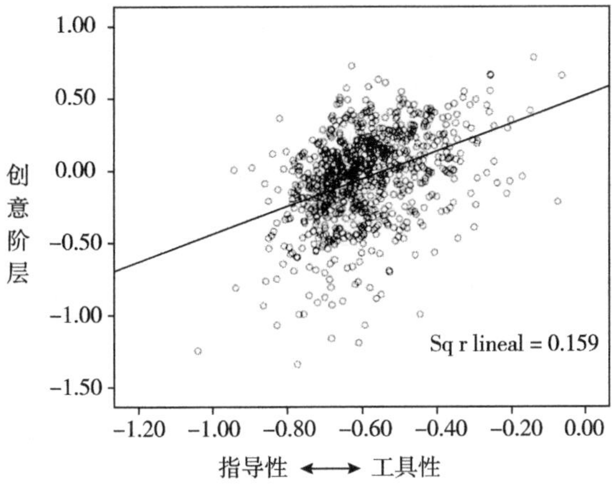

图 1　创意阶层与发展战略方向的双变量分析

表 5　创意阶层的聚集地：社会氛围与发展策略

OLS 回归分析	回归系数	标准误差	显著性（*P* 值）
规模	0.101	0.008	0.000
包容性	0.148	0.020	0.000
多样性	−0.020	0.009	0.023
策略：指导性 VS. 工具性	0.720	0.077	0.000
常量	−0.579	0.079	0.000
R^2（已更正）	0.439		

注：因变量为创意阶层。

以上讨论也证实了之前在西班牙进行的分析：创意阶层通常居住在更大、更多样化、更宽容的地区，以及文化设施促成非常规文化风貌的地区。[1]分析进一步表明，创意阶层也倾向于集中在更倾向于工具性策略的地方。这意味着，在规模和社会氛围相同的情况下，城市现有设施的性质会影响创意阶层的存在。

根据文献，还希望通过当地居民的人均收入观察到科技产业的存在会促进当地发展。这种关系在多大程度上取决于当地的发展战略？依据假设：

H2. 工具性战略除了加强创意阶层对收入的影响之外，还应该对收入产生积极影响。

H3. 工具性战略本身应直接对收入产生积极影响。

结果显示，正如其他分析中常见的那样，较大规模地区的收入较低，但会随着人力资本、技术产业的存在，以及包容和多样性的增加而提升。创意阶层的存在解释了城市

[1] NAVARRO C J，MATEOS C，RODRIGUEZ M J. Cultural Scenes，the Creative Class and Development in Spanish Municipalities［J］. European Urban & Regional Studies，2012，21（3）：301-317.

间收入的差异，这与创意阶层理论的主张和其他关于西班牙的分析结果一致。[1]这些结果进一步表明，来自文化设施的发展战略也解释了城市收入水平的差异。正如预期的那样，当战略面向工具性模型时，收入水平会更高（见表6，模型1）。笔者的分析表明，发展战略显著增强了创意阶层对当地收入水平的积极影响（见表6，模型2）。互动效应是积极的，并适度增加了模型的解释能力。这意味着，那些创意阶层集中度更高且拥有工具性战略导向文化设施的地区，尤其是在两个因素同时存在时，会呈现出更高的收入水平。

表6　城市之间的收入差异：创意阶层与发展策略

OLS回归分析	模型1			模型2		
	回归系数	误差	显著性（P值）	回归系数	误差	显著性（P值）
规模	−0.418	0.045	0.000	−0.376	0.045	0.060
人力资本	0.395	0.184	0.032	0.344	0.183	0.000
创意阶层	0.583	0.222	0.009	2.783	0.577	0.000
技术	0.994	0.070	0.000	1.009	0.069	0.000
宽容性	0.726	0.098	0.000	0.598	0.102	0.000
多样性	0.345	0.044	0.000	0.380	0.044	0.000
策略：指导性 VS. 工具性	4.247	0.399	0.000	4.381	0.397	0.000
策略：工具性创意阶层	—	—	—	3.559	0.863	0.000
常量	11.595	0.419	0.000	11.211	0.425	—
R^2（已更正）	0.683			0.690		

注：因变量为人均收入（2002年）。

五、地方发展与创造力：文化语境的重要性

这项研究的目的是在空间位置的层面上分析基于文化设施的发展战略与当地经济发展之间的关系。研究表明，在一定程度上排除传统因素（如人力资本和技术产业）的影响后，决策者在当地采取的文化策略会影响对创意阶层的吸引力（H1）和当地收入的增长（H2）。此外，创意阶层的影响会因一地的环境和社会背景及其实施的政策战略之间的相互作用而有所不同（H3）。

---

[1] NAVARRO C J, MATEOS C, RODRIGUEZ M J. Cultural Scenes, the Creative Class and Development in Spanish Municipalities [J]. European Urban & Regional Studies, 2012, 21 (3): 301–317.

在观察城市间的收入差异时，发现面向“创意城市”的定位为当地经济发展带来了相对优势。这不仅是因为它吸引了创意阶层或游客，还因为它创造了一种能够加强创意阶层在当地影响力的环境。虽然基于文化设施的发展战略并不是发展的简单直接原因，但我们的分析表明，这些战略在解释这些现象方面确实扮演了特别的角色。

综上所述，创意受到环境的显著影响。一个城市内文化设施的总体效果可以通过评分和分析进行监测，从而发现它们既依赖又支持文化政策方案的实施。同样，一个地方的特征将决定其发展战略的方向，即更侧重于指导性策略还是工具性策略。

定义首尔、东京和芝加哥的波西米亚风*

摘　要：波西米亚风被认为是推动西方创新和城市发展的核心要素，从奥诺雷·巴尔扎克到理查德·佛罗里达均对其丰富创造力进行了诠释，强调打破传统的艺术精神。这一思想在美国和西欧广为接受。然而，当提及韩国本土的波西米亚风情时，许多韩国知识分子感到困惑，暗示亚洲国家似乎缺乏这种风情。例如，韩国大学生穿着较为正式，女生常穿裙子和高跟鞋上课。理查德·佛罗里达指出，过度打扮是评判波西米亚风的重要指标之一。因此，关键问题是是否应修正波西米亚的概念，还是将亚洲的变化纳入国际理论中作为新概念来重新认识。本文将使用场景数据查验亚洲是否存在波西米亚风情，并与芝加哥市比较，以探讨不同文化背景下波西米亚风的表现形式及其对城市发展的影响。

关键词：文化；艺术；政治；经济发展；亚洲；参与

一、什么是波西米亚

波西米亚风是一个多维度的概念，它结合了不同领域的特征和态度，这些特征在不同的文化背景下有着不同程度的表现。以下是构成波西米亚风格的几个关键方面，并对比了西方国家与亚洲国家（如韩国、日本）之间的差异。

（1）非传统穿着：波西米亚风格通常以不遵守正式场合的着装规范为特点，如穿着休闲服出现在正式场合。这种表现形式在西方较为普遍，但在韩国和日本则相对少见。

（2）对权威人物的反叛：这涉及对抗家庭成员或朋友所持有的生活方式或价值观。例如，在韩国，随着时代的发展，“尊重父母”的观念虽然仍然重要，但年轻人对传统权威的态度已经逐渐发生变化，与西方国家的差距正在缩小。

（3）反对压迫性的社会结构：波西米亚风也表现为对经济、社会和政治体制的反

* 本文作者张元浩，首尔大学城市社会学教授；特里·克拉克，芝加哥大学社会学系终身教授；米雷·比恩，首尔研究所未来和社会政策研究部主任，社会学博士。译者孙鸿妍，青岛大学文学与新闻传播学院副教授。

抗，特别是那些被视为压迫、等级制或专制的体系。这类反抗可能类似于历史上某些时期的社会运动。

（4）批判中产阶级生活方式：波西米亚风格往往包含了对资产阶级或中产阶级生活方式的批评，认为其遵循的资本主义原则和循规蹈矩的生活态度是错误或不道德的。

（5）无政府主义倾向：一些波西米亚人士可能会表现出极端的反规则行为，追求一种无政府状态，拒绝接受既定的规则和社会秩序。

（6）艺术上的创新与反叛：许多艺术运动都是为了打破传统的艺术规则，追求新的表达方式。从达达主义到超现实主义，艺术家们不断挑战现有的艺术界限。

（7）边缘化群体的行为模式：包括青少年犯罪、帮派活动等，这些行为反映了对主流社会的不满和反抗。

（8）地理空间中的波西米亚生活：指的是特定地区内形成的一种特殊生活方式，如巴黎的拉丁区或纽约的格林威治村，这里的人们过着独立于常规的生活。

（9）思想上的自由主义：波西米亚风格还体现在个人主义思想上，强调个体自由和个人表达的重要性。

（10）艺术家的角色：艺术家常常被视为波西米亚精神的代表，他们通过作品传达出独特的视角和价值取向。

综上所述，波西米亚风是一种复杂且多元的现象，它涵盖了多个层面的意义和实践。尽管波西米亚风格的核心元素在全球范围内有所共通，但它在不同文化和地域的具体表现形式会因当地的社会背景而异。

二、观测首尔、东京和芝加哥的波西米亚风

为了量化评估波西米亚风格的表现，笔者设计了一种基于场景细分子类的评价方法，并据此形成了一个理想化的测量表（见表1）。此表旨在捕捉和量化波西米亚风格的关键特征，包括但不限于对传统合法性的抵抗、个人自我表达的肯定、远离功利主义、强调个人魅力、提倡精英主义（如波德莱尔所描述的“花花公子贵族”）、鼓励成员间的距离感等。此外，还包括与主流价值观抗争的态度、积极融入当地环境的兴趣（如巴尔扎克对巴黎社区的关注）、对本土民族特点的肯定、反对抽象国家概念、抵制企业文化及否定理性权威（如林堡所说的“所有感官的系统性混乱”）。[1]

[1] LLOYD R.Neo-Bohemia：Art and Commerce in the Postindustrial City［M］. NewYork：Routledge，2006.

表 1　按权重定义的 15 个波西米亚风场景分项

分项（合法性）	分数	分项（戏剧性）	分数	分项（真实性）	分数
保守传统	2	友好度	2	本土	4
自我彰显	5	正式感	3	族裔	4
功利主义	1	魅力值	3	国家	2
感召力	4	暴露值	4	社团	1
平等主义	2	叛逆值	5	理性	2

注：数值 1 和 2 为负面；3 为中立；4 和 5 为正面。1 和 5 比 2 和 4 要更强烈。

根据表 1 定义的标准，如果一个特定场景越接近这些波西米亚风格的特征，则其在波西米亚指数中得分越高。这一评分机制类似于政策差异分析，通过比较不同区域或场景与理想化波西米亚风格之间的差距来确定其分值。

具体来说，计算方法如下：**第一**，从表 1 中确定的波西米亚风格“最高分”开始；**第二**，针对每个按邮政编码划分的地区，在 15 个不同的子类别中分别计算该地区与理想波西米亚标准的距离；**第三**，将这 15 个子类别的距离值相加；**第四**，取这个总和的倒数；**第五**，将所得结果乘以 10，得到最终的波西米亚指数得分。这种方法提供了一个系统性的框架，用以衡量在不同地理区域内波西米亚风格的表现程度。

三、首尔、东京和芝加哥的波西米亚风

根据上一节的方法，对首尔、东京和芝加哥三座城市的波西米亚风格进行了量化评分，并通过图 1 中的箱线图展示了得分情况。数据显示，首尔的波西米亚风格平均得分高于东京甚至芝加哥。然而，这并不意味着首尔比芝加哥更“波西米亚化”。

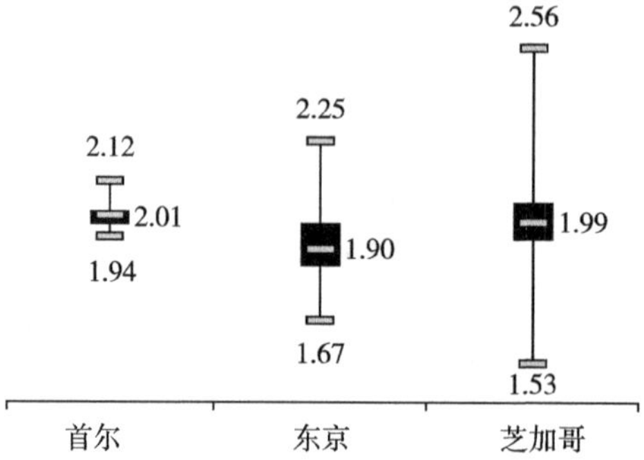

图 1　首尔、东京和芝加哥的波西米亚风平均分数和偏差

四、芝加哥的波西米亚风光

实际上，芝加哥波西米亚风格平均分低于首尔的原因主要在于居住区的分布差异。在芝加哥，波西米亚式的“自我彰显”和“叛逆值”（通常表现得很强烈）与邻里关系、传统和地方主义呈负相关关系，这些特征集中出现在特定街区，如柳条公园（Wicker Park），该地区被视作芝加哥波西米亚风情的典型代表之一。

相比之下，在首尔和东京，体现波西米亚风格的特征在地理空间上的分布更为密集且多样化。许多场景分项是正相关或至少不是负相关的。这是因为首尔和东京的土地使用规划不像西方那样严格区分居民区和商业区，一条街道上可以同时存在基督教教堂、传统杂货店、高层公寓楼、文身店和酒吧等多种用途的场所。这种混合使用的方式能够更集中地体现文化的多样性，而美国城市中常见的分区规划则将不同功能区域分开设置，如教堂和学校的附近不允许出现酒馆或酒吧。

因此，虽然首尔和东京的波西米亚风格评分数值接近，但其分布模式不同于芝加哥。在首尔和东京，波西米亚文化遍布全城，对于西方观察者而言，很难确切指出波西米亚风格的具体位置及其样貌。相反，芝加哥的波西米亚地区与其他区域有着明显区别，这样的集中性使得波西米亚风格对当地居民和游客都产生了更加深刻的印象。

五、首尔的波西米亚风光

弘大，位于弘益大学附近的西桥洞，以其独特的建筑设计和艺术景观而著称。该地区也是多所大学的所在地，包括延世大学、西江大学和梨花女子大学，因而成为韩国青年艺术与独立文化的中心。这里汇聚了工作室、画廊、咖啡馆、俱乐部和表演场地，吸引了众多追求艺术与文化的年轻人和外国游客。该区域展现了浓厚的波西米亚风情。

新村（Shinchon）也因为邻近弘大，拥有多个小型表演厅，进一步增强了这一地区的波西米亚氛围。

钟路区同样不乏波西米亚风格的街区，如三清洞、安国洞等区域。三清洞以传统的韩国茶馆、高档餐厅、咖啡厅、美术馆和私人画廊而闻名。这些地方融合了传统与现代元素，形成了独特的文化魅力。此外，钟路区还有多元文化的教育和娱乐设施，以及戏剧和音乐剧院集中的“大学路”，即岩花洞。

梨泰院也是一个具有波西米亚风格的地方，这里外国人社区活跃，俱乐部和酒吧吸引着来自世界各地的游客，营造出一个国际化的社交环境。

欧亭洞和清潭洞是首尔时尚的代表，这里聚集了大量的品牌精品店和时尚店铺，并且娱乐产业非常发达。Bangbae-dong 和 Banpo 4-dong 则因其法式风情的咖啡馆和餐馆而被人们熟知。

上述提到的每个区域都展现出了高度的“自我彰显”“感召力”和“魅力值”。Namkajwa 地区由于其较高的“叛逆值”而显得格外独特，充满了波西米亚风格。

综上所述，首尔的一些特定区域展示了比东京更为明显的波西米亚集聚现象，体现了这座城市丰富多样的文化和生活方式。

六、东京的波西米亚风光

东京的波西米亚社区分散于多个区域，其中涩谷区和港区尤为突出，展现出浓郁的波西米亚特色。

涩谷区是一个充满活力的地方，以其标志性的代代木公园和明治神宫而闻名。这些地方不仅是休息的好去处，也是街头表演和文化活动的重要场地。代代木公园内外经常举办各种大小型演出，同时这里还设有美术馆和博物馆。涩谷站周边则是购物天堂，拥有众多百货商店和购物中心。此外，原宿区作为青少年时尚和文化的中心，也体现了强烈的波西米亚风格。该区域在“自我彰显”“感召力”“暴露值”和“魅力值”等方面得分较高。

港区则以夜生活闻名，区域内有许多俱乐部、酒吧和居酒屋，吸引着大量游客前来体验其独特的夜文化。港区同样在“自我彰显”“暴露值”“魅力值”和多样性方面表现出色，反映出这一地区丰富的国际元素和多元文化氛围。

新宿区和品川区也不乏波西米亚风情。新宿区的歌舞伎町是一个娱乐集中地，“魅力值”和“叛逆值”在这里表现得尤为明显。该地区不仅有百货商店、购物中心，还有各式各样的餐厅和居酒屋，进一步提升了其“叛逆值”。新大久保（Shin-Okubo）作为一个族裔多样性极高的地区，也展示了强烈的波西米亚风格，这里的居民在“自我彰显”“暴露值”和“魅力值”方面的表现与首尔某些区域相似。

综上所述，东京的各个区域通过不同的方式展现了波西米亚风格的独特魅力，从艺术表演到夜生活，再到族裔多样性和青少年文化，每个地方都有其独特之处。

在芝加哥，波西米亚社区虽然数量不多，但它们的集中度很高。其中最显著的是湖景区（Lake View）和男孩镇（Boystown）区域，这些地方以强烈的波西米亚风格和高“叛逆值”著称。这两个社区靠近芝加哥小熊队（当地著名的棒球队）主场，同时也是知名的多元文化聚集地。

柳条公园（Wicker Park）和洪堡公园（Humboldt Park）以其丰富的休闲运动设施而闻名，同样展现了浓厚的波西米亚风情。巴克敦（Bucktown）则有一条充满活力的咖啡馆街，类似于首尔的加洛斯街（Garosugil）或弘大地区，吸引了众多追求艺术与文化的年轻人。

这些芝加哥的波西米亚社区在“自我彰显”“感召力”和“魅力值”方面得分很高，与东京和首尔的相关区域相媲美。尽管数量有限，但这些社区通过其独特的文化氛围和社会多样性，充分体现了波西米亚风格的核心特征。

七、亚洲没有波西米亚？

亚洲的社会文化背景主要受到儒家文化和佛教的影响，这为尊重权威、传统尤其是孝道和长辈提供了宗教与道德上的依据。这种文化背景在一定程度上抑制了叛逆意识，并挑战了潜在的逆反和质疑精神。然而，这种对传统的尊重往往局限于家庭内部，而非以政治意识形态的形式概括。因此，在亚洲社会中，即便年轻人在政治领域表现得非常活跃、具有批判精神甚至成为无政府主义者，他们仍然可能选择与父母同住，或定期回家参加家庭活动。这种看似矛盾的行为反映了年轻一代既保持传统家庭价值观，又积极参与社会变革的独特现象。

（一）家庭与社会参与的双重标准

在亚洲，特别是韩国，年轻一代在公共领域和社会运动中的表现与其家庭生活中的表现形成了鲜明对比。例如，一位韩国的年轻人可能会在工作日穿着正式的衣服去大学演讲，而在周末或下班后换上休闲装参与抗议活动。即使他们的思想和政治立场与父母存在分歧，他们依然会维持家庭和谐，选择不在家中讨论敏感话题。这种“双标”原则使年轻人可以在远离家庭和权威人物的情况下，表达自己的政治和社会观点，如通过烛光抗议等方式无声地传达不满和诉求。

（二）波西米亚风格的多样性

西方人可能不会将这种行为视为典型的波西米亚风格，因为它们不涉及明显的着装差异或其他形式的艺术性反叛。然而，韩国年轻人的时尚感和他们在社会运动中的表现确实体现了某种形式的波西米亚精神。例如，2008 年首尔反对牛肉进口政策的抗议活动中，许多年轻人穿着超短裙游行，展示了不同于日常形象的一面。尽管如此，这些行为在家庭和社会的传统观念中仍被视为不恰当，特别是在长辈眼中。

（三）社会变迁与政治参与

随着时代的变迁，韩国民众对政治和社会问题的态度也在发生变化。过去针对军事独裁的抗议活动，到最近有关食品安全的示威，都显示了社会持续的动荡和民众日益增长的政治参与度。年轻一代在保持家庭关系的同时，也积极寻找机会参与到社会运动中，展现了新一代对传统与现代之间平衡的探索。

（四）波西米亚风的东西方差异

为了更好地理解东西方波西米亚风格的不同语汇，有必要从多维结构的角度解构并分类波西米亚风的表现形式。这种研究不仅可以按国别进行，也可以根据更小的地理单位（如城市区域或邮政编码）来进行比较分析。不同历史阶段与本土环境相融合的案例揭示了波西米亚风格在不同文化背景下的多样性和复杂性。

综上所述，亚洲，特别是韩国的波西米亚风格有着独特的表现方式。它不仅体现在年轻人如何在家庭内外展现不同的自我，也反映在他们如何在传统与现代之间找到自己的位置。虽然这些表现形式可能不像西方那样显而易见，但它们同样深刻地影响着社会和个人的发展路径。通过对这些被解构元素的研究，我们可以获得一个更加全面的理解，认识到波西米亚精神在全球范围内的多样性和适应性。

全球化视域下博物馆文创产业的社会生成与发展逻辑 *

摘　要：博物馆文化创意产业的发展，需要从全球化视野将博物馆置于全球史、世界史的角度，思考中华文明在世界文明中的贡献与作用，讲好中国故事，也需要从当代视角建立起历史与现代生活的链接，为人类寻求更美好的生活方式。从历史发展的纵向角度来看，博物馆承担着习俗传承和生活方式塑造的功能，文化创意产业在其中起着至关重要的作用。博物馆文化创意产业的发展需要关注内容生产、业态创新和语境营造。能够从全球当代性的视角对博物馆藏品进行创造性和创意化解读是内容生产的关键。业态创新的本质则是为观众提供更多接触文化资源的渠道，授权观众表达自己的见解。语境营造需要博物馆转变传统的诠释方式和研究范式，以更多元化和融合发展的视角重新思考自身的哲学定位和发展理念。

关键词：全球当代性；博物馆；文化创意产业；理论诠释

引言

“全球当代性”（Zeitgeist）是指一种新的时代精神，源于卡尔斯鲁厄（Karlsruhe）在 ZKM 当代艺术博物馆举办的“全球当代性：1989 年以后的艺术世界”展览的介绍，用来表达 21 世纪早期艺术的不寻常特征。[1]在文博领域，“全球当代性”是指全球化时代，博物馆藏品的诠释方式不再是立足于历史，而是立足于当下生活，从当下生活中重新思考藏品的意义和内涵，让文物参与到现代生活建设中。泰利・史密斯（Terry Smith）将这种特征概述为：当代艺术不单纯是那一刻生产出的艺术，而是由直接参与当代性

* 本文作者宋朝丽，河南省社会科学院研究员，博士。

[1] “全球当代性”在中国的概念由杨瑾在《博物馆研究入门》（科学出版社，2019 年）中提出，观点参见 BELTING H，VETTESSA A，WEIBEL P.Global Contemporary and the Rise of a New Art World［M］.Cambridge，MA：MIT Press，2013.

的当代生活所告知的艺术。[1]21世纪以来，随着全球文化交流的频繁和互联网技术的发展，博物馆在哲学理念、身份定位、内容生产、传播方式等方面均面临着全方位的挑战，如何在全球化交流中塑造文化身份认同并体现自身的独特价值，如何在秉承公益本性的同时迎合社会市场需求，“守正”与“创新”的关系究竟该如何处理，成为当前文博界思考的关键问题。

近年来，从故宫博物院率先开发文创产品开始，各种现象级文创产品不断出现，故宫口红、考古盲盒、文创雪糕等产品不断引领“国潮”出圈成为时尚新宠儿，《国家宝藏》《上新了，故宫》《典籍里的中国》等综艺节目收视率不断创新高，博物馆从小众文化逐渐走向大众生活，受到社会的普遍关注。博物馆不断走红的背后，值得我们对传统文化资源传承利用的方式进行思考，什么样的文化传承方式更能够被当代大众所接受；对传统文化资源的主要集中地——博物馆的职责和功能进行重新界定，作为公共文化服务机构的博物馆，能够提供什么样的文化产品和服务；对博物馆文化创意产业的缘起、本质和发展逻辑进行理性探讨，以便厘清实践误区，认清文创本质，为当前博物馆文化创意产业的发展提供理论参考。

一、边界调整与文化重构：博物馆文化创意产业的社会生成

真正现代意义上的博物馆产生的标志是知识从藏品所有权中剥离，让藏品成为文明传承的重要载体。诺贝特·埃利亚斯（Norbert Elias）将博物馆的社会生成形容成“圈内人和圈外人”之间的权力演变过程[2]，此观点受新博物馆学詹姆斯·克利福德（James Clifford）的影响，他认为，博物馆不只是收藏器物的地方，还是“不同文化相遇、冲突和相互斗争，通常表现为高度不对称的主导和服从关系”的接触地带。[3]诺贝特·埃利亚斯在此基础上提出，接触地带是“圈内人”和“圈外人”作为观众相互见面的空间，作为“圈内人”的收藏家、策展人不断吸收作为“圈外人”的社会各阶层的想法和意见，促进博物馆职能的演变，圈外人则在博物馆中接受其他阶层，尤其是上层社会的文化品位和生活习惯，推动文明进程向前发展，如资产阶级的理性元素和物质文化就深受欧洲宫廷文化的影响。[4]本文认为，博物馆文化创意产业的社会生成是随着博物馆自身

---

[1] SMITH T.Contemporary Art: World Currents［M］.London: Laurence King Publishing, 2011: 174.

[2] ELIAS N. The Norbert Elias Collected Works, Volume 3: The Civilizing Process［M］. Dublin: University College Dublin Press, 2012: 19–39.

[3] CLIFFORD J. Routes: Travel and Translation in the Late Twentieth Century［M］.Oxford: Blackwell Publishers, 1997: 191–194.

[4] ELIAS N.The Norbert Elias Collected Works, Volume 4: The Established and the Outsiders［M］. Dublin: University College Dublin Press, 2008: 10.

定位及职能的不断演变，在不断调整“圈内人”与“圈外人”的边界及二者之间的权益平衡中形成的。

博物馆最初是收藏材料证据和学术研究的场所，如公元前 4 世纪的吕克昂学院。在文艺复兴时期，博物馆被改造成保存各种物品的陈列室和解释这些物品的书籍收藏室，学者们的成果在这里汇集。16 世纪之后，一些珍贵的绘画和雕塑作品被作为装饰收集进来，收藏者主要是皇室、贵族和教会。此时的博物馆尚未对公众开放，但却成为贵族的生活方式之一，皇室珍宝、圣物箱、奇珍厅、王侯们的收藏陆续被纳入博物馆，一些知名的博物馆包括阿什莫林博物馆（1683 年）、大英博物馆（1753 年）、卢浮宫（1793 年）都已出现。这一时期的博物馆从建筑、照明、布展到藏品收录，主要体现收藏家的品位和需求，并没有对外提供服务的意识。

18、19 世纪，随着资产阶级“圈外人”上升为统治阶级，博物馆不再是贵族专属，但作为皇室和贵族生活方式的物证集结地，在塑造城市品位、文化传播和改变人们生活方式方面发挥着重要作用。此时资产阶级“圈外人”与贵族“圈内人”的关系非常纠结和冲突，如在法国大革命时期，有个细节很能说明问题。当时卢浮宫的布展方式被博物馆学研究者争论不休：一派人主张将大师们的作品采用悬挂的方式并排展陈，一派人主张按照民族派别进行历史性的展示。布展方式从装饰性到历史性的转变，代表共和政体对旧秩序的挑战，标志着资产阶级的胜利。到 20 世纪早期，现代主义的外界艺术家及其经销商开始将商业经营理念运用到博物馆资源中，通过文化产业的方式将贵族气质传播开来，融入 20 世纪新职业和新中产阶级生活方式中。[1]“宫廷贵族上层阶级的行为模式与资产阶级各阶层的行为模式相合并，宫廷式礼俗被融入，被固化于我们现在所谓的‘文明’或更准确地表述‘文明行为’”。[2]可以说，现代意义上的博物馆文化创意产业就是在资产阶级与传统贵族阶层的抗争中形成，并作为资产阶级的抗争胜利成果呈现出来的。

博物馆作为公共场所对工人阶级和广大市民开放则更晚些。如 1800 年，大英博物馆虽然已经对外开放，但这种开放是有限度的，对工人阶级尤其排斥，“与工人阶级保持安全的距离”。[3]这种做法的前提假设是工人阶级是下层人，是与博物馆绝缘的“圈外人”。19 世纪的改革家担心工人阶级使用或滥用公共展馆，他们认为工人阶级在公共展馆拥挤有碍观瞻。例如，在 1878 年画作《国家博物馆里过节的乡亲们》中，描绘

---

[1] 杨瑾．博物馆研究入门［M］．北京：科学出版社，2019：146.

[2] BLACK B. Exhibitions：The Victorian Era and Its Museums［M］. Charlottesville：University of Virginia Press，2000：71.

[3] BATON A.Collecting for Inspiration：Early Museum Acquisitions，Display，and Design Reform［M］. London：Victoria and Albert Museum Publications，1999：53–61.

了“圈内人”对周日闲逛博物馆的观众的抱怨和鄙视，对“下层社会”的唾沫和呼吸表示担忧。但这种想法很快被另一种思想取代，如杰弗里·奥尔巴赫提出关于“劳工尊严”的问题，认为“展览不是社会差异消解的地方，是不同阶级共存的地方，是民族认同构成要素发挥作用的地方，是关于尊严的新概念正在涌现但仍未凝聚的地方”[1]。诺贝尔·埃利亚斯也认为，19 世纪最大的成就不是资产阶级对旧秩序的胜利，而是工人阶级形成一个阶层对旧秩序不断施压。例如，位于伦敦的南肯辛顿博物馆，就是一座工业设计博物馆，是工业阶级不断挑战旧贵族特权并包容工人阶级的结果呈现。

在博物馆成为包容所有社会阶层并进行文化交流的接触地带后，观众进入文化资源的方式成为博物馆策展人等“圈内人”需要考虑的问题。在主动权和信息权完全掌握在“圈内人”的情况下，“圈内人”有权根据单方面意愿制定“圈外人”参观的规则，如只允许观看，不允许触摸。但随着社会的现代化转型，从 20 世纪 70 年代中期开始，西方民族国家去中心化和全球化进展加速，博物馆圈内和圈外阶层也随之处于迅速流动状态，圈内和圈外的界限日益模糊，博物馆没有了阶层划分，逐渐成为人们就文化、历史和自然开展对话的地方，民众的自主意识和文化需求越来越多地成为博物馆策展人和政策制定者考虑的重要因素之一。在这一背景下，博物馆走下神坛，在关注高雅文化和精英人士文化需求的同时，也关注大众文化和流行文化的发展趋势，为普通大众提供能够看得见、看得懂的文化产品。

在当下，从“以物为中心”转向“以人为中心”，了解普通大众的文化需求和文化接受方式，是新博物馆学强调的核心命题。乔成明在《艺术市场论纲》中分析道，人类社会已经进入到了精神经济时代，这一时代的显著特征是人们闲暇时间的紧缺和对自由空间的向往。[2]时间的紧缺和精神成本节约的理念促使人们形成新的精神消费观念：在有限的时间内最大程度地享受精神体验，集视觉、听觉、味觉、触觉于一体的全方位多维体验，比单一的视觉刺激更能够有效地满足人们的精神需求，于是各种集趣味性、知识性、实用性于一体的跨界整合艺术不断出现。具体到博物馆层面，单一化、平面化、符号化的物品展示已经不能满足人们对博物馆的需求，只有通过心理联想实现各种感官的转移和互换，让参观者实实在在全方位地体验到生理感受，激发调动参观者的情感共鸣和真实体验，才能最大限度地满足参观者的精神需求。而基于博物馆藏品开发的虚拟现实场景、沉浸式体验、各种文创产品，成为博物馆实现“多维体验”的最佳方式。

---

[1] COHEN S.The Whitechapel Paintings and the Politics of Looking［M］. Minneapolis：University of Minnesota Press，2009：22–24.

[2] 乔成明 . 艺术市场论纲［M］. 南京：河海大学出版社，2011：201–224.

二、身份构建与创意生活：博物馆文化创意产业的内容生产

全球当代性的研究视角，要求对博物馆文化创意产业的研究跳出博物馆自身，将博物馆文化创意产业作为博物馆社会职责的一部分，从全球文化多元化中博物馆文化身份认同和独特性展现的角度，思考如何通过文化创意产业创建博物馆的身份名片。同时，从当下社会实际需求出发，思考博物馆如何为人们创造一种更美好的生活方式。这些思考集中体现在博物馆文化创意产业的内容生产上，即博物馆要通过文化创意产业生产出什么样的文化产品。

从本质上讲，博物馆文化创意产业是新时代博物馆语义表达体系创新的体现，通过对博物馆藏品进行全新的诠释和排列组合，以一种非常有趣的方式，创造出一个能够使观众了解的、有序的、可比较的文化体系。文物代表着人类历史从古发展至今，在整体上仍处于持续不断的动态前进过程，讲述的方法是多元的，可以从世界史、文明史、地方史、全球史等多个维度讲述，为我们理解世界提供新维度、新方法和新方向。文化体系的构建，需要建立在对博物馆藏品文化内涵的充分理解和深层解读的基础上。语言学家雅各布森在讨论文化符号的意义生成机制时提到“纵轴”（隐喻）和“横轴”（转喻）两种基本模式，通过对二者的界定和组合可以产生完整的文化符号。如《唐宫夜宴》的内容生产，恰好暗合了这一理论模型，从纵轴来看，《唐宫夜宴》通过唐宫少女、妇好鸮尊、莲鹤方壶、贾湖骨笛、簪花仕女图等系列文化符号来展现中原文化的厚重与辉煌；从横轴来看，通过唐宫少女们为准备夜宴而嬉笑打闹、整理妆容到夜宴演出，将中原文化融入生活、情感和具体场景中，让中原文化以时尚的面貌出现在大众面前，是一个完整的文化符号价值生成过程。

从全球化角度来看，博物馆文化创意产业承担着文化交流和文化身份构建的双重使命。在全球化时代，不同国家和民族之间的文化交流越来越频繁，不同社会空间的文化交流和碰撞从来没有如此密切。数字化、网络化既给人类带来了文化交流的便捷，也加剧了民族文化与全球文化的背离、矛盾和冲突，博物馆不得不思考民族文化与全球文化的关系。关于如何公平、客观地看待人类各种文明，就如珍妮·尼尔斯（Jenny Niles）《在大英博物馆读古希腊》一书中对如何看待古希腊文明一样，她认为“以一种平衡的视角，承认古希腊在一定程度上受到了邻近文明如古近东、中东和埃及的影响。阐述希腊文明的独特成就，而非重述历史。”[1]对于中国博物馆而言，需要思考具有中国特色博物馆的阐释体系，通过对文物藏品蕴含的文化观、价值观、真理观、文明观的解读，一

---

[1] 珍妮弗·尼尔斯．在大英博物馆读古希腊［M］．朱敏琦，译．上海：上海交通大学出版社，2013：77.

方面展示中国文化与世界文化的关联，讲述人类共同面临的物种传播、疾病蔓延、气候变化、财富分配等问题的中国解决方案和中国智慧；**另一方面**需要通过多种方式塑造中国的文化身份，通过展览、文创等定义博物馆的自我身份和家国情怀，显示中国文化及博物馆自身的独特性，即树立自身与其他文化的边界，以此增强本国民众的文化认同感和文化身份感。从人类命运共同体的角度来看，博物馆需要构建中国特色对外话语体系，突出反映中国为促进人类整体文明发展的思想、观念和态度以及由上述内容所构成的语言表达路径、方式和途径。[1] 2010 年大英博物馆组织的"大英博物馆 100 件文物中的世界史"全球巡回展览就是典型的例子。大英博物馆从馆藏 800 万件藏品中挑选出 100 件最具代表性的文物，改变以往"欧洲中心论"的叙事方式，以全球史观的叙事框架叙述人类文明相互作用、彼此影响的发展历程，表现"人类一家"的世界观理念，在全球范围内取得了很好的社会反响。

从当代性角度思考，博物馆文化创意产业的发展应该立足当代，从当代出发去重新审视过去，思考如何通过博物馆及其资源帮助人们过上更理想的美好生活。全球当代性（Zeitgeist）认为博物馆是一种人类协商的空间[2]，类似皮埃尔·布尔迪厄（Pierre Bourdieu）提出主张的"一种文化授权和控制的地方"[3]。在这里博物馆被理解为非等级性的、全球性相互连接的，且塞满了由当代生活所代表的时间薄片[4]，过去只存在于当代，存在于思想、体验和关系中，历史是可以被撰写、被操作的，每个人都有超越历史去体验过去的权利，人们在博物馆中与过去进行协商，通过穿梭于过去和现在的阈限空间，连接各种当代体验，产生新的意义[5]，制造出一种感情的、移情的、无形的、好奇的和质疑的，且与博物馆典型的说教历史文本主义迥异的历史（过去）感。当代性概念被用于博物馆，尤其是通过博物馆文化创意产业，来挑战单片式的和权威性的历史理念，它表明，历史是一个与过去的持续协商，谱写出一系列瞬息万变且非常个人的时刻，这个过程也是博物馆参与当代艺术建构的过程，在这里，所有藏品的历史价值、文化价值将被重新思考、重新阐释和重新建构。换句话说，就是为了当下的我们而重新想象过去。[6] 例如，《唐宫夜宴》的当代性，就体现在它既能够还原历史文化场景，又能够满足当代年轻人的审美需求，即从当下出发去重构历史，对历史文化元素进行重组。

---

[1] 周宇豪．基于国际影响力视野的中国对外传播话语共同体构建逻辑［J］．郑州大学学报（哲学社会科学版），2020（5）：48-53.

[2] GREENHILL E H.Interpreting Museums and Visual Culture［M］. London：Routledge，2000：151-152..

[3] BOURDIEU P.The Museum，Reality，and the Material World［M］. London：Routledge，2007：1-28.

[4] NIEL S.Introduction：The Museum in Global Contemporary［M］. London：Routledge，2019：1-10.

[5] TURNER V.Frame，Flow，and Reflection：Ritual and Drama as Public Liminality［M］. Madison：University of Wisconsin Press，1977：33-35.

[6] FISHER P.Making and Erasing Art：Modern American Art in Museum Culture［M］. Cambridge，MA：Harvard University Press，1991：221.

因此好的博物馆文创产品在内容生产维度必须具备三个特征：一是完整有序的叙事结构，通过文创产品转喻式地表达其背后文物所处时代的生活方式和价值观念，在现代社会讲好文物故事；二是强启迪性的叙事效果，隐喻式地通过整体剖析个体，以文创产品表达世界文明发展的理性、秩序和体系，引发人们对生命、健康、情感、战争等普世性问题的反思，启迪人们的文化身份感和文化认同意识；三是通过对藏品的深刻阐释突出博物馆和本地文化的个性化特色，能够彰显不同地区的文化魅力，避免千篇一律。以这个标准来分析，目前中国很多博物馆文化产品，在对文物价值的深度挖掘和创新诠释方面做得很不够，仍停留在对图案符号提取、工艺模仿的肤浅层面，缺乏全球化整体史观的指导、多元诠释的能力和重塑过去现在关系的能力，所以才会出现各地博物馆文创产品同质化严重、盲目跟风的现象。

三、场域交流与文化共享：博物馆文化创意产业的形式创新

博物馆文化创意产业的业态形式选择，反映的是博物馆选择什么样的方式与公众进行沟通，抑或个人进入博物馆文化资源的模式。我们可以将博物馆与观众的关系理解为人类学中的礼物馈赠关系，博物馆是礼物的馈赠者，通过文化创意产品或服务为进入博物馆的观众提供礼物；观众则是礼物接收者，通过购买或体验来完成与博物馆的互动交流。在这个过程中需要思考的是，作为礼物馈赠方的博物馆，是在充分考虑观众情感需求和文化需求的基础上制作礼物，还是采用高高在上的文化精英态度，以施舍的方式制作礼物。而作为礼物接收方的观众，是否按照馈赠方想象或希望的样子处理博物馆给予的礼物。其本质问题是博物馆与观众之间的权利平衡，即话语权究竟是掌握在博物馆手中还是观众手中。如果博物馆在博弈中有更多主动权，能否以尊重理解的心态与观众进行平等的沟通与交流，能否允许或授权个人进入博物馆的话语体系内。

个人进入博物馆文化资源的传统模式是参观，通过参观藏品和博物馆提供的文物资料解读，来理解博物馆藏品所承载的历史文化信息。这种模式是单向沟通的、一成不变的，由于博物馆专家和策展人提供固定的展陈内容，尽管每个人的知识背景、生活阅历和兴趣爱好不同，在博物馆所接触到的信息却是完全一致的。在全球当代性背景下，我们处于一个持续变动的、瞬息万变的、交流频繁的文化当中，人们希望到博物馆获取的知识和对知识的理解也是不同的，博物馆如果能够不再表达专家的神秘知识，而是展示人类的生存状态，授权观众书写自己的理解，将会大幅增加博物馆文化资源的社会效益。例如斯德哥尔摩博物馆曾举办过一场鞋子展览，让观众通过鞋子去关注鞋子背后的人物和故事，思考鞋子所反映出来的生活方式和生命意义。

同理心构建也是个人进入文化资源的方式。博物馆不一定需要宏大的叙事，通过微

观的人物和物件讲好故事，更能够激发人们的同理心。例如，墨尔本有一家移民博物馆，展示了不同地方的移民，尤其是叙利亚难民坐船到欧洲途中船沉人亡的悲惨故事，通过构建一个个具体的移民个人，让观众产生一种设身处地的情境，从而对移民产生深刻的同理心。博物馆文化创意产业，可以通过具体的物件、剧本、人物故事、场景营造，为观众提供具体可感的、可以视觉化表达的文化产品，激发观众的情感共鸣，从而搭建起文物资源所表达的原始情感与现代人情感之间的桥梁。尤其是随着科技的进步，各种沉浸式体验技术日益成熟，为博物馆讲好故事提供了充裕的技术支持。

消除边界也可以帮助个人进入文化资源。新西兰惠灵顿原来是一个孤岛，后来欧洲人移民越来越多后，当地建立起了保护本地居民文化的博物馆，展示很多当地人的图片。观众通过触摸电子屏，就可以听到当地人讲述的图片背后的故事，了解当地人的生活方式，迅速拉近与当地人的距离。很多社区博物馆则邀请当地人进入博物馆，为博物馆所有藏品重新命名，讲述藏品背后的个人经历、情感体验和生活故事，赋予藏品故事和情感，而不是高高在上的展陈物。这种方式同样为博物馆文化创意产业的开发提供灵感，即博物馆文化创意产品的业态选择，要以情感体验、边界消除和同理心的构建为出发点，具象的产品形式和表达方式则可以灵活掌握。

因此，博物馆应研究公众及其生活，让公众参与博物馆。如果博物馆从关注人及其生活角度发展文化创意产业，就可以让自己变得更积极。从这个角度来看，当前各种现象级文创产品还仅是博物馆文化创意产业的开端，厚重的华夏文化中还有大量的文化资源没有被挖掘，还有大批精彩的文化故事没有被讲述。博物馆如果能够关注当下民众的生活和情感，授权观众进入到博物馆文化创意产业生产中，激发观众的年代回忆和个人情感，未来将会有内容更丰富、形式更多元、业态更新颖的文化产品被源源不断地生产出来。

四、守正创新与范式变革：博物馆文化创意产业的语境重塑

博物馆自身的立场观念、思维方式和研究范式，是博物馆文化创意产业发展的语境和根基。全球当代性及互联网日益发展，给博物馆传统的理念带来了挑战和冲击，以物为中心的观念逐渐让位于以人为中心的理念，博物馆的公共服务功能日益凸显。尤其是在中国，博物馆并非原生态文化，中华人民共和国成立后，基本采取苏联的宏观和微观管理模式[1]，思想观念受苏联影响很深，重文物保护，重社会宣传，强化政治功能而非社会功能。在博物馆文化创意产业成为时代发展必然趋势时，博物馆需要重新思考自身的

---

[1] 严建强. 博物馆的理论与实践［M］. 杭州：浙江教育出版社，1998：335.

权利和目标，减少冲突和迷茫，提供更为和谐的发展语境。

首先，博物馆哲学立场定位的迷茫。传统博物馆理念将博物馆定位为公共文化机构，认为公民拥有欣赏藏品的文化权利，博物馆作为公共文化资源的保管单位，为公民提供的一切服务都应该是无偿的，同时，博物馆也有义务守护藏品文物的安全。如果在博物馆中引入商业经营的理念，把馆藏文物作为商品资源，把观众和公民变成顾客和消费者，将会破坏博物馆的公益属性。这种冲突在现实中表现为，一方面，很多博物馆强调社会服务功能，承认为观众提供更丰富的文化产品、更深刻的文化体验是其职责；另一方面，博物馆的公益属性让很多博物馆不愿意，或者制度不允许其进行市场化运营，而如果通过授权方式让社会企业对其藏品资源进行开发，又害怕破坏了文物资源的历史严肃性和文化底蕴，影响到国家的文物和文化安全。

其次，博物馆藏品诠释方式的陈旧。在对博物馆藏品的诠释上，目前中国受实证主义史学和考古学的研究范式影响较深。实证主义史学大多采用专业的史学方法讲述历史，为避免引起争议，从而带来不必要的麻烦，对藏品的诠释往往采用“让文物自身说法”“少即是多”的模式，不过多说明，让观众自己去体悟。同时，往往就文物说文物，缺乏长时段、多维度的研究，也没有从世界史、全球史的角度评估文物在世界整体发展进程中的作用和影响。“全国各地的博物馆都是学习中国历史博物馆，搞通史陈列，同质化现象非常严重”。[1]考古学方法则更多应用于藏品展示说明上，以考古类型学、地层学、测年及鉴定技术对文物进行说明，专业术语较多，不考虑非专业观众的理解程度。而一旦博物馆文化创意产业以通俗易懂、大众喜闻乐见的形式诠释文物，就会遭到历史及考古领域专家的质疑和抵制，认为是对历史和文物的不尊重。

最后，博物馆理论研究范式的落后。现在博物馆理论研究，占据主导地位的是金石学、考古学、文物学领域的专家，研究范式受民族主义、马克思主义（苏联模式）、实证主义的影响较深，以真实和公正作为研究第一要务，语言追求严谨专业，但也会造成晦涩难懂，这种以编年史或地区民族资料汇编为特征的博物馆自我诠释范式，缺乏对一些特殊的、关乎人类发展的整体性、统一性和多样性等问题的深入思考。[2]更使博物馆在文化创意产业发展中的思路受到局限，不能与市场、与普通大众的思维方式进行融会贯通，也不允许授权企业对藏品进行“过分”的延伸和解读，最终限制了博物馆文创的发展思路。

博物馆如何拓宽视野，从全球当代性的角度重塑研究范式，营造和谐的文创发展环境，可以从以下几个方面思考。

---

[1] 陈浩．全球化背景下博物馆追求个性化［N］．美术报，2017-01-21（013）．

[2] 腊碧士（Alfons Labisch）．从普遍史、世界史到全球史——北京外国语大学“全球史研究院”成立仪式的主旨演讲［N］．中华读书报，2014-12-17（018）．

一是调和商业理念与公益理念的冲突。博物馆应该意识到，商业和公益并非完全冲突的概念，对于营利机构而言，并非将迎合市场需求作为唯一的行为准则，Think Impact的创始人兼CEO索尔•加里克（Saul Garrick）认为："人们在区分'为营利'和'为金钱'时会出错。用产品使世界变得更美好的有操守的、经营良好的企业在提高大众生活方面特别引人注目。"❶营利机构越来越多地从事非营利事业，秉着"社会企业家精神"将金钱成功转化为创造更多、更好社会公益的途径。非营利机构为了能够提供更具可持续性的服务，也往往通过投资让自身获得更多的资金，二者的边界并非黑白分明的。营利与非营利性质相结合的混合型法律实体在履行社会服务功能、承担文化传承方面发挥的作用越来越大。这也意味着政府、营利和非营利组织之间的传统职责划分正在发生根本性转变，如果博物馆通过商业运营或者委托企业进行商业运营，能够为博物馆公益事业发展提供更长远、可持续的资本支持，博物馆完全可以为了公益而营利，没必要固守非营利的观念拒绝社会合作。

二是尝试多元化的博物馆研究范式。重新梳理、挖掘、创新马克思主义世界历史观的现代价值及其在博物馆藏品诠释中的科学应用方式，打破历史学、人文学、艺术学、自然科学等各学科之间的界限。从全球史观的角度对博物馆藏品诠释进行指导，认识到中国历史在世界历史乃至全球历史进程中的作用、贡献及价值，用国际通用语汇讲述中华文明在人类社会发展中的功能与使命，讲好中国故事。从当代性角度思考如何将博物馆文物与当代社会生活链接起来，通过深度挖掘和创新演绎，以个性化、形象化的方式诠释博物馆藏品的独特文化魅力，启迪人们通过文物、文创去思考生存、战争、情感、疾病等哲学问题。这也是解决很多博物馆在开发文化创意产品时缺乏个性、盲目跟风和同质化现象严重的有效途径。

三是探索对话式的博物馆藏品诠释方式。对话式的藏品诠释方式，是博物馆走出封闭的自我诠释圈子，授权或邀请社会各界人士通过思想碰撞、文化交流，共同对藏品所蕴含的价值进行诠释和解读。例如，荷兰石迪池•维拉德博物馆（Stiching Wereld Museum）的两位学者研究18世纪荷兰著名文物收藏家尼古拉斯•维特森（Nicolaas Witsen）收藏的一枚出自西伯利亚古墓葬的"清白"铭文铜镜，"这枚小小的铜镜调动了1700年前后将阿姆斯特丹和世界其他地区连接在一起的文化网络，即从汉代中国到西伯利亚、阿姆斯特丹、欧洲（巴黎、柏林、罗马）、本地治里（印度）、巴达维亚（印尼）、18世纪中国（广东、北京）的所有资料，通过一枚铜镜构建起中国与世界文化交流自汉代至今到全球知识和文化流动网络"。❷这种"全球学术流转圈"的研究模

---

❶ 杨瑾．博物馆研究入门［M］．北京：科学出版社，2019：239.

❷ Wille mijn Van Noord，Thijs Weststeijn. The Global Trajectory of Nicolaas Witsen's Chinese Mirror［J］. The Rijksmuseum Bulletin，2015，63（4）：324–361.

型可以为博物馆文化创意产业的发展提供很好的借鉴，通过博物馆文创产品的开发，将全球史、世界史、人类文明史中的普世价值观、生存智慧、生活观念展示出来，让社会各界都能够在藏品资源的解读诠释方面拥有话语权。参与当代文化建构，本身就是文化传承的重要方式。

五、结论与展望

博物馆文化创意产业是在博物馆成为公众服务机构，服务定位从精英文化向大众文化转型的过程中出现的，其宗旨是为民众提供更为优质多元的文化产品和文化服务，实现传统文化的现代传承。影响博物馆文化创意产业发展的三个关键元素是内容生产、业态创新和语境塑造。在全球当代性的时代背景下，博物馆应该秉承“愚者求异，智者求同，仁者求通”的理念，拓展藏品研究的全球视野，探索中国博物馆藏品诠释的新途径，做到内涵式发展，提高博物馆与民众、与国际的沟通交流能力，通过文化创意产业的发展让公众了解中华文明的需求，促进人类文明交流互鉴。但在博物馆文化创意产业未来发展中，还有几个问题悬而未明，在此略作讨论，一并为研究展望。

第一，数据开放与文化共建的合理尺度。2020年以来新冠疫情的蔓延加速了博物馆数字化进程，“云展览”“云旅游”等模式在全球范围内流行，“开放”成为博物馆未来发展的关键词。不仅是藏品实物的对外开放，也包括藏品数据的对外开放，全球开放许可协议和知识共享版权运动鼓励博物馆将藏品数字版权对全社会开放共享，因为从伦理和法律的角度来看，博物馆拥有的藏品是公众委托的，相关数据也同样应该归还公众。开放意味着由博物馆在文化建构和藏品诠释方面发挥的主导作用逐渐弱化，公众可以绕过博物馆的过滤直接接触到博物馆数据资源。有很多新的问题由此产生，博物馆如何对自己的数据进行审核，决定“开放”的内容和范围，考虑哪些数据可以开放，哪些数据需要保密，选择的依据标准问题；博物馆数据是否可以成为博物馆的资产，这部分资产运营管理的制度与逻辑问题；博物馆如何利用数据与用户进行互动，提供更个性化、更精准的产品体验和公共服务等，这些问题均有待进一步思考。

第二，精英文化与大众文化的关系平衡。精英文化与大众文化是两种不同的文化逻辑，前者是建立在前工业时代文化生产生活方式基础上的，强调贵族文化和经典传承；后者是建立在后工业时代批量生产和消费主义基础上的，强调创意创新和大众传播。因此，从法兰克福学派霍克海默和阿多诺提出“文化工业”的概念开始，到本雅明认为技术理性是对传统艺术的“光韵”的消解，社会各界对此二者多理解为二元对立的关系。这种思维方式一直延续至今，在博物馆发展文化创意产业时又被重新提及。在对藏品进行创意解读时，如何平衡传承与创新的关系，创新的“度”应该如何把握才能被精英文化和大众文化普遍接受，目前仍未有权威性结论。博物馆正在进行积极的尝试，故宫博物院的纪录片《我在故宫修文物》、2021 年河南省春节晚会《唐宫夜宴》节目都是成功案例，但尚未探索出其中规律性和本质性的特征，未来仍需继续关注。

第三，学术研究与社会服务的无缝链接。过去博物馆的学术研究局限在小众范围，为考古研究、历史研究、文化研究提供服务，研究成果多为研究报告、学术专著和学术论文，很少为公众所接受和理解。通过发展文化创意产业，将学术研究成果转化为大众能够看懂接受的科普课程、文化产品和文化服务，不仅可以满足专业化人员的文化需求，也为普通大众提供了接触优秀传统文化的渠道和路径，成为提高城市文化品位、提高民众文化素养的有效方式。如何实现学术成果的社会转化，也是未来值得研究的方向。

第四篇　蜂鸣理论的创新魅力与创造语法

在当今快速变化的世界中，蜂鸣理论揭示了群体智慧和个体创造力之间的微妙关系，它强调如同蜜蜂通过集体协作完成复杂任务一样，人类社会中的创新源于个体间的互动与合作。这不仅挑战了传统的单一英雄式创新模式，还提供了一种如何在组织、社区乃至整个社会中激发创造力的新框架。本篇深入探讨蜂鸣理论的核心概念——“创造语法”，这是一种指导创造性思维和行为的原则体系，鼓励打破常规，探索未知领域，并通过跨学科合作解决问题。创造语法不仅仅是一套规则或技巧，更是一种思维方式，教会我们在不确定性中寻找机会，在多样性中发现价值。通过案例研究和实证分析，展示蜂鸣理论在科技研发、艺术创作、教育改革和企业创新等领域的广泛应用潜力和深远社会影响。蜂鸣理论及其创造语法为我们提供了构建更具适应性和创新能力社会结构的强有力工具，不仅是对传统创新模式的革命性突破，也为未来社会发展指明了新方向。

场景的“蜂鸣生产力”*

摘　要：在文化创造城市场景中，塑造多元文化和多样生态的同时，赋予“场景”文化精神、注入发展动力、实现其文化价值是释放场景红利的关键。“蜂鸣”作为激励创新的思想“种子”和激发公众参与的创意“火光”，具有重要价值。作为与“场景”理论❶互相耦合的新范式，“蜂鸣”理论通过互补互生，不仅为全球城市研究提供良好视角，还提供了基于城市场景研究的测度工具。从“蜂鸣生产力”的逻辑看，文化舒适物构成场景产生“蜂鸣”的基本条件，舒适物之间的组态关系则是核心要素。将“蜂鸣”理论和“蜂鸣生产能力”测度融入场景理论，不仅提供了理解城市创新的新视角，还促进城市生活圈的可持续发展和创新性增长，带来稳定的文化动力和构建范式。依托社区生活圈中居民与创意阶层的分布密度、互动程度及睦邻优势，打造具合法性、戏剧性和真实性的社会新空间，形塑传统且魅力十足、睦邻且泛在学习、本土且有序经营的城市新场景，实现当代城市有创想的生活、有引力的就业、有交互的容纳和有活力的治理，最大化释放“场景红利”。

关键词：场景理论；蜂鸣生产力；文化舒适物；社区生活圈

一、场景与蜂鸣

（一）“场景”与“蜂鸣”的本质

（1）“场景”与“蜂鸣”的界定。全球化、城市化和现代化对当代城市带来的影响，使城市增长范式发生转变，在这一背景下，新芝加哥学派提出了“场景理论”这一城市

---

* 本文作者齐骥，中国传媒大学文化产业管理学院教授，南方科技大学全球城市文明典范研究院访问教授，场景（中国）学术联合体发起人；亓冉，深圳职业技术大学数字传媒学院讲师，主要研究领域为城市文化场景。

❶ “场景”理论是新芝加哥学派城市研究的新范式。特里·克拉克等人将电影中的“场景”概念引入城市研究，围绕城市舒适物（Urban Amenities）所呈现和传递的文化价值观，探讨场景如何反映和形塑人们的空间行为动机及现代生活秩序的原理。

研究新范式，该理论将对城市空间的研究从自然与社会属性转向文化和美学层面，通过对文化设施、社区舒适物的研究，发现不同“场景”蕴含着特定的文化价值取向。作为一种社会空间存在，“场景”是一种物化的资本力量，这种力量表现为经济与文化要素的集聚。不管是文化对场景的解释力，还是场景对城市居民和创意阶层的吸引力和凝聚力以及对文化活动参与的催化性，可以说，一个充分发展的“场景”，既能够成为城市居民创造新生活方式的动力，又能够在改变社会关系的同时“形塑”居民的生活方式。[1]归结起来，“场景”对城市居民、创意阶层所产生独特的凝聚力和吸引力，推动着城市的发展。而“蜂鸣”则来自英文原词中的Buzz，意指“嗡嗡声”，比喻以文化参与、文化活动和文化事件，激励创新、启发活力的群体行为所产生出引起关注、令人兴奋、使人活跃和让人融入其中的文化氛围和文化场域。[2]“蜂鸣”诞生的过程和“蜂鸣”产生的场景，被称为“城市蜂鸣”（Urban Buzz）和“蜂鸣区域”（Buzz Areas），它们标榜着“在城市或特定区域产生创造性，赋予创新和富有创意活动的潜力。”[3]简言之，“场景”是“蜂鸣”产生的重要环境，“蜂鸣”是“场景”中参与者的行为和活动及其带来的热度，它反过来促进一个“场景”更具魅力、更有吸引力也更加凸显出场景蕴含的文化价值与美学特征。

（2）“场景”与“蜂鸣”的理论解释。从内涵上看，“场景理论”以消费为基础，以城市生活的便利性和舒适性为前提，把空间看作汇集各种消费符号的文化价值混合体。后工业社会背景下，“场景理论”将城市空间研究的理论视角由物理空间转向社会空间，由生产转向消费，并把不同社会符号或纽带（邻里关系、阶级、社区等）中的个体（居民与劳动者）作为城市空间的主体，研究这些城市文化舒适物、社区社会组织及生活圈中的城市居民和创意阶层形成特定场景，及其对城市空间主体的作用。因此，场景研究的核心是从真实性、戏剧性、合法性3个主维度及15个子维度对场景中所蕴含的文化价值观进行刻画，从而形成实证对比分析，进而发现城市发展的规律，其本质是洞悉城市居民和创意阶层“是如何被吸引、集聚并持续影响着周围人群”[4]，从而释放出“场景红利”，赋能区域发展可持续的动力。“蜂鸣理论”则源自经济地理学，强调由“面对面接触”引发的信息关注与隐形的知识传递，在“蜂鸣”创造的城市环境中，不断更新的特定信息、有意无意的学习过程、相互理解与共享的知识技术、约定俗成的文化传统与习惯通过位置共存与信息共治，不断向外界传递复杂的隐性知识，这种传递由于“蜂

---

[1] 凯文·林奇.城市形态［M］.林庆怡，等译.北京：华夏出版社，2001：27.

[2] CLARK T.Can Tocqueville Karaoke? Global Contrasts of Citizen Participation，the Arts and Development［M］.UK：Emerald Publishing Ltd，2014：103.

[3] ARRIBAS-BEL D，KOURTIT K，NIJKAMP P. Socio-Cultural Diversity and Urban Buzz［J］. Tinbergen Institute Discussion Paper，2013（8）：13-110.

[4] 魏建.以场景红利为核心提升城市品质［J］.山东师范大学学报（社会科学版），2021，66（1）：92-100.

鸣”区域的强大召唤力变得易于识别。[1]因而“蜂鸣”打破了传统知识传递的路径依赖，实现了区域内的资源互补，并创造出独特与多层次的交流语言，它向外界释放出主动开放的激励信号，进而创造交流与投资的机会。因此对场景而言，“蜂鸣”便是场景实现持续的文化生产与资本红利的重要资源，它通过传递信息符号吸引人群关注，实现从量变到质变的文化影响，又通过对外释放兴趣信号，使得人们基于对相应舒适物的价值感知奔赴“蜂鸣”区域，促成更为强烈的事件热议效应，实现场景的文化价值传续。

从外延上看，“场景理论”出现在全球城市资源型增长视角的范围明显从物质资源扩展到人力资源和社会资本资源的时代，场景不断成为城市的创意集群或富有创新的地区，并在经济社会发展中体现出越来越重要的地位。而场景集聚的城市居民和创意阶层，持续对地方发展产生影响，这催生了“蜂鸣”的产生。“蜂鸣”作为城市密度、邻里和关系网络等共同作用导致的结果，体现出城市场景中热闹、喧嚣的存在以及富有创新、具有创造力和拥有非传统生活方式的源泉。[2]也就是说，“蜂鸣”是场景的一种过程，也是场景营造的一种结果。但“蜂鸣”作为诞生于“场景”中的一种文化资源，因为其“知识隐性”的特点，在理论转化时往往面临着挑战。

但可以明确的是，在特定的场景中，“蜂鸣”是一种对场景或者参与者在场景中的某些经历及生活方式的审美性的或符号性的感受，因而“蜂鸣”一方面是对“场景”理论内涵的补充；另一方面又是对“场景”理论价值的延展。因此，科学测度、评价什么样的“场景”有利于产生蜂鸣，什么样的“场景”能够多大可能性地引发蜂鸣，以及“蜂鸣”在多大程度上能够作用于场景并使其释放“场景红利”，成为场景理论研究的重点。

（二）“场景”与“蜂鸣”的关系

“场景”关注不同元素之间的有机联系及其异质元素之间相互作用的机理，而“蜂鸣”关注的则是这种符号和信息形成的原因和本质，也就是什么促使场景产生不同的特质，什么导致“场景”中异质性元素的萌生、发展和蔓生。因此，场景和蜂鸣之间的关系，既是互补的，又是共生的。

（1）“蜂鸣”与“场景”互补。“场景”是一种由各种消费实践所形成的具有符号意义的社会空间[3]，“蜂鸣”将场景中参与者的感受和参与者创造场景的行动，作为促生场景的力。如果说场景是具体的，那么相对而言，“蜂鸣”则是抽象的，它不同于“场景”

[1] STORPER M，VENABLES A J.Buzz：the Economic Force of the City［J］. Journal of Economic Geography，2004，4（1）：351-370.

[2] ARRIBAS-BEL D，KOURTIT K，NIJKAMP P. Socio-Cultural Diversity and Urban Buzz［J］.Tinbergen Institute Discussion Paper，2013（8）：13-110.

[3] LLOYD R，CLARK T.The City as an Entertainment Machine［J］. Critical Perspectives on Urban Redevelopment，2001，6（3）：357-378.

具有明确的空间指向，但它的出现让场景中的参与者产生了不同体验，创造了场景的特质，赋予了场景以灵魂，增加了场景的魅力。从这一维度上看，“蜂鸣”理论是对“场景”理论的延展。

从“蜂鸣”理论与“场景”理论的联系看，两者是具有接续性的文化转场。场景理论诞生于后工业社会城市形态整体转型的语境，是以传统生产力为导向的社会理论难以解释城市发展现实需求的理论创新。它以消费为导向，以舒适物为载体，以文化实践为表现形式，核心是吸引创意阶层集聚在城市生活、就业和消费，作为解决城市吸引高级人才的语法体系，场景理论把城市空间的研究从自然与社会属性层面拓展到区位文化消费的实践层面，并将区位“场景”作为重点研究对象，将不同区位场景的价值因素、动力来源、精神特质作为塑造“场景精神”的关键。而这些场景中往往因为参与者的行动而产生“蜂鸣”。“蜂鸣”越多，这些场景就越有可能嵌入到城市的社会结构中[1]，成为居民、企业和政府治理中日常文化需求的一部分。

从“蜂鸣”理论对“场景”理论的作用看，两者是具有调适性的文化包涵。“蜂鸣”在产生机理上具有双面性。从内生角度看，“蜂鸣”使场景的参与者能够交流并传播场景的体验，这是“蜂鸣”具备自主性的一面。例如，它为参与者提供了一个表达情感、诠释价值观的机会，而非单纯顺从苍白的模仿，它忠实于传统而不是对传统进行暴力反抗，它魅力四射而不是黯淡低调，它强调分享温暖和亲密而不是保持距离和冷漠，它立足于维持一个真实的生活而不是宣扬一种虚假的存在。这就是“蜂鸣”具有自主性的一面，它传达了“场景中的内部生活”。而场景则因为“蜂鸣”的出现，变得更具魅力并在场景特质上更为鲜明；从外生角度看，“蜂鸣”朝向与场景交互的经济、政治和居住环境。通过“蜂鸣”所创造的财富、权力和信任，使场景可以潜在地在其所属的系统中赢得一席之地。反过来，场景也可以从商业团体、政治角色和居民团体中获得外部支持，并将其转化为“蜂鸣”文化资源。[2]

（2）“蜂鸣”与“场景”互生。“蜂鸣”是一种象征性的文化资源。依托不同的场景所产生的“蜂鸣”，带给参与者不同的文化体验并产生出独特的轰动效应（Generate Buzz），传递出富有魅力的文化氛围。例如，电影节、高级时装和电影明星可能会产生时尚的“蜂鸣”；文身店、朋克音乐、人体艺术和机车比赛，或许会产生出越轨似的“蜂鸣”；古董店、农贸市场和具有浓厚本土色彩的艺术节则洋溢着传统气息的“蜂鸣”。当我们以“场景”为载体，借助敏感的文化调色板，重新编码城市时，往往发

---

[1] CLARK T. Can Tocqueville Karaoke? Global Contrasts of Citizen Participation, the Arts and Development［M］. UK: Emerald Publishing Ltd, 2014: 110–113.

[2] CLARK T, HOFFMANN-MARTINOT V.the New Political Culture［M］. New York: Routledge, 2018: 68–80.

现，“蜂鸣”的出现，让人们更容易接受错综复杂的冗繁事物，也更容易创造充满能量和激情的新鲜事物。

“蜂鸣”为场景具有特色创造特质。场景不是简单的物质设施的堆积或混搭，而是孕育着特殊文化价值的城市生活娱乐设施的混合体。促使“场景”超越了舒适物集合的物化概念，而作为文化价值观的外化符号，进而影响场景中参与者行为的社会事实[1]的关键，便是“蜂鸣”在“场景”中的出现。而在“场景”绘制“文化元素周期表”时所依据的“真实性”“戏剧性”和“合法性”三大主维度[2]，也都是以参与者的活动和实践为依据，并以其主要感受为价值评判的。正是人类的文化艺术活动、公众参与、社会消费和创新创造所产生的“蜂鸣”，为场景赋予特质，让场景生动起来。

“蜂鸣”充盈了场景而非资本造就着场景。“场景”所具有的魅力是能够让参与者在介入空间时，因为文化特质而融入空间，让一般意义上的空间成为具有独特气质的、与众不同的场景，“蜂鸣”是普通空间中因为参与者“思绪与情感交融激荡”[3]、空间与行动相互感染，文化设施与文化精神互相启发的创造活动。举例来说，正是依靠创造“蜂鸣”引发全球热议，古根海姆博物馆迅速扩张并在全球范围内建立起诸多分支机构——蜂鸣激发了社会赞助。事实是，“蜂鸣”的产生引来了资金，而不是资金的汇集才引发了“蜂鸣”。这为城市公共政策的制定、文化设施的规划、创意活动的打造提供了新的思路。

“蜂鸣”促进了场景的文化参与并使场景更加卓越。“蜂鸣”很大程度上取决于“面对面”的过程中人与建筑环境和社会经济等因素碰撞所产生的火花或灵感。[4]那些具有卓越的创意经济的城市，之所以集聚大量的创意阶层，是因为城市经济发展对“面对面交流”的需求也在增长。当各种类型的地方天才在城市里相遇时，便能够带来“创意蜂鸣”效应。[5]这也同时解释了为什么在许多情况下，“蜂鸣”不仅出现在特定的场景中，而且遍布整个城市，甚至尤为集中于专门或特定的“蜂鸣区域”。此外，“面对面交流”[6]作为产生“蜂鸣”的传统方式，本身也是一种特别丰富的方式，它将复杂的隐性知识（例如艺术家的表演、画家的创作、设计家的创意等，这些属于操作技能和艺术技

---

[1] 吴军．城市社会学研究前沿：场景理论述评［J］．社会学评论，2014，2（2）：90–95.

[2] SILVER D，CLARK T. Scenescapes：How Qualities of Place Shape Social Life［M］. Chicago：University of Chicago Press，2016：110–126.

[3] 吴军．场景理论：利用文化因素推动城市发展研究的新视角［J］．湖南社会科学，2017（2）：175–182.

[4] KOURTIT K，NIJKAMP P.Strangers on the Move：Ethnic Entrepreneurs as Urban Change Actors［J］. European Review，2012，20（3）：376–402.

[5] STORPER M.Keys to the City：How Economics，Institutions，Social Interaction，and Politics Shape Development［J］. Berkeley Planning Journal，2014，27（1）：122–124.

[6] STORPER M，VENABLES A J.Buzz：the Economic Force of the City［J］. Journal of Economic Geography，2004，4（1）：351–370.

能的专有知识本身带有大量的隐性成分，又受到社会氛围、制度环境等影响，带有很大的灵感成分）通过独特的方式表现和诠释出来，使场景产生持续不断的蜂鸣。

二、“蜂鸣生产力”的场景逻辑

（一）文化舒适物是“场景”产生“蜂鸣”的基础

“场景”理论对“文化”的诠释并非抽象和模糊的，而是在社区生活圈中以舒适物（Amenities）为导向的公共物品、多样性人群与实践等集合形成的场景，以及场景中蕴藏的价值观念、生活方式与质量。“蜂鸣”便是这些公共物品、多样性人群的活动和实践。“蜂鸣”的出现，活跃了场景，让场景参与者的体验得以蔓延并定义场景的特质，进而影响着诸如创意阶层等人力资本流动与聚集，推动着经济增长和社会发展——这也构成了提出和研究“蜂鸣生产力”的基础。

从生产力的角度看，在物质生产环节，不同类型的文化舒适物构成了场景“蜂鸣生产力”的物质条件，并在场景内部与外部具有不同的蜂鸣生产价值与文化动力作用。例如在社区生活圈场景中，生活服务、文化服务等舒适物类型被认为是提升社区内生动力的关键，它们直接为社区本身提供基础生活保障，而文化休闲、文化创意等舒适物类型则被认为是提升社区外部吸引力的关键，它们有助于社区实现与外部的互动交流，如吸引游客。而在精神生产环节，文化舒适物的类型组合能够形成具备不同特质的文化场景，从而具有不同程度的蜂鸣生产作用，因此对于社区生活圈来说，可将对于美好生活方式最佳提案的发现转化为探索能够产生高强度“蜂鸣生产力”的文化舒适物组合模式，以启迪城市社区生活圈更好的文化创造与创新，激发人们文化参与与文化学习的热情，建构基于邻里共同生活的文化认同与文化意识。

从文化生产的核心看，“场景”中产生“蜂鸣”的物质基础是场景内人工建造的各种便利设施以及组织、机构等团体——文化舒适物。依据舒适物的分类和特征以及舒适物在社区生活圈中的功能和性质，我们将文化舒适物分为基础保障、品质提升、特色创生三大类。[1] 其中，基础保障型文化舒适物包括生活服务类、文化服务类、文化教育类舒适物；品质提升型文化舒适物包括文化休闲类、文化商业类舒适物；特色创生型舒适物则包括文化资源类、文化创意类、文化组织类舒适物（见表 1）。需要明确的是，对社区生活圈文化舒适物的类型划分，旨在测度不同特质的场景中，物质生产和精神生产的相互作用，因此，选择发展较为成熟、口碑较为优质的生活圈作为测评对象，有利于把握

---

[1] 不同类型场景中的文化舒适物各有差异，本文在划分社区生活圈的文化舒适物类型时，主要参考了商务部印发的《推进城市一刻钟便民生活圈建设试点》和自然资源部发布的《社区生活圈规划指南》。

“场景”和“蜂鸣”的典型关系，从而为“蜂鸣生产力”的场景构建提供有效范式。

表 1　社区生活圈舒适物类型具体分类

一级分类	二级分类	三级分类
基础保障型	生活服务类	通信、房产中介、便利店、电脑维修、家电维修、中医、诊所、医院、彩票、洗衣店、家政、图文快印、药店、菜市场、水果、生鲜、肉店、奶吧、裁缝、家纺、行政机构、公交站、集市、美发、母婴生活、宠物、社区食堂、算命占卜、银行、养老院、日间照料中心、丧葬、墓地、日托、文具店
	文化服务类	（便民）书店、文化广场、文体活动中心、老年活动中心、社区博物馆、社区展览馆、文化宫、公园
	文化教育类	各类学校（幼儿园、小学、中学、大学、中专）、青少年体育、艺术教育、早教、教育咨询、武术、舞蹈、语言
品质提升型	文化休闲类	书吧、咖啡厅、派对轰趴[1]、游乐园、网吧网咖、美容美甲、养生按摩、茶馆茶社、电竞、花艺、旅行社、减肥、钓鱼、影剧院、酒吧、KTV、休闲俱乐部
	文化商业类	企业、烟酒、超市、餐厅、汽车、摩托车、电动车、自行车、家居、家具、装修、甜品、蛋糕、饮品、服装鞋饰、化妆品、乐器售卖、商业街、手机等电子设备卖场、鲜花店、照相馆
特色创生型	文化资源类	景点、古迹、故居等
	文化创意类	文化艺术空间、美术馆画廊、创意俱乐部、手艺工作室、网红、创意设计型企业
	文化组织类	文化创意组织协会、文化娱乐活动等的促进者

（二）文化舒适物组态是“蜂鸣生产力”的核心

“场景”作为一种植入了文化价值和美学特征的组态逻辑，体现为不同类型的舒适物组合所体现出的场景精神。因此，作为城市更新和社会发展的最基层细胞的社区生活圈，成为舒适物组态分析最好的载体。社区生活圈是突破了社区功能主义建设方式的思维拓展，是在准确识别人的相似性活动行为之上新的时空组合，而在这一具有相似特征的日常生活空间中，总会表现出某些特定舒适物的空间集合，因而表现出特定的文化特色、人文魅力或地方风格，即特定的场景价值观。而在“合法性”“真实性”或“戏剧性”等“场景”文化价值观引导之下，由这些舒适物所组合而成的场景，便展现出不同程度的“蜂鸣生产力”。

依据“场景理论”，社区生活圈中“蜂鸣”的产生，是一种同时作用于社区内部与外部的动力机制，对内表现为凝聚社区居民的文化认同，对外表现为吸引创意阶层的文化参与，在实现方式上，则主要根据场景中文化舒适物在不同维度上的组态分布及其评价得分呈现。因此，寻找产生高强度“蜂鸣生产力”的舒适物组合模式，将对于社区生

---

[1] 通常简称为“轰趴”，源自英文“Home Party”，直译为私人举办的家庭派对。

活圈美好生活方式的向往这一目标，转化为具体的文化舒适物类型的合理分配和科学组合，成为“蜂鸣生产力”的关键点。而测度以“场景”为主旨的“蜂鸣生产力”，依然要回到“场景理论”的3个主维度与15个子维度构成的场景语法上——这一化学元素周期表思维是“场景理论”的核心思想（见图1）。

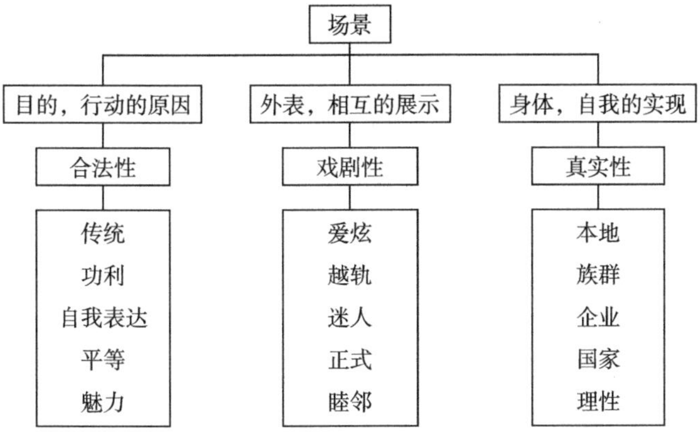

图1　场景15个子维度语法谱系

三、“蜂鸣生产力”的测度方法

（一）产生“蜂鸣”的文化舒适物类型及权重

社区生活圈中，不同类型的文化舒适物对该场景中“蜂鸣”的产生及其作用程度必然存在一定差别，要反映“蜂鸣”程度就需要借助文化舒适物的类型权重进行评价。因此，本文采用层次分析法（AHP）与主成分分析法（PCA）相结合的方式，通过对北京、上海、成都及深圳等城市20个社区生活圈的文化舒适物样本数据进行分析，并最终确定了八类文化舒适物的综合权重。

（1）评测目标。根据“蜂鸣理论”，以舒适物为载体的文化生产将产生两种作用力，一种是面向场景内部的生产力，即本社区生活圈内的文化参与、文化实践能够反哺自身，为社区建立起强烈的文化认同，形成社区成员留下来、发展好的辐射力、包容性；另一种是面向场景外部的生产力，即能够使场景对外产生吸引力、纳新性。这两种力作用机理不尽相同，它们统称为“蜂鸣生产力”。

（2）样本选取。根据社区生活圈的成熟程度、推进情况及城市治理水平和治理能力，本文选择了北京、上海、成都以及深圳作为样本城市，以四个城市“社区生活圈规划”中遴选的典型社区为样本对象，对社区文化舒适物进行调研和评价。需要特别指出的是，作为城市建设最为基本的生活单元，社区之间的差异较大，样本中各城市对社区生活圈的界定、表述与范畴划定等，也缺少绝对一致性。为了尊重地区特色和凸显生活圈文化价值与美学风格，本文在研究对象选取上，以样本城市的“社区生活圈规划”所定义的社区及划定的社区为依据（见表2）。

表2　本文选取的20个社区样本

城市	社区
北京	史家社区、内务社区、礼士社区、演乐社区、朝内头条社区、朝西社区、新鲜社区、竹杆社区、大方家社区
上海	人民社区、香花社区、新华社区、番禺社区、牛桥社区、左家宅社区
成都	清源社区、清波社区、清江社区、曹家巷社区
深圳	水围村

（3）AHP主观评测。AHP评测框架以社区生活圈中的文化舒适物对场景蜂鸣的重要性程度为评价目标，旨在探索不同类型的文化舒适物如何促进场景内部蜂鸣（内生力）和场景外部蜂鸣（吸引力），并评估其作用及程度。因此，评测框架由两个准则层构成：“场景内部蜂鸣（内生力）”和“场景外部蜂鸣（吸引力）”。评测方案层则由八类文化舒适物组成，从而搭建起完整的评测框架（见图2）。

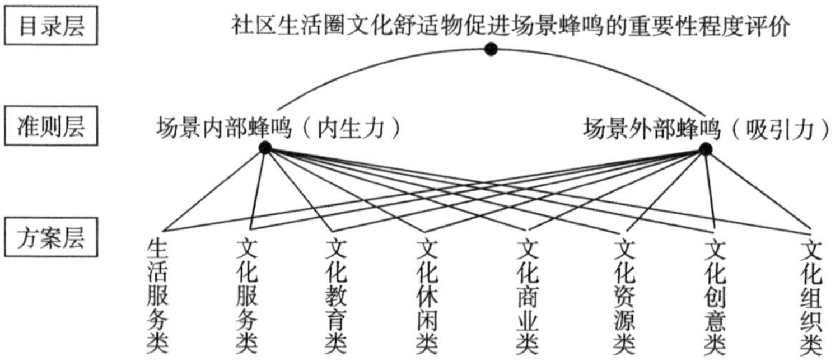

图2　社区生活圈文化舒适物促进场景蜂鸣的重要性程度评测框架

在评测方法上，采用专家打分的方式建立评测表。具体而言，邀请了10位熟悉场景理论及社区生活圈实践建设的专家，基于他们的专业知识和经验，通过两两比较的方式给出各个指标的相对重要性评分。评分采用了托马斯·萨蒂（Thomas Satty）的9级标度法，以数值形式表达不同文化舒适物对创生地方蜂鸣的重要性程度。评测指标涵盖以下三个方面。

一是整体发展相对重要性：评估场景内部蜂鸣生产力（内生力）与场景外部蜂鸣生产力（吸引力）对于社区生活圈整体发展的相对重要性。

二是内部蜂鸣生产力（内生力）相对重要性：评估八类舒适物对于促进社区生活圈场景内部蜂鸣生产力（内生力）的相对重要性。

三是外部蜂鸣生产力（吸引力）相对重要性：评估八类舒适物对于促进社区生活圈场景外部蜂鸣生产力（吸引力）的相对重要性。

在收回专家评测问卷后，使用 Yaahp 软件进行群决策分析，并对每位专家的判断矩阵分别进行一致性检验。结果显示所有一致性比率均小于 0.100，处于科学可接受范围内。最终，得出了评价指标体系及专家评价的主观权重。

（4）PCA 客观评测。单纯依靠层次分析法（AHP）确定的各类舒适物在场景中产生“蜂鸣生产力”的权重具有一定的主观性，可能产生一定误差。为使整体权重评测更加客观，本研究选取了 20 个社区生活圈作为实证分析样本，并通过高德地图与百度地图抓取社区生活圈舒适物 POI 数据，依据八大舒适物的类型定义对数据进行整理，通过主成分分析法（PCA）得到客观权重。随后，将主成分分析法得出的客观权重与层次分析法确定的评判指标及其权重重新进行加权，最终确定场景中不同类型舒适物产生“蜂鸣生产力”的综合权重。

在进行主成分分析之前，需要对样本数据进行标准化处理，并进行 KMO（Kaiser-Meyer-Olkin）与巴特利特球形度检验，以确定其是否适合进行因子分析。根据检验结果（见表 3），KMO 值为 0.535，巴特利特卡方值球形度检验的显著性（*P* 值）为 0，拒绝原假设，表明样本信息重叠度较高，适合做因子分析。依据碎石图（见图 3），最终共提取了两个主成分，特征值分别为 3.85 和 1.385（通常情况下，特征值大于 1.000 被认为是最重要的，因为这意味着对应的主成分解释的方差超过了原始变量的平均解释力）。

表 3　KMO 和巴特利特检验

检验项目		结果值
KMO 取样适切性量数		0.535
巴特利特球形度检验	近似卡方	99.558
	自由度	28.000
	显著性（*P* 值）	0

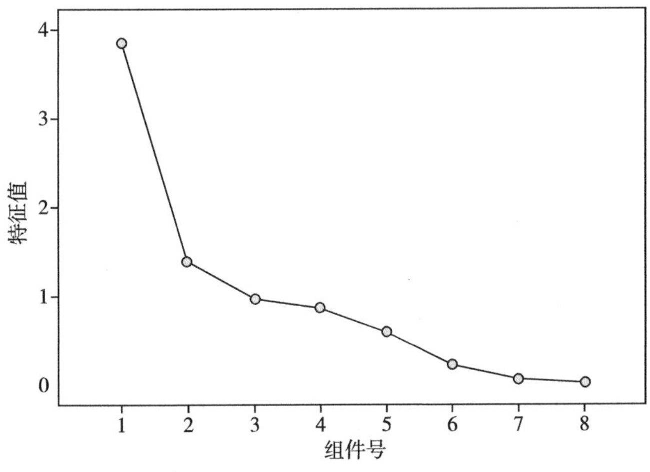

图 3　碎石图

通过线性组合中的系数以及综合得分模型中的系数计算，并经过归一化处理，我们得到了八类舒适物的客观权重。将这些客观权重与专家评价的主观权重进行平均后，最终确定了八类舒适物的综合权重。

从综合评定的结果来看，生活服务与文化资源仍然是对场景中产生“蜂鸣”最为重要的舒适物类型。文化服务与文化休闲的重要性程度相比专家的主观评价有所提高，文化创意与文化教育的重要性程度次之，而文化组织由于在实际生活圈中的存在较少，其重要性程度有所下降。同理，我们也计算出了八类舒适物在促进场景“内部蜂鸣”与“外部蜂鸣”中的权重（见表 4）。

表 4　舒适物综合权重

舒适物类型	客观权重	主观权重	综合权重	外部蜂鸣	内部蜂鸣
生活服务类	0.150	0.151	0.151	0.088	0.177
文化服务类	0.126	0.139	0.132	0.096	0.148
文化教育类	0.138	0.092	0.115	0.118	0.114
文化休闲类	0.155	0.100	0.127	0.135	0.125
文化商业类	0.143	0.077	0.110	0.152	0.093
文化资源类	0.129	0.158	0.143	0.184	0.127
文化创意类	0.102	0.130	0.116	0.132	0.110
文化组织类	0.058	0.153	0.105	0.098	0.109

（二）形成“蜂鸣生产力”的文化舒适物组态

根据场景理论，不同文化舒适物类型的组合结果表现为该场景特定的文化价值与美学风格。在场景理论的语法体系中，确定某一场景的文化特质是通过对该场景内所有舒适物进行价值偏向赋分完成的。本文以八大类、149 小类文化舒适物为样本，在专家赋分基础上计算出每一个社区生活圈的场景表现得分，计算公式如下：

场景表现得分 =∑（舒适物类型权重 × 专家赋分）

最终得到 20 个社区生活圈场景的文化特质，如表 5 所示。

表 5　20 个社区生活圈场景气质与文化特质得分

社区	合法性					戏剧性					真实性				
	传统	表达	功利	魅力	平等	睦邻	正式	爱炫	迷人	越轨	理性	本土	国家	企业	种族
大方家	3.204	3.032	2.800	3.042	3.091	3.351	3.077	3.067	2.982	2.829	3.101	3.320	3.140	2.904	3.035
番禺	3.160	3.029	2.775	3.106	2.977	3.233	3.100	3.096	3.075	2.748	2.875	3.127	3.055	3.065	2.954
新华	3.178	3.074	2.896	3.243	3.017	3.309	3.222	3.117	2.995	2.821	3.076	3.223	3.060	3.011	3.011
史家	3.421	3.028	2.909	3.249	2.968	3.211	3.021	3.084	2.838	2.759	3.009	3.294	3.211	2.798	3.053
内务	3.309	2.991	3.043	3.196	3.030	3.309	3.091	3.004	2.815	2.630	3.011	3.185	3.152	2.940	3.027
演乐	3.210	3.033	2.849	3.125	2.902	3.334	3.197	3.075	3.000	2.701	2.918	3.152	3.111	3.020	3.078
朝西	3.080	3.076	2.927	3.207	2.993	3.153	3.273	3.098	3.091	2.800	2.936	3.123	3.095	3.150	3.050
朝内头条	3.251	2.990	2.987	3.137	3.051	3.235	3.076	3.016	2.849	2.726	2.972	3.123	3.091	3.111	3.036
竹杆	3.121	3.013	2.992	3.126	3.003	3.137	3.139	3.255	3.079	2.806	2.957	2.957	3.023	3.188	3.099
清源	3.151	3.099	2.950	3.095	3.032	3.130	3.021	3.181	3.078	2.795	2.931	2.934	3.011	3.164	3.102
清江	3.144	3.081	2.994	3.088	2.993	3.125	3.067	3.133	3.107	2.780	2.935	2.980	3.004	3.210	3.081
人民	3.362	3.213	3.302	3.327	3.167	3.255	3.305	3.316	3.209	2.961	3.114	3.120	3.216	3.359	3.223
礼士	3.244	2.963	3.126	3.237	3.022	3.248	3.274	3.059	3.083	2.704	2.991	3.111	3.148	3.324	3.036
左家宅	3.151	2.844	3.378	3.138	3.116	3.013	3.124	3.044	2.956	2.656	3.094	2.978	3.106	3.339	2.994
香花	3.069	2.844	3.238	3.163	2.981	3.150	3.156	3.125	2.922	2.695	2.930	3.016	3.094	3.203	2.992
新鲜	3.087	2.985	3.179	3.163	2.996	3.088	3.144	3.169	3.045	2.807	3.028	2.892	2.998	3.328	3.055
清波	3.166	2.979	3.139	3.098	2.993	3.134	3.009	3.121	2.957	2.734	2.902	2.908	3.024	3.178	3.127
曹家巷	3.120	2.972	3.169	3.067	3.004	3.116	2.956	3.165	2.880	2.854	2.945	2.837	2.996	3.128	3.086
水围	3.199	2.976	3.130	3.087	2.958	3.143	2.990	3.183	2.941	2.784	2.909	2.806	3.022	3.113	3.064
牛桥	3.077	3.015	3.208	3.069	3.108	3.246	2.915	3.146	2.798	2.923	3.029	2.856	3.019	2.885	2.962

场景特质表现的差异源于社区生活圈在舒适物类型及其数量上的不同，两者本质上是一种对照关系。从整体表现来看，尽管各社区生活圈的地方风格各异，但仍然表现出强烈的共同特点。例如，在合法性维度中，社区生活圈在传统与魅力方面具有典型性；在戏剧性维度中，则体现为鲜明的睦邻性；在真实性维度中，各社区生活圈更趋向于本土性、国家性和企业性。

此外，对于某一特定的社区生活圈，地方文化风格往往体现为多样性的场景气质组合，即具有并不唯一的美学特征。例如，北京史家社区是一个既传统又具有魅力，既睦邻友好又带有展示性，既源于本土又彰显强烈国家意识的社区生活圈。

为了探究什么样的社区生活圈具有强大的"蜂鸣生产力"，笔者采用了定性比较分析（fsQCA）[1]方法，对社区生活圈"场景"与"蜂鸣生产力"的组态构成进行分析。根据场景理论，分别进行了合法性、戏剧性和真实性的三组组态检验，以更好地诠释多种场景特质对"蜂鸣生产力"的影响程度。

在 fsQCA 分析中，前因条件为 3 个主维度及 15 个子维度所描述的场景特质，结果变量则是舒适物所影响的场景的整体蜂鸣程度。每个条件与结果被视为一个集合矩阵，每个社区生活圈样本因为有着不同的条件与结果，在集合中有着不同的隶属程度。本文采用的校准方法是采用样本数据的 95%、50%、5% 作为校准锚点，分别对应完全隶属、交叉点及完全不隶属。

为了确定是否有一定的场景气质能够明显影响场景蜂鸣，在 fsQCA 分析中还应进行必要条件分析，必要条件一致性的阈值一般设定为 0.9。结果显示，对于 15 个前因条件的"是"或"非"的一致性检验均小于 0.9，因此单个条件对"蜂鸣生产力"的解释较弱，并未产生促进或降低"蜂鸣"的必要条件。然而，通过组态化分析后发现，叠加的场景特质能够显著促进"蜂鸣生产力"的产生，并对场景营造产生重要影响。

四、"蜂鸣生产力"的场景构建范式

（一）以传统又不失魅力的创新场景塑造合法精神

社区生活圈场景的合法性指场景所遵循的价值准则。场景理论在"合法性"维度上主要从传统、表达、功利、魅力及平等五个子维度展开表述，它展现了某一场景的舒适物是遵循了地方过去的传统，还是不断创新自我；是追求资本功利，还是展现地方魅力；抑或是呈现绝对的尊重与平等。通过对合法性维度的蜂鸣组态分析，我们发现，传统又不失魅力的场景特质，是塑造合法性的关键，也是场景创新的核心。

---

[1] fsQCA 是一种组态性的分析方法，主要用于研究多要素动态影响下的复杂因果关系。

（1）尊重历史并延续传统的高水平生活方式。通过计算 20 个社区生活圈场景表现得分，可以看出，生活圈在特定的场景维度表现上呈现出普遍性。例如，在合法性维度上，各社区生活圈普遍在传统性维度上相对突出（见图 4）。

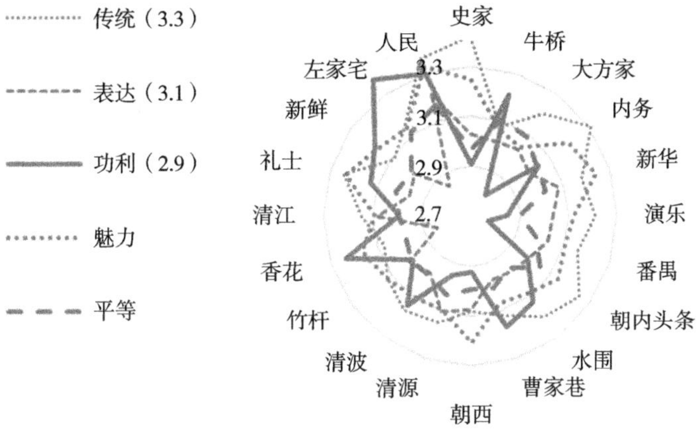

图 4　社区生活圈场景合法性维度表现

鲜明的传统主义说明社区生活圈内的舒适物延续了传统的生活方式，体现了本土居民对历史的尊重和时间的敬畏。尤其是在那些历史文化资源富集、民俗传统特色鲜明的社区，表现更为突出。同时，研究还发现，地理位置邻近的社区，在传统性的表现上得分更趋于接近，文化舒适物的分布及其作用也相对趋同。

（2）展现魅力并倡导文化参与的高品质生活方式。尽管延续着传统的生活方式，但社区生活圈在舒适物的驱动和蜂鸣的刺激下，也开始呈现出异质性的文化特征。从合法性包含的传统、表达、功利、魅力、平等五个子维度在促进“蜂鸣生产力”的组态分析中，我们发现，展现魅力、平等主义及自我表达对合法性的塑造更加突出（见图 5）。

	合法性－蜂鸣组态分析			
前因条件	组态 1	组态 2	组态 3	组态 4
传统	⊗	⊗		●
表达	●	⊗	●	⊗
功利	⊗	●	⊗	
魅力	⊗	⬤	⊗	⬤
平等			⬤	●
一致性	0.8658	0.8644	0.9628	0.8118
原始覆盖度	0.3862	0.3244	0.3852	0.2754
唯一覆盖度	0.0609	0.1008	0.3609	0.0539
总体解的一致性	0.8218			
总体解的覆盖度	0.6537			

图 5　社区生活圈合法性—蜂鸣组态分析

注：实心圆点表示肯定该条件，空心圆点表示否定该条件，圆点大小表示肯定或否定的程度。

一是凸显"自我表达"特质的场景激发生活圈产生蜂鸣。组态1结果显示，在"自我表达"特质突出的条件下，否定传统、功利与魅力的生活圈能够产生更强的蜂鸣生产力。这代表此类生活圈并不主张循规蹈矩与商业逐利，而是鼓励创意创新与高品质的生活方式。落脚在舒适物上，则体现为创意设计、流行时尚、传统工艺、艺术博览等类型的文化设施和服务，它们为场景产生蜂鸣创造了物理载体、营造了社会空间。从参与者的角度来说，"自我表达"场景的构建主要依赖社会力量的积极创造，尤其是社会组织的创意社区实践。

二是通过释放"文化魅力"和创造"有目的的参与"提升生活圈活力。组态2结果显示，"功利主义"与"魅力"特质突出，并且否定"传统"与"自我表达"的社区生活圈，其蜂鸣生产力更强。这代表此类生活圈倡导积极的对外展现与良好的形象构建。落脚在舒适物上，则体现为文化创意和娱乐休闲类型的公共设施和服务，它们能够更好地塑造全景式、沉浸式的文化消费体验及可识别、可进入的特色文化景观，从而提升场景的魅力与吸引力。此类场景的营造需要政府进行更为精细的统筹谋划，丰富并优化公共文化服务的设施配置，强化公共文化服务场馆与文化活动的体验感与参与感，以品牌思维打造标志性的文化舒适物。

三是通过加强"自我表达"和创造"人人参与"的平等观念优化生活圈生态。组态3强烈肯定"平等"与"自我表达"的场景特质，并排斥"功利"与"魅力"。代表此类社区生活圈强调人人参与与自我创造，且并不提倡商业化的发展与享乐主义的生活方式。"平等"是生活圈完善基本公共服务保障前提下，对文化权益、文化素养和文化认同的要求，落脚在舒适物上，则体现为基本医疗、养老、教育、文化、体育等公共服务设施。此外，值得注意的是，这一组态中，"自我表达"与"平等"的同时呈现，说明实现基本公共服务与提升生活品质同等重要。落脚在舒适物上，则体现为图书馆、文化馆、博物馆等精神类的文化设施和服务。此外，提高社区治理能力，进一步加强社会组织、创意机构等在场景营造中的作用，形成持续高效的文化参与，也是场景产生蜂鸣的关键因素。

四是专注于在"传统"和"平等"兼具的语境下释放场景的"文化魅力"。组态4在强调"传统"与"平等"的条件下，强烈肯定"魅力"在蜂鸣生产中的作用。此模式适用于较为传统的生活型社区生活圈，一定数量的文化资源要素与充沛的生活服务保障，为其实现积极的文化参与和文化创造提供了基础。要提高场景的蜂鸣生产力，还需要通过文化休闲、文化创意等品质提升型舒适物，诠释场景的文化价值和美学特征。此类场景营造需要包括政府、社会力量及社区主体在内的参与者重视地方文化资源的积极保护与活化传承，嵌入地方的社区组织要充分发挥创意促进者的作用，带动社区居民积极参与，挖掘社区文化魅力，实现地方文化资源价值的效益最大化，为社区发展赋予持续的文化动能。

整体而言，在标榜“合法性”的场景中，具有“魅力”的舒适物激发的蜂鸣最为显著，“平等”及“自我表达”次之，这也代表了一种具有强烈吸引力、参与性与创造力的场景营造模式。因此，提高场景的“蜂鸣生产力”不仅需要完善基本公共服务，还要在传统和现代互相融合、历史和未来共生共栖中，植入更多文化创意、休闲体验等展现场景魅力的舒适物。

（二）以睦邻又泛在学习的生活场景焕发戏剧精神

社区生活圈场景的“戏剧性”指对外展现与表达自我的方式。场景理论的“戏剧性”主要从睦邻、正式、爱炫、迷人、越轨五个维度展开表述，它体现了舒适物的文化意象既是睦邻友好的，又是正式理性的；既是爱炫迷人的，又是越界交融的。通过对戏剧性维度的蜂鸣组态分析，我们发现，塑造睦邻友好又泛在学习的迷人的生活场景，是吸引创意阶层、激发外部动力、释放场景红利的关键。

（1）优化公共服务，打造睦邻友好的社会空间。在戏剧性维度上，社区生活圈普遍体现出“睦邻性”，这与社区生活圈普遍重视文化教育、文化服务等基础保障型舒适物布局有关，也是其“满足居民日常生活所需”基本功能的体现。此外，“睦邻性”还表现为社区生活圈对人际交往需求的满足上，重视日常交往空间的营造、保留邻里市井的场景特质、植根本土文化的场景精神，是生活圈展现“生活”属性的根本。

（2）开展泛在学习，塑造更加迷人的社区磁场。尽管体现“睦邻友好”是社区生活圈的普遍特质，但根据对“戏剧性”的组态分析来看，具备“正式”与“迷人”特质舒适物的场景，更有利于提升生活圈的包容度与吸引力，从而引发“蜂鸣”（见图6）。

	戏剧性—蜂鸣组态分析		
前因条件	组态 1	组态 2	组态 3
睦邻	⊗	⊗	⊗
正式	●	⊗	●
爱炫		•	
迷人	⊗	●	•
越轨	⊗		•
一致性	0.9739	0.9209	0.8549
原始覆盖度	0.2984	0.3603	0.3235
唯一覆盖度	0.1337	0.1158	0.0858
总体解的一致性	0.8834		
总体解的覆盖度	0.5898		

图 6　社区生活圈戏剧性—蜂鸣组态分析

一是通过构建泛在学习型的“正式”场景夯实生活圈内部吸引力。组态 1 否定了睦邻、迷人与越轨，只高度肯定了“正式性”在场景中创造“蜂鸣”的作用。“正式性”的场景气质主要表现为严谨、标准与仪式感，这类生活圈虽并不一定具备多样的文化休闲娱乐活动，但依靠优质的教育资源和泛在学习资源布局，仍表现出较强的蜂鸣生产力。因此，组态1诠释了一种泛在学习型的社区生活圈场景模式。落脚在舒适物上，对生活圈提出了完善文化教育设施，优化泛在学习氛围，完善终身学习制度，提升居民基本文化素养等要求。此类社区生活圈的营造主要依靠学校、科研机构以及泛教育平台集聚形成一定的教育优势与学习氛围，因此此类场景也是吸引创意阶层的关键，政府需要加强人才激励措施，完善生活保障，营造能够吸引人、留住人、发展人的学习社区。

二是通过凸显“迷人”与“爱炫”的场景特质提高生活圈外部吸引力。组态2表明，在并不体现“正式”与“睦邻”的社区生活圈中，仍然可以通过展现“迷人”与“爱炫”提升场景的“蜂鸣生产力”。这代表此类社区生活圈对外展现出强烈吸引力，是城市日常生活空间的流量场。落脚在舒适物上，则体现为咖啡馆、酒吧、茶馆、书吧等文化休闲类舒适物的配置。这些舒适物能够体现多元化、品质化生活方式，是创意阶层集聚的物理尺度，也是迷人爱炫场景的社会尺度。营造此类社区生活圈的关键在于激发社区消费潜能与经济潜能，成都市在社区生活圈建设中便以“社区商业机会清单”实现社区商业模式创新，打造社区商业消费新场景仍旧需要政府发力。

三是通过表达“正式”又散发“迷人”与“越轨”特质的组合场景构建多元异质的生活圈。组态1所诠释的“正式”场景中强调了文化教育对产生蜂鸣的关键作用，因此，组态3在肯定了学习型社区的场景模式之外，还强调了“迷人”与“越轨”对提高场景的蜂鸣生产力的显著促进作用。组态3有着比组态2更为丰富的文化休闲类舒适物，这些舒适物甚至突破了主流审美而表现为适度超前甚至越界的特征，这说明彰显个性、突出多元化的社区在产生“蜂鸣”中的重要作用。组态3是以“正式”主导的场景模式，这说明其蜂鸣生产力仍旧依靠教育资源带动，因此与组态2的参与者实践类似，依靠政府与各教育单位主体实现学习资源的集中与优势最大化仍旧是营造此类社区生活圈的关键。

事实上，在戏剧性所呈现的蜂鸣生产力组态分析中，“正式性”与“迷人性”是场景产生“蜂鸣”的两个最为重要的文化特质。这进一步说明，生活圈对人才的长期吸引和保留，离不开以优质教育和泛在学习为代表的舒适物和以休闲娱乐和时尚创意为代表的舒适物，它们是城市高质量发展的关键，也是社区高品质生活的圭臬。

（二）以本土又经营永续的产业场景永葆真实精神

“真实性”指场景对于自身来源的追本溯源，它强调社区生活圈对于自身身份建构的过程。在文化舒适物形塑的真实性场景中，其身份是来自本土的，还是面向国际的，抑或是带有鲜明国家与民族印记的，决定着场景产生蜂鸣的程度。场景理论中“真实性”维度由理性、本土、国家、企业、种族五大维度解释，通过组态分析我们发现，形塑基于本土又经营永续的产业场景，是体现社区生活圈文化特质、实现场景持续创造“蜂鸣生产力”的关键。

（1）打造体现文化认同又与日俱新的本土化生活圈。在“真实性”维度上，社区生活圈体现为普遍的“本土性”。“本土性”凸显出身份认同在社群中的核心作用，这对生活圈提出了重视地方特色、深耕文化价值、增强文化认同的要求。体现在舒适物配置上，“本土性”往往与文物古迹、历史遗迹、体现民族和地方特色的餐厅、茶馆、会馆、博物馆等相关。“本土性”也让社区生活圈更具识别性与族群性，是表现地方差异、塑造独特形象的符号标志，因而“本土性”表现强烈的社区生活圈，往往也带有浓厚的民族色彩。

（2）打造具备造血能力与国际视野的开放型生活圈。“真实性”维度的组态分析显示，除了“本土性”能够显著促进“蜂鸣生产力”外，“企业性”与“国家性”更有利于实现社区生活圈自身持续的文化生产与文化价值传递，从而促进场景产生蜂鸣。从真实性所阐释的“蜂鸣生产力”组态中（见图 7），我们发现，促进地方蜂鸣的真实性场景的特质，主要集中在企业与国家两个维度上，前者意味着经济发展和产业繁荣对社区治理和生活圈塑造的意义，后者则意味着更具国际化的视野和更加开放包容的社区在场景营造中的价值。

	真实性—蜂鸣组态分析				
前因条件	组态 1	组态 2	组态 3	组态 4	组态 5
理性		⊗		⊗	●
本土	⊗		⊗	●	●
国家	●	●	⊗	⊗	●
企业	●	●	●	⊗	⊗
民族	⊗	⊗	●	⊗	●
一致性	0.8655	0.8092	0.8120	0.8991	0.8028
原始覆盖度	0.3084	0.2625	0.4611	0.2934	0.2275
唯一覆盖度	0.0529	0.0010	0.2475	0.0389	0.0619
总体解的一致性	0.8028				
总体解的覆盖度	0.7136				

图 7　社区生活圈真实性—蜂鸣组态分析

一是以国家文化治理为宏大叙事，将文化创意企业植入生活圈，激发场景活力。组态 1 与组态 2 的结果具有高度相似性，皆显示在否定了本土、种族、理性维度的条件下，“企业性”与“国家性”能显著促进场景产生蜂鸣。这代表此类场景并不具有鲜明地方特色，但因为鼓励地方经济、重视自我造血，同时又能够跨越本土、面向国际，因而也能激发蜂鸣，释放红利。体现在舒适物配置上，则表现为诸如创意聚落、文化产业园区、文旅商业综合体等，此类场景构建尤其依赖政府对区域与地方的整体战略性谋划。

二是以民族民俗文化为场景底色，将特色文化产业作为发展战略，释放场景红利。组态 3 结果显示，在并不体现“本土性”与“国家性”的生活圈中，“企业性”与“民族性”的联合组态，能够显著促进场景提高蜂鸣生产力。这代表着一类虽然并没有丰富的本地文化资源，也并不体现国际性的场景，却因为强烈的民族特色和丰富的民俗风情，而获得良好发展的模式。体现在舒适物配置上，则表现为诸如民俗文化市集、手工艺品市场、生态博物馆、少数民族聚落以及以民族、民俗为特色的文化商业设施等。此类场景构建需要社区发力，作为社区单元重要的组织力量与居民行动的规范者，居委会要充分发挥主动性，动员社区居民，重视地方特色文化的挖掘、居民自身组织的建立及社区经济的发展。

三是依托本土特质，塑造具有鲜明地方性格的社区生活圈。组态 4 代表了重视本地文化的传承活化与内涵挖掘、实现植根本土的创新探索的舒适物组合。这代表着一类重视本土文化保护传承与地方性格的鲜明展现的场景。在舒适物配置上体现为具有保护和传承传统文化、激发和发动文化参与的社会组织。在具体行动实践中，社会组织还要充分发挥桥梁作用，利用非正式网络联通政府与居民，形成信任合作关系，通过建立自下而上的社区治理体系形塑独具本土特色的美好生活愿景。

四是依托民族特质，塑造具有较高文化素养的社区生活圈。组态 5 否定了“企业性”，表示在“本土性”“国家性”的辅助作用下，“理性”与“民族性”是带动场景产生“蜂鸣”的关键。这代表着一类独特的场景类型，它们以高质量的文化设施、高水平的文化服务为核心，肯定了以“理性”为特质的场景维度，将充沛的教育资源、良好的科研条件与较高的文化素养，作为产生场景红利、提高“蜂鸣生产力”的核心，此类场景营造需要政府完善文化设施与文化服务供给，更需要社会力量积极带动社区内高素质的文化居民，实现更具活力与更高品质的文化参与与文化创造。

相对来说，在“真实性”所诠释的场景的蜂鸣生产力中，“企业性”与“国家性”是最为关键的两个要素，这既源于当前我国生活圈文化商业主导的发展模式，也表明了产业繁荣标榜的充分就业及国际视野所塑造的开放社区在场景营造中的重要性。

总之，我们对“蜂鸣”的获得及对场景“蜂鸣生产力”的测度，旨在为场景范式的构建和场景红利的释放提供理论依据，为生活圈的文化舒适物配置和公共文化服务的精准供给提供建议路径。但我们必须认识到，“蜂鸣”作为一种独特的文化资源，更是一种特殊的隐性知识。固定的范式和成功模式，并不一定完全适配于变化万千的场景、各具特色的社区，但具备合法精神、焕发戏剧精神和永葆真实精神的场景特质，无论从哪个维度上看，都是一个城市可持续发展的动力来源。因为一个城市的“蜂鸣度”反映了这个城市创造财富的潜力[1]，一处场景的“蜂鸣生产力”代表着这个场景可持续发展的能力。而这种潜力和可持续发展能力的缔造者，则是居住在城市中的充满异质性、富有创新性和具有创新性的群体。不管是社区居民还是创意阶层，他们融入社区和汇入生活圈的分布密度、连通频次和睦邻互动，都提供了充分释放场景红利的可能。所以，场景的本质和蜂鸣生产力的核心，都是憧憬美好生活、期待获得高品质服务、希望享受高质量设施的人民群众。

---

[1] ARRIBAS-BEL D，KOURTIT K，NIJKAMP P.Socio-Cultural Diversity and Urban Buzz［J］.Tinbergen Institute Discussion Paper，2013（8）：13-110.

“蜂鸣”的魅力，创造力和吸引力 *

摘　要：本文探讨了通过投票或公民参与以外的方式实现政治合法性，指出世界各地正涌现出替代性模式建立合法性，如中国的经济增长和波哥大使用哑剧式交通协警取代腐败交警。这些政策在其特定背景下增强了政治合法性，特别是在公民参与度薄弱的地区，探索非传统的托克维尔式参与方案可能产生更大影响。介绍了具体的非托克维尔式政策实例，旨在鼓励对各种选择方案进行开放性思考，展示在不同背景下增强政治合法性的创新方法，并为评估这些替代方案提供宝贵经验。

关键词：合法性；参与；比较政治；政府；公共政策

一、社会文化背景：新政治文化的兴起

几个世纪以来，领导人及其智囊团一直使用非参与性活动来寻求建立合法性，罗马马戏团与政治合作被尼可罗·马基亚维利（Niccolò Machiavelli）上升至理论高度，法定假日的阅兵仪式在世界各地堪称经典。然而，通过最近几十年电视、旅游和新媒体的比较，助长了对政治分歧的认识和讨论，国际法庭正在惩戒违反全球司法标准的国家领导人。

什么是正义？全球化促进了对区域差异的认识和扩大，女性选民联盟认为投票是一种道德义务，但许多中国人并不这样认为。所有这一切都可以增进我们对不同民主或非民主治理方式的理解，至少关于新形式的政治合法性的文献与在全球扩展的比较研究相关。

自 1982 年以来，财政紧缩和城市创新（FAUI）项目已对大约 35 个国家的 10 000

---

* 本文是 2007 年 9 月 6 日至 8 日在意大利比萨举行的欧洲政治研究会议和 2008 年在芝加哥举行的国际社会调查方案专题报告的一部分。作者特里·克拉克，芝加哥大学社会学系的终身教授；菲利普·席尔瓦（Filipe Silva），里斯本大学社会科学研究所的研究员，并曾是剑桥大学塞尔温学院的访问学者。译者齐骥，中国传媒大学文化产业管理学院教授，南方科技大学全球城市文明典范研究院访问教授，场景（中国）学术联合体发起人。

多个地方政府进行了调查，它记录了世界范围内的重大政治变革，包括基于阶级政治和依恃主义（Clientelism）的价值转向，这些经典的政治规则受到了新政治文化的挑战。这一新政治风格的出现结合了此前许多社会变革的累积，有些则是相互矛盾的。例如，最近几十年出现了社会自由主义［如罗纳德·英格哈特（Ronald Inlehart）的指数所捕捉到的］和财政保守主义（至少是对税收的抵制）的发展，这两个明显矛盾的政策是如何结合在一起的是“新政治文化分析”一直探讨的关键问题，是什么促成了经典政治规则向新政治文化的转变？

特里·克拉克和罗纳德·英格哈特确定了 22 个具体的命题，它们隶属于三个总体思路：层级、赋权和结构条件。同时他们提出了将新文化政治与传统阶级政治区分开来的七个基本要素：一是传统的左—右派划分已经改变；二是明确区分社会和财政 / 经济问题；三是对社会问题的关注度相对于财政 / 经济问题有所提高；四是市场个人主义和社会个人主义的发展；五是福利国家的质疑（因为联邦制和地方主义的出现，国家政府似乎失去了很多合法性）；六是议题政治的兴起和更为广泛的公民参与；七是等级政治组织的衰落。这些新政治文化的观点在更年轻、受教育程度更高、更富裕的个体和社会中更为普遍。❶

新政治文化的两大决定性因素与这里讨论的新形式的合法性紧密相关：一是相对于财政 / 经济问题，社会问题更为突出；二是议题政治的兴起和更为广泛的公民参与。在全球视角下，如果人们结合顺应全球变化的具体区域分析去看待政治文化的变化，就能够产生令人信服的个案，即放弃或者严格遵从传统的托克维尔 / 帕特南模式，后者认为这一模式的力量在于通过正式的社团协会建立政治参与的合法性，而前者则倾向于创造新领导形式的合法性，不仅比新英格兰—托克维尔 / 帕特南的政治模式更普遍，也更符合过去几十年来政治文化呈现出的新形式。

综上所述，一方面，随着全球化、互联网和市场资本主义的发展，个人主义、消费主义、娱乐性和便利性在全世界范围内越来越普及；另一方面，依恃主义、等级制度和阶级政治的影响力逐渐减弱，与此同时政治领导和合法性的新兴模式呼之欲出，以克服传统模式中的盎格鲁 – 撒克逊偏见。

二、升级“韦伯”：以“场景理论”实现合法性的理论化

长期以来，音乐、艺术和戏剧评论家们一直在引用“场景”这个词，但社会科学家们几乎没有提及这个概念（从艾伦·布拉姆开始）。菲利普·席瓦尔、特里·克拉克和

❶ CLARK T，INGLEHART R.The New Political Culture［M］. Boulder：Westview Press，1998.

劳伦斯·罗斯菲尔德（Lawrence Rothfield）提出了作为城市/社区生活元素的“场景理论”。自此之后，场景已经演进成为一种更为顺畅和连贯地研究语境的国际方法。分析师逐渐认识到，在促进经济发展和人口迁移中，工作和距离的解释力愈加苍白，而便利设施和生活方式则成为背后重要的因素，场景因而凸显出重要的价值。场景理论不限于社区邻里、物理结构，也包括按种族、类别、性别、教育程度等群分的居民；此外，场景的范畴还强调这些因素与参加活动（如参加音乐会）的结合。而这四个部分又依次由居民在场景中追求的价值来定义。其中，相关价值维度包括：合法性，它定义了一种正确或错误的生活方式；戏剧性，则是一种观看他人和被他人观看的生活方式；真实性，即一种有意义的身份认同感。这三个维度进而增加了子维度，如平等主义、传统主义、表现主义、地方主义、种族主义、越轨及集体主义等。

研究人员早就认识到，把生活必需品组织成有意义的社会形态（社区），把劳动分工组织成更大的形态（公司、工业区、阶级），可以产生超越这些形态各部分总和的重大成果（罗伯特·帕特南、卡尔·马克思等人）。笔者建议，场景应被视为一种将消费组织为有意义的社会活动的方式，这些社会形态可以而且必须作为相互关联的模式来研究。这三个广泛的体验维度明确了我们作为消费者如何深入这个世界，体验这个世界（而不是居住在其中或生产制造新产品）。作为消费者追求外表的乐趣（戏剧性）、拥有身份的乐趣（真实性）及适应特定道德信念和意愿的乐趣（合法性），而这些道德信念和意愿是判断生活价值正误的权威所在。确定的场景赋予了消费者生活的戏剧性、真实性和合法性以特定意义。

本文的核心是第三个合法性维度。进入一个共享的消费者活动空间，便是进入到一个敞开的世界，在这里我们打量一切而自己也被观看，就如同我们消费者场景，而自己也仿佛一件艺术品供他人欣赏。场景对什么是成功的戏剧性行为给出了明确界定，也为消费自我赋予了特定意义。但是，消费活动不会因为具有戏剧性而丧失活力。消费活动是有意识的行为，人们通过消费决定消费什么、享受什么、欣赏什么，消费意图取决于建立在权威判断之上的消费理由。因此，合法性为消费者定义了目标（正确的信念）、行动（接受/拒绝当务之急和禁令）及一系列要处理的事物（意愿和行动的意图）。特定的场景则为消费行动提供了各种具有合法性的能指：合法性可能植根于祖传遗产、世代相传的智慧、个人超凡魅力、平等尊重所有人的观念，以及对个人物质利益富有成效地追求中，甚至每个人独特的创造力表达中。这五种不同类型的合法性表现是在不同场景和语境中基于游戏规则假设的。具体的环境之所以成为场景，部分原因在于消费自我在纷繁复杂的消费方式中所具有的决定性意义。鉴于必须明确消费目标、行动和标准的合法性，我们着眼于五个参数或子维度：传统主义合法性、平等主义合法性、魅力型合法性、功利主义个人主义合法性和自我表现的个人主义合法性。根据特定环境形式识别特定场景形态，以不同方式促进对不同类型消费合法性的理解。

这五种合法性显然不是详尽无遗的，但它们确实抓住了各种便利设施有助于培养最常规的合法性行为的主线。这份清单改编自马克斯·韦伯、罗伯特·贝拉（Robert Bellah）和丹尼尔·埃拉扎（Daniel Elazar）的著作。众所周知，马克斯·韦伯所确定的合法性的三种类型：传统主义、法律理性和超凡魅力，描述了人们以合适和正确而非专制的方式行使权力的不同方式。就我们的目标而言，这些合法性类型描述了场景中的人体验文化参与的标准，衡量人对时间和精力的合理使用，而不是浪费、激进、罪恶或无聊。

笔者在两个方面补充了马克斯·韦伯的分类。**首先**，将他的法律理性这一类目替换为两个类别：功利主义和个人表现主义。我们效仿罗伯特·贝拉，因为现代美国社会的个人主义比马克斯·韦伯的象征主义更复杂。许多人根据效率和理性的标准作出判断，但也有许多人寻求创造性表达的机会。[1] **其次**，紧随丹尼尔·埃拉扎之后，我们纳入了平等主义，以捕捉贯穿于美国和全球政治某些领域的新英格兰道德主义力量。[2] 从道德角度审视文化，有助于创建“山巅之城”的宏大目标，即无论出身或传统如何，所有人均受到平等对待，在这一目标下，追求私人利益被视为腐败，而创造性表达则被看作奢侈的危险行为。当然，这一类型在理论中可能存在重要空白，但它确实描述了对许多21世纪公民来说至关重要的文化生活主要术语：作为他们遗产、创造力、魅力英雄、正义感或勤奋的表现。只有立足全球观察和洞悉，通过地方和国家的比较分析这些差距的变化，波哥大、首尔的案例必须与巴黎、洛杉矶的案例结合，才能发现这些差距的独特变化。

进而考虑适用于非传统政策的成功案例。来自美国财政紧缩和城市创新的相关项目，通过20多年的时间验证了许多创新性政策并将其推广到其他地区。例如，那不勒斯有数以百计的神殿和小公园，它们已经关闭了几十年。新一届政府与地方团体合作，动员市民和学生重新开放小神殿和小公园，这是一项从社区邻里设施开始，旨在扩大市民参与的努力尝试。针对犯罪无处不在的现实状况，芝加哥的替代警务策略（Alternative Policing Strategy，CAPS）建立了警方和当地社区邻里的定期会议制度，以审查策略并就改善安全状况进行合作，此后犯罪率大幅下降。芝加哥还通过创建增税融资区（TIF）赞助社区发展项目。他们从附近地区的房地产价值增长中获得了资金，并将资金用于改善这一区域，从而将市政府未按正常方式审查的资金引导到该地区。

这些例子似乎表明，民主不需要投票和公民参与，也就是说，政治合法性可以通过

---

[1] BELLAH R，et al.Habits of the Heart［M］. Berkeley：University of California Press，1996.

[2] ELAZAR D.The American Cultural Matrix［M］. New York：Thomas Y.Crowell，1975：13–42.

阿历克西·德·托克维尔建议的其他渠道获得。

三、新英格兰—托克维尔／帕特南政治模式面临的具体挑战——以洛杉矶为例

自20世纪80年代以来，财政紧缩和城市创新项目（FAUI）已经充分展示了一种新政治文化，随着阶级政治和依恃主义的衰落，特别是在城市最富裕的阶层中，这种新政治文化正在兴起。在此背景下，“场景理论”的提出，囊括了包括合法性在内的许多维度。在本文其他部分，我们将介绍新政治文化在拉丁美洲、南欧和芝加哥等地出现的合法性、领导力和公民身份，以及它们是如何体现新文化运动的，特别是场景理论如何作为一种非常有用的分析工具帮助我们理解社会和情境的变化。

托克维尔/帕特南分析模型的替代方法是借助更敏感的文化分析。这可能有助于我们重新编制一些传统的（受新英格兰启发的）制度，从而使它们能够更容易被反感那些错综复杂冗繁事物的人们所接受。或者完全可以精心设计或运用不同的制度，来捕捉那些文化背景更接近斗牛士而非公民教师的人们的能量和激情。我们可以借鉴的一个方法是，除了投票或公民参与之外，还可以利用具体的、成功的新模式来确保民主政治合法性。

考虑到这些类别，让我们简要地举一个具体的例子：洛杉矶。全国性的研究表明，洛杉矶市民与政府的疏离程度最高，最不信任其他市民和政治领导人［如罗伯特·帕特南、理查德·德莱昂（Richard DeLeon）和马克·巴尔达萨雷（Mark Baldassare）的研究所示］。如今，洛杉矶的治理危机大部分都与合法性有关。地方治理应遵循哪些规则？好莱坞和圣费尔南多谷（San Fernando Valley）脱钩的努力，限制移民权利的全民公决，加州大学系统中的平权行动的终止，中期选举中的一位州长的罢免和另一位州长的选举，以及阿诺德·施瓦辛格（Arnold Schwarzenegger）作为“终结者”当选州长，这些都证明了合法性和竞争性游戏规则遭遇广泛而深刻的挑战。

受到阿历克西·德·托克维尔的启发，洛杉矶所采用的解决方案是创建近100个社区理事会，居民可能更积极参与其中。那么这一政策相对其他政策的效果如何呢？

这些问题并非洛杉矶或加利福尼亚独有。财政紧缩和城市创新（FAUI）项目的一个经典主题是依恃主义/赞助与民主改革之间的冲突。这是21世纪初世界各国政府面临最深刻的问题之一。洛杉矶的大多数族裔群体（占洛杉矶居民的45%），来自拉丁美洲、亚洲及早期美国南部和南部边境州（非裔美国人和白人），这些公民具有与阿历克克西·德·托克维尔所描述的新英格兰规则概念大不相同的政治体制和文化传统背景，对合法性和道德的定义和理解也大不相同。在日常生活中的个人冲突和小问题上，明显体

现出对“什么是政府 / 公民关系中应当遵从的适当的游戏规则”这一问题的认识分歧。

典型的依恃主义模式是领导以家长式的方式照顾追随者，提供工作、优惠和合同。追随者则通过投票、政治工作或现金等方式支持他的领导。这种政治和公民生活方式在当今世界大部分地区仍占主导地位，在美国南方等地区及芝加哥和波士顿等城市长期盛行。但是，在加利福尼亚州创建时，进步人士在全国占主导地位，民主改革的氛围浓厚，州宪法甚至要求地方政府实行无党派选举。加州拥有美国最强大的高效城市管理者传统，他们以无党派、低调的方式进行治理，民间团体和民选官员则在幕后。这种风格是彼此并长期主导着加利福尼亚州的政治，尤其是地方政治，这一点在 20 世纪的多项研究中均有体现，如海因茨·尤劳（Heinz Eulau）和肯尼斯·普雷维（Kenneth Prewitt）的《民主迷宫》，以及加州大学伯克利分校地方政府研究所的尤金·李（Eugene Lee）等人的一系列著作。[1]

但在 20 世纪 60 年代末，这种政治文化被公开质疑为“没有同情心、没有反应、没有进步”，更糟的是，包括妇女团体、西班牙裔、非洲裔美国人等在内的激进主义者都公开质疑这种政治文化。戴尔·马歇尔（Dale Marshall）、鲁弗斯·布朗宁（Rufus Browning）和戴维·塔布（David Tabb）以具体的案例探讨了这一转向，并不断进行更新。起初，他们关注的是旧金山湾区的 10 个城市，但随着他们研究的更新，他们增加了洛杉矶。罗伯特·帕特南领导的一项全国调查，调查了 2000 年前后美国 60 个都会区（包括旧金山和洛杉矶）的公民参与情况。理查德·德莱昂又分析了罗伯特·帕特南收集的数据，结果表明洛杉矶市民在很多方面表现的最疏离、最为个人主义、缺乏参与度、恐惧和不信任。迈克·戴维斯（Michael Davis）、迈克尔·摩尔（Michael Moore）和迈克尔·迪尔（Michael Dear）等人关于洛杉矶的书的精华部分都充斥着这种焦虑。

这些研究大多是基于对当代加州与其过去或美国其他地区的比较，并将这种比较的差异视为种族差异，尤其是与拉美裔人口数量和政治知名度的上升有关。但是，财政紧缩和城市创新（FAUI）项目的独特贡献在于，它佐证了一个事实，即如果从全球的角度出发，在 20 世纪的大部分时间里，加州是一个特例。自 2000 年以来，加州正被迫直面许多与台北、墨西哥城、开罗和波哥大等地市民和领导人共同面对的深层次问题。依恃主义与民主参与在全球范围内仍继续存在。因此，居住在洛杉矶的西班牙裔美国人左右摇摆：

（1）不管喜欢还是不喜欢，他们所了解的政治传统，在墨西哥基本上是一种强政党领导的依恃主义。

---

[1] EULAU H，PREWITT K.Labyrinths of Democracy：Adaptations，Linkages，Representation，and Policies in Urban Politics［M］. Indianapolis：Bobbs-Merrill Company，1973.

（2）在墨西哥的政治改革中，像文森特·福克斯（Vincente Fox）这样的领导人专注于道德、腐败和政治象征性问题，极大地挑战了传统的墨西哥政党的依恃主义。

（3）白人新教徒式的政治活动和阿历克西·德·托克维尔人的公民活动混合存在，异化、不信任，玩世不恭和参与度低等现象，在整个拉丁美洲十分普遍。许多观察认为，这些现象已经濒临危机。在亚历翰德罗·莫雷诺（Alejandro Moreno）❶等人的著作中，对拉美公民参与社会组织进行了详细的调查，并将这些模式与欧洲和北美的模式进行了对比。因此，帕特南 / 德莱昂提交给洛杉矶的报告中所描述的模式，在拉丁美洲（以及世界上许多其他国家）更加激烈和充满冲突。

这很难解释，因为在洛杉矶（及美国其他地区）的拉美裔美国人中，有许多相互竞争的亚文化族群和政治候选人。传统的特权型领导者正在遭遇挑战，但是新的代替性领导模式尚不清楚或未被广泛接受。这是一个根本性转变时期，因此，在谁的规则合法，谁的规则腐败等问题上，冲突在所难免，游戏基本规则的交锋亦在意料之中。又因为许多政策内容都与新英格兰托克维尔风格的政治相去甚远，后者直到 20 世纪后期才开始挑战芝加哥的传统。

与新英格兰相比，世界上大多数地区与美国南部和拉丁美洲更相似。从全球范围来看，洛杉矶的“魅力”更适合以达喀尔等地的本土主题方式来重新塑造，而不是采用马萨诸塞州塞勒姆市（Salem）在公民生活应用中的许多措施。

四、其他具体的例子：拉丁美洲、南欧、芝加哥

托克维尔 / 帕特南式的传统模式偏重参加正式组织或社团，如基瓦尼斯（Kiwanis）俱乐部、妇女选民联盟或新社区委员会。这种模式强调通过正式的社团协会建立政治参与的合法性。然而，在波哥大、那不勒斯和芝加哥等地，新的领导风格和公民身份正在兴起，这些新模式常常与传统模式相冲突。这些城市结合具体的举措，探索出备受欢迎的领导形式，并作为行之有效的替代性治理模式（而不是传统的社会组织）。埃莉奥诺拉·帕萨蒂（Eleonora Pasotti）在其著作《城市政治品牌》中详细介绍了这三个城市的政策。❷许多模式在南欧、东欧、拉丁美洲及包括芝加哥在内的世界其他地区广泛共享。

20 世纪芝加哥的居民以罗马天主教徒为主，社区教区和民主党行政区的领导人，尤其是来自爱尔兰、波兰、意大利等背景的教会和党派领导者，共同建立了与托克维尔的

---

❶ MORENO A. Citizen Vies of Democracy in Latin America［M］. Pittsburgh：University of Pittsburgh Press，2001.

❷ PASOTTI E.Political Branding in Cities：The Decline of Machine Politics in Bogotá，Naples，and Chicago［M］. Cambridge：Cambridge University Press，2009.

新英格兰截然不同的政治文化。托克维尔的传统模式构建基于许多人对教会和政党之外的不信任、疏远和愤世嫉俗，这使得托克维尔模式更加难以构建。

然而，在2010年左右的欧元区财政危机中，如何超越导致欧洲南方居民和北方居民的传统不信任感和异化感？与此同时，中国领导层也在探索让更多公民参与的方式，例如，利用“社会组织”和其他非政府自愿组织。梅根·卡尔曼（Meghan Kallman）、特里·克拉克和夏建中撰写的《第三部门》一书探讨了这些议题，并出版了中文版本。[1]这些经验和教训应当纳入政策辩论及其他一般性理论中。

作为我们世界性标准调查记录在册的最低信任度的地区之一，拉丁美洲是我们寻求某种成功的首选。如何围绕不信任进行谈判，并提供一种与新英格兰加尔文主义截然不同的政治文化为基础的政策解决方案？大多数作者提供了或绝望、或革命、或散漫的托克维尔式变体，甚至更多。这些不同的声音整合起来，可以被称为带有西班牙口音的“蜂鸣”。

以哥伦比亚首都波哥大为例，在20世纪八九十年代，波哥大曾以世界“谋杀之都”而闻名，是全球最暴力的城市之一。1993年，这里每十万居民中有近80人被谋杀。波哥大也反映了哥伦比亚持续内战、毒品犯罪和猖獗的政治腐败的危机局势。但在1995年，经过一次不寻常的政治竞选，前大学数学和哲学教授安塔纳斯·莫库斯（Antanas Mockus）当选为市长。这位极富魅力的市长引入了一种全新的政治领导风格，这种风格与托克维尔 / 帕特南模式中的假设相矛盾。然而，“公民文化计划”却取得了巨大的成功，它创造性地增强了市民解决许多影响城市生活常见问题的能力。

事实上，安塔纳斯·莫库斯完全颠覆了罗伯特·帕特南的托克维尔式逻辑。安塔纳斯·莫库斯的“公民文化计划”的创新之处在于，他并没有把“善政”视为公民的产物，而是证明了公民实际上可以是“善政”的产物。在安塔纳斯·莫库斯的领导下，波哥大政府广泛运用各种教学手段、沟通策略和象征性语言，有效促进了市民参与到城市日常环境的转变中。简而言之，市政府成为集体行动与合作的催化剂。安塔纳斯·莫库斯说，这座城市是他的教室。那么，他的“公民文化计划”是如何提高波哥大居民的归属感和责任感的？在他担任市长的两届任期（每届三年）内，制定了哪些政策（见表1）？当他竞选哥伦比亚总统时，他以这些为特色，并在民意调查中获得了40%的支持率。观众可以观看带有英文字幕的精彩YouTube视频集，了解其中一些富有创意的创新性政策。

---

[1] KALLMAN M，CLARK T，JIANZHONG X.The Third Sector：Community Organizations，NGOs，and Nonprofits［M］. Urbana：University of Illinois Press，2016.

表 1 莫卡斯政府的创新性政策

序号	政策	具体内容	成效
1	指挥交通的哑剧演员	最初，波哥大引入近 500 个哑剧演员，来引导市民的交通规则。这些哑剧演员穿着奇装异服，涂着白色的脸，用夸张的动作创造了一个如同马戏团般的氛围——人们都笑了	通过“打破”坏习惯，这些指挥交通的哑剧演员在几个月内就完成了几十年的传统执法未能达到的执法效果。通过让市民面对意想不到的艺术事件，重新熟悉交通规则。哑剧表演背后的基本原理是：模仿小丑和僧侣的装扮，用哑剧阻止如按喇叭、鸣笛等不良交通习惯坏习惯的产生
2	使用类似的裁判卡	波哥大的驾驶员们发放了近 35 万张类似“竖起大拇指”或“倒立大拇指”的卡片，驾驶员之间互相举牌以表达他们对驾驶行为的赞同或反对。驾驶员们非常成功地使用了这种卡片，以至于它们很快成为波哥大日常生活中社交活动的一部分	10 年内交通事故减少了 50%
3	“女性出行之夜”	政府颁布这项政策旨在通过鼓励男性自愿宵禁，以表明暴力犯罪背后的性别偏见。这项政策从根本上鼓励女性夜间出门，并劝阻男性在特定夜晚出行[1]	警方的统计数据表明，在“女性夜出之夜”期间，没有发生凶杀案
4	预防暴力	这一象征性的暴力疫苗接种涉及约 45 000 名儿童和成人。在全市范围内开展的针对猖獗暴力“流行病”的表演疗法已经在哥伦比亚相当流行	这一举措和其他相关举措（例如，敌对帮派之间的和解、各类冲突的化解）的综合效果是，凶杀率从 1993 年的 81 起 / 百万人口急剧下降到 2000 年的 35 起 / 百万人口，这一比率已经低于美国许多城市
5	开展节约用水运动	1997 年，由于隧道故障，波哥大面临严重的水资源短缺，因此需要投资建设新的水库。安塔纳斯·莫卡斯（Antanas Mockus）政府的创新解决方案是，在电视上播放非常实用的节能提示，包括在洗澡时如何节水。这向市民们表明，节约用水从洗澡开始，是可行的。此外，安塔纳斯·莫卡斯政府还通过每周通告，向市民们通报耗水量	市民用水量下降显著，以至于投资需求被推迟了 15 年，而节省下来的资金则用于帮助弱势群体

[1] PÉREZ F.Unsettling Civil Society and Democratization：Cultural Practices and Politics in Bogotá［D］. Chicago：University of Chicago，2006.

续表

序号	政策	具体内容	成效
6	参与式预算	安塔纳斯·莫卡斯市长引入了参与式预算的咨询形式。然而，与南美洲和欧洲城市的大多数类似经历相比，他的做法更具有象征意义（也更有趣）。每位参加当地市长会议的市民都将拿到一些硬币和一张卡片。在卡片上，他们写下他们认为当地最急需的东西，然后他们把硬币投进一个装有六个透明管道的投票箱中，每个透明管道代表将实施发展计划的一个政策领域	投票的结果可以立即量化并公开，这种做法本身堪称透明执政的一个典范
7	通过快速公交解决城市交通拥堵	快速公交（Transmilenio SA）是由安塔纳斯·莫卡斯的继任者恩里克·佩尼亚洛萨（Enrique Peñalosa）所创建的政府机构，旨在通过与波哥大 62 家私营巴士运营公司建立伙伴关系以协调该市的交通。与那些公交车司机的身份仍然是城市雇员的城市相比，这种设置能让市政府减轻来自工会的压力。快速公交的运行模式是依托于一个大容量的公交动脉网络，它非常像一个地铁系统：该系统内的巴士行驶在专用车道上，乘客在站台上买票，在几秒钟内可以实现 160 名乘客的上下车。此外，波哥大不鼓励市民开自驾车，而是通过大规模修建自行车道（42% 的波哥大居民使用这些系统），满足市民交通需求	在短短三年时间里，佩尼亚洛萨政府彻底改变了波哥大的交通状况：交通通达的平均速度从 5 千米 / 小时提高到 18 千米 / 小时；高峰时段的汽车数量减少了 1/3；来自利马（Lima），雅加达（Jakarta）和德黑兰（Teheran）等不同城市的代表团纷纷前往波哥大学习这一新经验，公民的自豪感也显著提升（在其网站上，快速公交的副标题是“首都自豪感”）

总之，如上述示例所示，波哥大在城市安全、财政、交通和公共空间等方面的改善表明，这些措施促生了更为成功的集体行动，并促进了市民之间的合作。与托克维尔 / 帕特南的传统模式相反，1997—2001 年，波哥大自愿性组织（团体）的会员人数实际上减少了 40%。此外，1980—1997 年，社区行动委员会和地方行动委员会的参与率有所下降，且没有其他形式的协会 / 组织取而代之。尽管参与式民主的发起者力挽狂澜，但最初的热情也使诸如公民监督组织（Veedurías Ciudadanas）之类的其他体制创新逐渐式微。这已经暗示了波哥大转型的鲜明特征之一：与罗伯特·帕特南等以社会为中心的观点相反，波哥大市政府在创造合作和集体行动的条件方面发挥了关键作用。因此，波哥大的创新标志着向以公民赋权和议题政治为基础的新政治文化的范式转变。市长和哑剧演员将讽刺、幽默、艺术和戏剧性引入波哥大街头，以挽救生命、削减成本和节约用水，并改变公民对其城市及其领导的刻板印象。

从波哥大、那不勒斯和洛杉矶这三个城市中，我们吸取的教训是，新问题、新市民皆需要新的解决方案。换句话说，旧的政治合法性的形式被削弱和破坏：当下，公民，特别是在公民参与民主传统薄弱的地区，比过去更加疏远，个人主义和利己主义情绪比过去更甚。因此，这些地区的市长经常考虑采用不同于托克维尔 / 帕特南的传统模式所规定的参与方式来吸引公民参与。例如，波哥大市的市长安塔纳斯·莫卡斯诉诸叠加超凡魅力型合法性和富于自我表现的个人主义型合法性，以实现其城市治理的目标并取得了巨大成功。尽管传统主义、平等主义和利己主义、个人主义的合法性形式仍然可以保持其吸引力或保留一定势力，但安塔纳斯·莫卡斯的成功表明，市民们对更具个人主义、非凡魅力的创造性形式的合法性的支持。这些形态和方法并非在任何地区都奏效，且波哥大也并非北欧的大学城。

托克维尔 / 帕特南模式之外的创新比比皆是。我们需要拓宽视野，吸纳更为多样性的方法，以此丰富我们对民主选择和民主模式的理解。例如，在巴西，越来越多的国会议员因为宗教原因而当选，族裔投票则一如既往地强势。新的电子媒介（博客、脱口秀、聊天社群、社交媒体）正在改变政治格局（由于电子媒介缺乏面对面的人际互动，罗伯特·帕特南曾经公开嘲笑它建立信任的可能性）。从这个角度来看，新英格兰激励公民参与的模式相对全球普遍范式显得更加不同寻常。然而，通过投票以外的其他方式的确可以增强政治合法性。来看一下印度强大的经济表现：自 2000 年以来，已经有超过 1.5 亿贫困人口脱贫[1]，这一富有说服力的数据堪称公民价值和公民行动之间有效结合的典范。而从政治合法性的视角看，印度经验也表明通过正式的协会 / 社团参与选举或促进市民参与完全是多余的。实现政治合法性的方法有很多，而托克维尔 / 帕特南模式并非唯一。当不同的政治文化之间发生冲突时，如我们提到的洛杉矶案例，在不熟悉具体政治传统和语境的情况下，试图将一种传统的规范模式强行植入公民中是徒劳无效的，随之而来的是疏远和异化。

五、结论

在关于通过公民参与建立合法性的讨论中，托克维尔 / 帕特南的方法一直主导着许多公民领袖和社会科学家们的思考。这并非错误，而是在某些地区不完整，特别是在世界上一些与西北欧新教徒式个人主义民主接触较弱的地区。我们需要探索更多的方法。

本文提出了一套概念和一些核心主张：除了托克维尔 / 帕特南传统模式所强调的投票和公民参与之外，还可以成功地通过其他机制吸引公民参与政治体制。非凡魅力和富

---

[1] RAO K.Poverty Level in India Drops to 22%：PlanComm［EB/OL］.（2013-07-24）［2024-10-12］. http：//www.hindustantimes.com/business-news/poverty-level-in-india-drops-to-22-plancomm/article1-1097415.aspx.

有个人主义的自我表现作为两种重要的社会资源，也是合法性的两个维度。对此，全世界的政治领导人已经相当成功地加以利用以达到其政治目标，包括使其自身合法并建立强有力的公民信任。例如，艺术和娱乐成为地方政策制定的新主要领域，在节日和大型文化活动中加入数十种个人便利设施（如食物、饮料、音乐），可以强有力地吸引市民参与其中，为仅仅依靠当地的睦邻协会提供了另一种选择。然而，正如大多数文献所建议的那样（这部分文献受到托克维尔 / 帕特南模式的影响），地方政府更重视后者（睦邻协会）而非前者（艺术和娱乐），如此一来，便错过了可能是 20 世纪后期根本性社会变革——从基于阶级的政治风格转为以问题为导向、更加个人主义和消费主义的公民关系和政治合法性模式。

例如，一个新搬到镇上的孩子，他没有加入当地的基瓦尼斯（Kiwanis）俱乐部或童子军，也很少参与选举投票。但他会参加大型音乐会，作为参与者和观众欣赏体育赛事，在闲暇时光去他认为有吸引力的地方闲逛，并有一群与众不同的朋友。敏感的社会团体和政治组织者正是一群以新社会运动和新行动主义形式在街头工作的人们，他们不会把时间浪费在抱怨过去，而是着力于通过营造新场景吸引市民参与。在未来几年，随着诸如媒介、场景等更为灵活的布局变得随处可见，并被更加详尽地记录下来，社会科学也可能认识到，种族、阶级、性别等因素并非充分促使市民参与和选举的驱动力，并认识到，参加投票和选举并不是建立合法性和信任及可行的政治制度的唯一机制。

蜂鸣理论——以多伦多和芝加哥为例 *

摘　要：艺术与文化的兴起正在逐渐转变公民参与政治的方式，尽管这一观点对于许多社会科学家来说仍是新鲜事物，但对于政策制定者而言，这种现象早已司空见惯。为了克服这一认知分歧，我们试图通过将文化艺术与政治分析的经典概念相结合，提供一个能够综合考虑文化政策的政治性和典型政治及经济问题的分析框架。这个框架整合了多个研究方向，这些研究方向结合了推动文化融入政治和经济进程的全球因素。以多伦多和芝加哥为例，这两个城市均在促进艺术发展方面取得了显著成果，但它们采取了不同的策略：多伦多通过聘请艺术家作为市民参与城市建设，而芝加哥则采用了其他方式来推动艺术发展。

关键词：艺术；文化；政策；城市；政治；经济增长；参与

如何将艺术和公民参与结合起来？本文建议通过重新梳理以往的一些概念来解释艺术。通过“蜂鸣”这一概念，我们将艺术与文化融入涵盖资源、语境、框架和政治文化等概念的社会科学研究中。同时，“蜂鸣”也为国际关系中的“软实力”提供了更加连贯的动力。

在《城市经济》一书的最后几段中，简·雅各布斯为她的读者们留下了一篇充满幻想的文章，她认为城市面临的问题是“最紧迫同时又是最不被重视的问题之一”。她写道，如果其他太阳系的生物带着令人惊叹的技术发明来到地球，我们可能会迫不及待地想要了解他们的技术是如何运作的。但更重要的是，他们创造了什么样的政府，从而成功地保证了经济和技术发展机会的开放而非受到阻碍？没有来自外太空的有益建议，这仍然是城市发展中最紧迫和最不受重视的问题之一。[1]

简·雅各布斯的书很少触及政治层面；相反，她主要研究城市经济领域，认为社会

---

* 本文作者丹尼尔·西尔弗，多伦多大学社会学系教授，芝加哥大学社会思想委员会博士；特里·克拉克，芝加哥大学社会学系终身教授。译者刘晓菲，深圳大学文学博士，加拿大多伦多大学访问学者，主要研究领域为文化政策、文旅融合。

❶ JACOBS J.Economy of Cities［M］. New York：Random House，1969：235.

发展更多的是由城市而非乡村驱动，而城市的发展更多是由创新驱动而非效率。这些观点被她的追随者如爱德华·格莱泽和理查德·佛罗里达等人推广和扩展。然而，彼时的她还无法想象到后来被称为“创意城市”的形式及其政府形态。

本书写作于1968年，那时无法预料这种发展是可以理解的。然而，当代的城市理论家们（其中一部分是简·雅各布斯的追随者）同样未能预见这种变化。自1968年以来，社会发生了巨大的变化。近年来，公民们开始更加频繁地参加各种艺术、文化和创意活动，特别是在美国、加拿大及北欧的中低阶层公民中，其参与度相对更高。“创意城市”在全球城市的政治议程中占据重要位置。在一些城市中，政治领导人和城市治理方式发生了巨大变化，文化和创新成为新的治理方式。面对这种现象，我们该如何分析和解释这些新发展？它们涉及什么样的政府和政治权力形式？

本文提出使用一些理论工具，将艺术和文化纳入更广泛的社会科学范畴。我们的贡献主要体现在概念性、综合性和分析性方面。尽管许多观点并非全新，但我们整合成一个全新的视角，并试图用一种传统上几乎不存在文化与艺术的范式将它们结合起来。

首先，我们概述了推动“艺术文化崛起”的关键全球因素，并讨论了这些因素如何被当地环境所影响。确定的全球因素是社会学、政治学和经济学领域的综合性研究，我们在本地流程中凸显了这些全球因素的“承担者”，之后探索出一种理论研究框架来解释这些变化。基于经典方法［如罗伯特·达尔（Robert Dahl）和理查德·彼得森］，我们强调可以根据问题领域以不同方式影响政治决策的资源多元性。借用塔尔科特·帕森斯和杰弗里·亚历山大（Jeffrey Alexander）的“符号交换媒介”概念，我们建议将“蜂鸣”作为文化场景所产生的有价值的符号资源。我们认为，在某些情况和领域中，这是一种可以用来影响政治决定的资源。“文化力量”日益成为一种现实因素；它是软实力的一部分，国际关系分析人士曾利用这种软实力扩展军事和经济因素方面的研究。通过对多伦多和芝加哥关于文化政策的政治争议的深入研究，我们揭示了这种力量的作用。自20世纪后期以来，这两个城市都积极利用文化改变自己的形象和经济状况，多伦多在邻里艺术团体的推动下，表现出相当托克维尔式的活力，而芝加哥则不然。

一、文化和创造力在政治中的表述

文化和创造性活动正在全世界范围内变得越来越重要。具体的案例必须放在这些更广泛的发展背景下分析。我们发现了驱动这种全球化进程的三种主要趋势，这三种趋势相互联系又彼此促进。

（一）文化与艺术在市民间的兴起

尽管罗伯特·帕特南在其著作《独自打保龄》中提出了自20世纪50年代以来美国人参与公民组织的行为逐渐减少的观点，但他的研究未能深入探讨特定类型活动的变化。虽然传统的社交活动如保龄球和俱乐部的参与度可能有所下降，但其他形式的文化和创造性活动的参与率正在上升。

例如，根据世界价值观调查（World Values Survey）的数据，在1981年至2000年间，所调查的35个国家中有27个国家的民众加入文化组织（如博物馆）的人数有所增加。这种增长在荷兰、斯堪的纳维亚国家、美国及加拿大尤为显著，这些地区的文化组织成员数量增加了超过10%，其中年轻人的比例更高（见表1）。

表1　1981—2000年部分国家和地区公民参与文化的百分比及增量

单位：%

国家	1981年	1990年	2000年	增量
荷兰	12.5	34.6	45.2	32.7
美国	13.9	19.7	36.9	23.0
瑞典	13.0	12.7	26.7	13.7
芬兰	3.1	20.1	14.6	11.5
加拿大	9.7	17.7	20.1	10.4
丹麦	6.2	12.5	16.6	10.4
比利时	10.3	16.2	18.9	8.6
冰岛	7.6	13.8	15.5	7.9
爱沙尼亚	—	11.1	7.9	7.9
朝鲜	3.2	11.0	—	7.8
日本	3.8	6.0	11.0	7.2
挪威	6.6	13.5	—	6.9
意大利	3.9	4.9	9.9	6.0
南非	8.2	—	13.5	5.3
英国	6.1	9.3	10.4	4.3
爱尔兰	6.7	10.1	10.9	4.2
阿根廷	5.3	5.9	9.0	3.7
墨西哥	6.5	11.5	9.5	3.0
法国	5.6	8.8	8.1	2.5

续表

国家	1981 年	1990 年	2000 年	增量
西班牙	4.9	5.3	6.6	1.7
北爱尔兰	6.1	10.9	7.6	1.5
匈牙利	—	2.5	3.6	1.1
罗马尼亚	—	1.6	2.6	1.0
奥地利	13.0	8.0	13.2	0.2
智利	—	9.3	9.3	0.0
保加利亚	—	4.3	4.0	−0.3
葡萄牙	—	6.2	3.7	−2.5
巴西	—	5.4	2.4	−3.0
拉脱维亚	—	6.8	3.7	−3.1
俄罗斯	—	4.9	1.2	−3.7
立陶宛	—	7.3	2.9	−4.4

注：①数据来源于世界价值观调查（World Values Survey），每个国家或地区的公民样本大约为 1500 人，其中美国的样本量为 3525 人。表格中的 1981 年、1990 年和 2000 年三栏展示了这三个年度公民参与文化及相关活动的百分比。“增量”一栏显示了从 1981 年（如缺失 1981 年的相关数据，则以 1990 年的数据代替）到 2000 年（如缺失 2000 年的相关数据，则以 1990 年的数据代替）期间公民参与文化及相关活动百分比的变化。②表格的数据源自世界价值观调查的问题 A066：“请仔细阅读以下列出的自愿组织和活动。你是否参加了任何这些活动？如果有，请说明你属于哪个组织或参与了哪些活动，包括教育、艺术、音乐或文化活动。”③为了评估可能存在的测量误差，特别是与教育相关的误差，我们重新计算了学龄儿童的父母和非父母的测量结果，结果显示差异很小，表明数据具有较高的可靠性。④俄罗斯在 1990 年的数据代表苏联时期的情况。

以加拿大为例，从 1999 年到 2008 年，传统娱乐场所如保龄球馆、主题公园和酒吧的数量有所减少，而音乐团体、舞蹈公司、独立艺术家和表演艺术机构的数量却显著增加，超过了企业总体平均增长率——14%。此外，体育设施和俱乐部也经历了快速的增长。这些变化不仅限于多伦多和温哥华这样的大城市，即便是在较小的地方，如安大略省的彼得伯勒和卑诗省的彭蒂克顿，也呈现了类似的趋势，包括室内设计公司的大幅增长。

这种转变超出了人口变化或收入增长所能解释的范围，表明文化的表达和个人创造力可能正在大众中经历重大突破。同样的趋势也在其他领域显现：家庭在文化方面的支出、文化产业规模、文化贸易的增长及政府对文化项目的支出。虽然这一运动在全球各地的表现并不均衡，且在某些地区内部的发展也不总是线性的，但它无疑是大规模且跨国界的。

参考特里·克拉克和菲利普·席尔瓦的研究可以进一步了解这些跨国趋势，以及法国和韩国等关键国家的具体情况。❶

（二）重新发现城市

21世纪初，随着对城市中心更新和改造的兴趣的兴起，我们看到了一种全球性的趋势，即年轻、富有且受过高等教育的人群及退休人员开始返回城市生活，特别是市中心区域。这种现象不仅提升了城市的文化旅游吸引力，也促使了步行友好环境的建设、公共空间的活跃、历史建筑的适应性再利用及城市园艺等议题成为焦点。这一变化背后有多重驱动因素。

（1）房地产价值增长。约瑟夫·乔尔科（Joseph Gyourko）等人的研究表明，在美国大城市中，市中心房地产的价值和租金上涨速度超过了全国平均水平，这表明市中心对于居民和投资者来说具有更大的吸引力。❷

（2）人口结构变化。乔·科特莱特（Joe Cortwright）提供了美国所有大都市地区年轻人口急剧增长的数据，这部分人群往往更倾向于居住在充满活力的城市环境中。❸

（3）创意阶层的偏好。根据理查德·佛罗里达（Richard Florida）的观点，创意工作者更喜欢宽容、多元化并且文化丰富的城市，这些地方能够提供他们所需要的社会互动和灵感来源。

（4）知识经济的崛起。爱德华•格莱泽指出，随着制造业向知识产业转变，城市作为观念生产和交流的场所变得更加重要。技术人才的集中促进了创新，并增加了城市的经济价值。

（5）全球行动者的网络。萨斯基亚·萨森（Saskia Sassen）强调了全球化背景下，市区对于国际商务人士的重要性，生产者服务和资本流动使城市在全球经济中扮演着更为重要的角色。❹

（6）城市管理的创业化。大卫·哈维（David Harvey）提到，面对激烈的全球竞争，地方政府越来越注重通过塑造独特的文化形象来吸引投资和发展机会，而非仅仅专注于

---

❶ CLARK T，SILVA P.Revisiting Tocqueville：Citizenship Norms，Political Repertoires，And Cultural Participation［M］.Oxford And Paris：Bardwell Press，2009：1–32.

❷ GYOURKO J，MAYER C，SINAI T.Superstar Cities［EB/OL］.（2006–09–28）［2012–03–30］.http：//www.nber.org/papers/w12355.pdf.

❸ CORTWRIGHT J. The Young and Restless in a Knowledge Economy［M］. Chicago：CEOs for Cities，2005.

❹ SASSEN S. Cities in a World Economy［M］.Thousand Oaks：Pine Forge Press，1994.

提供基本的地方服务。[1]

这些因素共同作用，导致了城市复兴的趋势，城市中心再次成为人们向往的生活和工作地点。同时，这也反映了全球经济和社会结构的变化，以及人们对生活方式选择上的转变。

（三）一种新的政治文化的兴起

一种新的政治文化的兴起被特里·克拉克和霍夫曼·马丁诺（Hoffman Martino）等人[2][3]记录下来，表明政治激进主义和合法化的形式正在发生变化。传统上以政党忠诚、阶级身份和物质利益为中心的政治参与模式逐渐被以生活方式和社会问题为焦点的新模式所取代。财政上的保守态度与社会自由主义相结合，形成了一种新型的政治立场。此外，新的参与形式和合法性表达也已浮现，如通过星巴克、全国汽车协会、沃尔玛、狩猎活动、艺术画廊和农民市场等平台或活动体现出来。这些变化更多是由消费习惯和生活质量考量驱动，而非传统阶级特征。

安东尼娅·拉米雷斯（Antonia Ramírez）等人[4]的研究详细审查了北美和欧洲数百个地方政府的商业和政治文献及数据，强调公民对社会和生活方式问题的关注程度增加，并指出在传统政党之外出现了新的政治活动形式。

这一转型过程受到多个领域因素的共同推动。图1总结了这些驱动因素，在特里·克拉克和霍夫曼·马丁诺最初提出的模型基础上添加了一个特定的文化路径。[5]经济因素包括总体富裕程度的提升、高科技/信息服务行业的增长及农业和制造业的相对衰退。社会因素涵盖了家庭规模缩小、个人主义增强、教育水平提高和媒体普及等方面。文化因素则体现在从绝对主义和机械主义风格向更加灵活和相对论观点的转变。政府政策的变化，如福利国家计划和其他社会项目的调整，也在其中扮演了重要角色。

---

[1] HARVEY D. From Managerialism to Entrepreneurialism: The Transformation of Urban Governance in Late Capitalism［J］.Geografiska Annaler，1989（7）：3–17.

[2] CLARK T.The New Political Culture［M］. Boulder：Westview Press，1998.

[3] CLARK T.The breakdown of class politics［J］.The American Sociologist，2003，34（1）：17–32.

[4] RAMIREZ A，Navarro C，Clark T. Mayors and Local Governing Coalitions in Democratic Countries：A Cross–National Comparison［J］.Local Government Studies，2008，34（2）：147–178.

[5] CLARK T，MARTINO H.The New Political Culture［M］. Boulder：Westview Press，1998.

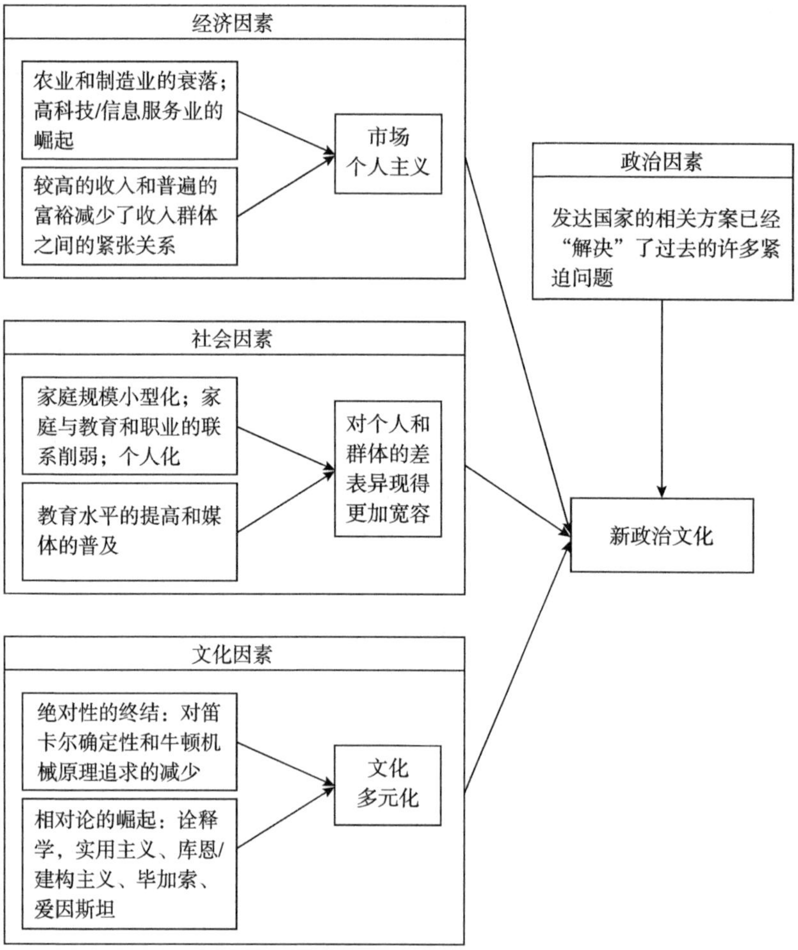

图 1　推动走向新政治文化的相关因素

我们目前关注的不是详细描述或评估这些进程的原因或性质，而是突出它们对城市政治等方面的综合影响。通常情况下，这些动态因素被孤立地处理，或者仅分析其中的两个方面。然而，实际上所有这三个过程——经济、社会和文化变迁——共同作用，使得艺术和文化事务成为地方政治的关键驱动因素，特别是在邻里与城市决策、联盟形成以及争议解决方面。图 2 展示了这些因素如何相互影响联合运作。

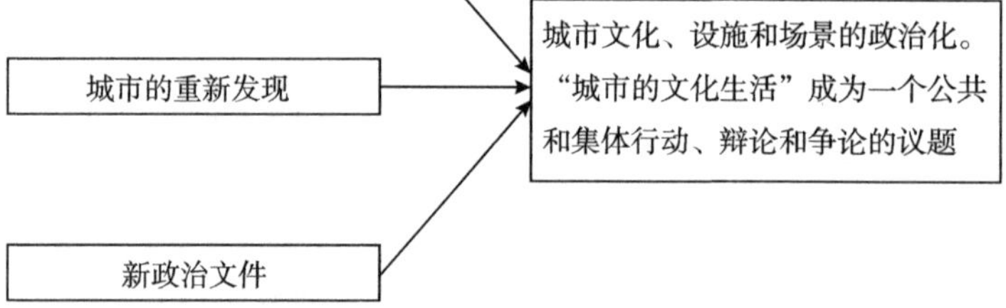

图 2　推动文化融入城市政治的全球因素

这三个因素通过一系列机制将文化与地方政治紧密联系起来：

（1）文化的崛起引发对自我表达的关注。文化的兴起促使人们更加关注自我表达的问题——即“我是一个怎样的人”，以及这种身份在电影、音乐、服装和举止中是如何体现的。什么样的社会受众能够欣赏和分享这种自我表现？产品的设计不仅追求目标或功能性目的，还强调个性吸引力和消费者重视的意义，iPod就是一个典型的例子。塔尔科特·帕森斯将这种态度的出现追溯到20世纪60年代的反主流文化运动，这种文化是对功利主义和官僚主义的反抗。[1]他认为，在新的背景下，这重新组合并加强了早期基督教关于爱的概念、19世纪的浪漫主义及东方关于冥想练习和身体运转的实践。他称之为“表达革命”，并认为它与工业革命、民主革命和教育革命一样具有重要的历史意义。哈罗德·罗森伯格（Harold Rosenberg）所称的“新传统”的传播受到广泛关注，文化与现代主义的创意和创新更加紧密地结合在一起。丹尼尔·贝尔[2]、查尔斯·泰勒（Charles Taylor）[3]及一些欧洲作家如吕克·波尔坦斯基（Luc Boltanski）和伊芙·卡佩罗（Eve Chiapello）也曾提出过类似的观点。[4]许多个案研究探讨了这些趋势的最新方面，如伊丽莎白·哈尔凯特（Elizabeth Halkett）[5]和丹尼尔·平克（Daniel Pink）[6]，其中一些研究已经进入到了更加流行的文学领域，如弗吉尼亚·波斯特勒（Virginia Postrel）[7]。

（2）城市的重新发现将生活质量与场所质量联系起来。随着城市中心的复兴，生活质量与场所质量之间的关系成为了人们关注的重点。这促使人们思考：什么样的地方、社区或城市能让一个人追求有价值、有趣、美丽或真实的生活［关于真实性，参见莎朗·祖金（Sharon Zukin）[8]和戴维·格拉齐安（David Grazian）[9]］。文化场景，通过咖啡馆、餐馆、音乐场地、画廊、面包店、农贸市场等空间所表现出来的意义，逐渐成为城

---

❶ PARSONS T.The system of modern societies［M］.Englewood Cliffs：Prentice-Hall，1971.

❷ BELL D.The Coming of Post-Industrial Society：A Venture in Social Forecasting［M］. New York：Basic Books，1973.

❸ TAYLOR C.Secular Age［M］. Cambridge：Belknap Press of Harvard University Press，2007.

❹ BOLTANSKI L，CHIAPELLO E.The New Spirit of Capitalism［M］. London and New York：Verso，2005.

❺ HALKETT E. The Warhol Economy：How Fashion，Art，and Music Drive New York City［M］. Princeton：Princeton University Press，2007.

❻ PINK D.A Whole New Mind：Why Right-Brainers Will Rule the Future［M］. New York：Riverhead Trade，2006.

❼ POSTREL V.The Substance of Style：How the Rise of Aesthetic Value is Remaking Commerce，Culture，and Consciousness［M］. New York：Harper Collins，2004.

❽ ZUKIN S.Naked City：The Death and Life of Authentic Urban Places［M］. New York：Oxford University Press，2009.

❾ GRAZIAN D.Blue Chicago：The Search for Authenticity in Urban Blues Clubs［M］. Chicago：University of Chicago Press，2003.

市景观中的固定部分，并在人们选择居住和工作地点时发挥更重要的作用。[1]约翰·罗根（John Logan）和哈维·莫洛奇在《城市财富》的新介绍中强调了这些问题。[2]这些表现力通过全球进程，包括互联网和更广泛的竞争得到加强，从而促进了对意义和身份的更深入探索，除了经济因素外，这还具有明显的象征意义。[3][4]因此，象征性企业家可以与金融企业家一起，在开发新的文化主题和产品方面发挥关键作用；两者有时可能重叠，甚至完全相同。

（3）新的政治文化用政治术语重新定义了质量、文化和位置等概念。这一概念强调新生领袖和社会运动如何倡导特定的生活方式和消费问题。新的议题得到了政治和政策的关注，例如如何创造吸引人的和充满活力的文化场景，提供便利设施（如公园、音乐场所、自行车道等），支持公民的生活质量要求；如何利用这些设施和场景作为经济增长、社区发展和社会福利关切的杠杆；以及当选官员和运动领袖如何在情感上动员公民对特定类型的文化活动和场景的忠诚，以获得选举优势和其他政策目标。

二、文化融入城市政治：地方逻辑

这些新进程的承担者或代理人在20世纪70年代之后通过“新社会运动”变得更加活跃。它们推动了20世纪最后几十年出现的许多前沿问题，不仅扩展了个人主义和平等主义，还将消费和生活方式问题与工会和政党倡导的经典生产和工作场所问题结合起来。这些新的公民团体推动了新的议程，包括生态、女权主义、和平等，而这些问题都是被之前的政党所忽视的。随着时间的推移，其他关于城市美学和舒适物的担忧也开始出现，如郊区的蔓延、体育场建设、鲜花展示、博物馆发展和步行环境改善等。

在欧洲，“新社会运动”反对民族国家和政党的等级“体制”。在美国，新社会运动的参与者往往将当地的商业和政治精英作为他们反对的目标。许多政府对这些公民活动人士持保守或排斥的态度。例如，在20世纪70年代的意大利，即使是共产主义者和社会主义政党也拒绝接受这些新问题。但是，随着一些新的社会问题被政党和政府所接受，机会结构发生了巨大的变化。[5]随后，运动领袖们脱离了“城市游击战”，开始参

---

[1] SILVER D, Clark T, NAVARRO C.Scenes：Social Context in an Age of Contingency［J］. Social Forces, 2010, 88（5）：2293–2324.

[2] LOGAN J, MOLOTCH H.Urban Fortunes：The Political Economy of Place［M］. Berkeley：University of California Press, 1987.

[3] SASSEN S.Cities in a World Economy［M］. Thousand Oaks：Pine Forge Press, 1994.

[4] HARVEY D.From Managerialism to Entrepreneurialism：The Transformation of Urban Governance in Late Capitalism［J］.Geografiska Annaler, 1989（7）：3–17.

[5] PORTA D, KRIESI H, RUCHT D.Social Movements in a Globalizing World［M］. New York：St.Martin's Press, 1999.

与选举、游说并为政府提供建议。由于他们的问题被纳入政治制度，他们的要求有所缓和。然而，他们对生活中的情感、音乐、形象和戏剧方面更为敏感。❶

与此对应的是，开发商和政客们变得更加环保和强调艺术感，他们把 loft 生活（Loft Living）和波西米亚风格（Bohemian Style）这样的概念重新融入他们的言辞和政策中。这不仅为"新社会运动"增添了管理经验和政治影响力，还催生了"创造力"作为一种更普遍的价值观，为企业家和艺术家所共享。

这种将 20 世纪 60 年代的反文化社会运动与官方城市政治联系起来的过程因地方环境的不同而各有差别。艺术政策往往产生于新的社会运动，有着明显的过去波西米亚式的风格。一些艺术团体反对向更成熟的领导角色过渡；而另一部分人则持支持的态度。然而，一旦这种"绝对的"飞跃进入以文化关注为核心的城市政治中，冲突就会始终存在。它是对城市文化和表达空间以及对资源的访问、控制和利用的重新定义。新的问题引起了激烈的争论：吸引游客或全球"创意阶层"居民还是培养本土艺术家和特色景观；在市中心为雅皮士（Yuppies）和儒皮士（Guppies）开发公寓项目还是促进创意产业和有机、更具反文化色彩的场景；将艺术和艺术家视为公共物品还是将市政资金投入到公共住房、福利和发展中；强调对个别艺术家的资助还是专注于地方建设计划；补贴大型文化机构以吸引企业投资还是孵化基层和独立场景以促进社区发展；在不断发展的文化经济中加入艺术和经济利益还是维持边缘艺术家、服务工作者和穷人之间的团结；将"真实性"定义为一种创新的独立活动还是长期居住行为。

在不同的情况下，甚至在同一座城市里，这类问题都可能有不同的表述和解释，有时是二分对立，有时是相互支持。但他们都表现出对艺术、文化和创造力的关注，并将其作为新的城市议程的一部分。这个过程展示了新社会运动如何改变城市的政治和社会结构，也为城市治理带来了新的视角和方法，促进了文化与城市发展之间的互动。

三、城市中的文化与政治：重新制定研究议程

在许多地方，艺术家、文化产业代表和其他文化群体在政策讨论中占据了前所未有的中心地位。然而，将这种中心地位转化为能够真正影响事件的谈判席位带来了一系列新的问题。具体来说，改变后的机会结构使得哪些资源重新变得有效力和有价值？不同的团体如何能够在城市政治争论和特定议题领域中利用这些资源？发挥影响力通常需要控制那些在制度上公认且稀缺的资源，如资金、政治职位或当地信任。

在此详细阐述的答案是："蜂鸣"。我们认为，"蜂鸣"已经成为一种宝贵的城市资

❶ MCDONALD K.Global Movements：Action and Culture［M］. Malden：Blackwell，2006.

源，它由充满活力的城市文化场景产生，并被居民、企业和政治角色所追求。"蜂鸣"的存在表明，在特定地点可以体验到重要的审美活动，即感觉到"某些事情正在发生"。然而，"蜂鸣"通常是由艺术家和"波西米亚人"等文化演员创造和控制，而这些人相对缺乏金钱、政治权力或当地社会的信任等其他传统资源。因此，随着"蜂鸣"价值的逐渐上升，围绕其生产、分销和消费控制的冲突正在重塑城市政治格局，赋予新群体权力，并可能在他们与传统机构参与者之间建立潜在的联盟。

为了更好地理解这一现象，我们需要重新制定关于城市文化和政治的研究议程，以涵盖文化崛起的政治层面。这包括探讨哪些资源在新的机会结构下变得尤为重要，以及它们如何被不同团体重新定义和使用；分析文化群体如何通过控制"蜂鸣"获得影响力，并在城市政治中占据一席之地；研究新兴文化力量与传统政治和经济势力之间的互动，以及由此产生的新型联盟或对抗；评估文化政策对城市发展和社会变迁的具体影响，特别是在促进创意产业和艺术社区方面的作用。

通过这样的研究议程，我们可以更深入地理解文化在塑造现代城市政治中的作用，以及文化群体如何通过创造和管理"蜂鸣"来影响城市发展路径。

四、一种新的理论框架

过去关于城市文化和文化政策的研究大多未能将政治、政治行动者和公民行动主义与"文化主导"的城市发展联系起来。相反，这些研究往往侧重于文化发展的经济影响和驱动因素，或者专注于脱离政治文化的政策机制。尽管这一点被忽视，但仍有一些学者努力将文化政策与城市政治联系起来，如安·马库森（Ann Markusen）、迈克尔·英德加德（Michael Indergaard）、斯蒂芬·麦戈文（Stephen McGovern）、阿莉西亚·巴伯（Alicia Barber）、约翰·卡通加尔（John Catungal）和黛博拉·莱斯利（Deborah Leslie），以及卡尔·格罗达赫（Carl Grodach）。[1][2][3][4][5][6]

---

[1] MARKUSEN A.Urban Development and the Politics of the Creative Class：Evidence from a Study of Artists［J］.Environment & Planning A，2006，38（10）：1921–1940.

[2] INDERGAARD M. What to Make of New York's New Economy? The Politics of the Creative Field［J］. Urban Studies，2009，46（5）：1063–1093.

[3] MCGOVERN S. Mobilization on the Waterfront：The Ideological/Cultural Roots of Potential Regime Change in Philadelphia［J］.Urban Affairs Review，2009，44（5）：663–694.

[4] BARBER A.Reno's Big Gamble：Image and Reputation in the Biggest Little City［M］.Lawrence：University Press of Kansas，2008.

[5] CATUNGAL J，LESLIE D.Placing Power in the Creative City：Governmentalities and Subjectivities in Liberty Village，Toronto［J］.Environment & Planning A，2009，41（11）：2576–2594.

[6] GRODACH C.Before and After the Creative City：The Politics of Urban Cultural Policy in Austin，TX［J］.Journal of Urban Affairs，2012，34（1）：81–97.

我们赞扬这些将文化、政治和发展结合起来的努力，并基于他们的一些见解来解释这些新进程。我们将文化政策争端置于一个更加系统的理论框架中，该框架涵盖城市政治的多重影响基础中的“文化权力”。这强调了子组中各个变体之间的互换性、不同资源权重的语境变化，以及这些资源如何改变关键政策问题的内容。实际上，这意味着了解一个领导者的商业背景并不能完全解释其具体的政策观点。当我们考虑改善公立学校或建立艺术博物馆等政策问题时，这一点尤为明显。这些问题并不直接关联于任何单一企业的利益，比如一家向城市销售岩盐的公司。因此，当我们观察政治、商业和文化领导人对具体问题的参与时，会发现有些人持有某种观点，而另一些人则持相反意见。这种分歧是如何产生的呢？将政策问题和参与者进行分类可能是有用的，例如“维持稳定的中产阶级社区”“变得波西米亚化”“保护高雅艺术”和“发展商业文化产业”。

这些关注点与大多数城市研究中的制度视角有很大不同，后者更局限于商业目的。我们在这里介绍这些概念是为了表达在城市政治中涉及的所有资源的重要性，而不仅仅限于金钱和权力。社会运动研究人员同样强调除了金钱和权力之外，身份和团结也很重要。芝加哥学派的观察家们指出，政治相对独立于商业，经济增长往往是掌握政治权力的工具，而不是反过来的关系。无论是群体团结、金钱还是政治权力，似乎都不足以捕捉到那些独特的资源，而艺术、文化运动和产业至少有时能够对城市政策施加影响，并利用上述大规模变革所带来的政治机会。

我们认为，艺术的核心是“蜂鸣”，它的基础不是城市的经济和商业基础设施，也不是住宅区或政治机构。“蜂鸣”存在于它所处的文化场景当中。通过这种方式，“蜂鸣”成为一种宝贵的城市资源，由充满活力的文化场景产生，并被居民、企业和政治角色所追求。随着“蜂鸣”价值的逐渐上升，围绕其生产、分销和消费控制的冲突正在重塑城市政治格局，赋予新群体权力，并可能在他们与传统机构参与者之间建立潜在的联盟。理解这一现象需要重新制定关于城市文化和政治的研究议程，以更好地涵盖文化崛起的政治层面。

五、产业集群、居民社区、政治场所与文化场景

所谓“场景”，是指一个地方的审美或环境特征，以及一个场所提供经验、戏剧和意义的方式，从而供潜在的消费者享受或拒绝。因此，城市的场景不仅仅包括其物理空间、职业基础、政党及按人口统计学特征划分的人群，尽管这些因素构成了城市的场景。场景同样通过舞蹈、共进晚餐、听音乐、参观画廊、小酌咖啡、广场漫步、参加街头节日、电影放映等众多活动所产生的独特审美能量。这些要素共同描绘了一个既迷人又引人注目的城市场景：有的地方是充满魅力的场所，有的则允许越轨行为的存在；有

的空间相对传统，而另一些则鼓励自我表达。[1]

表 2 将场景与其他界定场所的方式（如工业区、居民区和政治场所）进行了对比。每个领域都设定了特定的问题范围和资源，以影响城市的事务。

从生产者的角度看，场所由工作空间组成，组织目的是促进产品和服务的生产、分配和交换。它们是产业集群，一旦成功，将为企业和工人创造利润。

从居民的角度看，场所由住宅、公寓等组成，组织目的是满足生活的基本需求和服务，如住房、安全、食物、育儿和睡眠。它们是居民区，一旦成功，就能在社区成员之间建立起信任，传达团结。

对于政治家、政党和公民活动家来说，场所通常是权力中心，如政党办公室、投票点、组织总部、市政府办公室等，组织目的是支持实现集体目标、建立联盟、解决冲突和行使权力。它们是政治场所，一旦成功，就会产生权力，传递行动者执行和实现集体目标的能力（如通过投票或领导职位）。

从文化消费者的角度看，场所是指在审美上受到赞赏或被拒绝的各种便利设施的集合。它们是文化场景，一旦成功，就会产生蜂鸣效应，传播有意义的体验类型，如自我表达、越轨和魅力；本土真实性、睦邻、传统等。

表 2　文化场景与居民区、产业集群和政治场所的对比

组织	文化场景	居民区	产业集群	政治场所
目标	表达和传递感受、经历和情绪	必需品、基本服务、住房、学校、安全、环境卫生、社区发展	工作，产品	集体行动
群体	消费者	居民	生产者	公民 / 领导 / 官员 / 活动家
物理单位	舒适物	家 / 公寓	公司	权力中心
社会纽带的基础	生活方式 / 敏感性	在附近出生和长大，长期当地居住，遗产	工作 / 生产关系	意识形态，政党，问题，公民关系
象征性资源	蜂鸣	信任	金钱	权力

这种多维的城市空间研究方法为城市政治和政策研究提供了四种新的理论贡献。

一是跨城市和社区编码经验变化的关键维度：这种方法识别了这些变化的关键维度，有些维度包含所有四个方面，而其他可能只涉及一个或不涉及。

二是强调单一领域概念化的不足：它指出，没有一个单独的领域能够充分解释当前

[1] SILVER D，Clark T，NAVARRO C.Scenes：Social Context in an Age of Contingency［J］. Social Forces，2010，88（5）：2293–2324.

的城市政策、政治、文化和经济发展。分析人员需要关注这四个维度的组成部分，以避免遗漏关键的流程。

三是促进跨领域交换的新形式问题的研究：它鼓励探讨不同领域的互动，例如什么样的生产活动支持什么类型的场景，反之亦然？什么样的居住社区支持什么样的场景，反之亦然？什么样的场景赋予什么样的政府和政治运动权力，反之亦然？

四是象征资源的重要性：它列出了特定的新类型的象征资源——“蜂鸣”，这种资源在城市政治研究中扮演着比以往大多数研究所认定的更为重要的角色。

通过这种方式，该方法不仅扩展了罗伯特·达尔（Robert Dahl）、西奥多·劳威（Theodore Lowi）等人研究领域的相关问题，还特别强调了文化内容对城市政治和社会动态的影响。[1][2]

六、蜂鸣作为一种象征性资源

一般而言，象征性资源是指通过符号或象征来传达价值、意义和信息的社会资源，这些资源在社会互动中起着关键作用，帮助人们理解彼此的意图、行为和社会结构。例如：

货币作为经济活动中的象征性资源，不仅是交易媒介，它还代表了生产者与消费者之间对于商品和服务价值的一种共同认知，促进了经济活动。

权力通过职位、选举过程和政策文件等形式体现出来，表达权威和效力，引导和协调集体行动。

信任通过社区组织的标志（如家长—教师协会的会员贴纸）、邻里守望的标志、公共空间的维护情况等共享符号促进合作和支持，增强社区凝聚力。

文化场景的参与者利用特定的符号资源——我们将其称为“蜂鸣”，以此来传达该场景的独特体验。例如，电影节、高级时装和电影明星可以创造一种充满魅力和吸引力的文化氛围；纹身店、朋克音乐、人体艺术和穿孔工作室则可能形成一种更多越轨场景的形象；古董店、农贸市场和当地的艺术节会传递出一种传统和本地化的气息。这些符号对更广泛的公众发出信号，吸引新成员加入，并允许不同背景的人分享相似的经历。

塔尔科特·帕森斯、杰弗里·亚历山大和维克多·利兹（Victor Lidz）提供了这种

---

[1] DAHL R.Who Governs?Democracy and Power in an American City［M］.New Haven：Yale University Press，1961.

[2] LOWI T.American Business，Public Policy，Case Studies，and Political Theory［J］.World Politics，1964，16（4）：677–715.

对符号媒体的一般方法以及对特定媒体的研究的有用说明。❶❷❸这些符号资源和蜂鸣有效地塑造和传播某一文化场景的特色，影响参与者的体验和社会的感知。

七、蜂鸣的两个面向

蜂鸣，如同所有的象征性媒体一样，具有双重特性。❹它一方面能够促进场景内部的交流与体验分享，另一方面则面向外部环境，对更广泛的经济、政治和社会结构产生影响。

在场景内部，蜂鸣提供了一个平台，使参与者可以自由表达自己的情感和个性，而非简单地模仿他人。这种自主性让场景成员能够忠实于传统，同时展现魅力，强调亲密和温暖的关系，维持一种真实的生活方式。通过这种方式，场景中的成功——无论是迷人、自我表达、越轨行为、传统价值、本土真实性还是民族认同等——都成为其自身的一种奖励，反映了"场景中的内部生活"。❺

从外部来看，蜂鸣使得场景能够与其所在的经济、政治和居住环境进行互动。在这个层次上，场景的蜂鸣对其他领域的需求做出功能性贡献，如通过创造财富、权力和信任，场景可以在更广泛的社会系统中获得一席之地，并可能赢得来自商业团体、政治角色和社区组织的支持，包括资金、政策支持和社区认可。一个拥有强烈蜂鸣的场景，特别是在那些强调独立性和自我表现的地方，可能会吸引更多的关注、投资和个人情感连接，从而更加有效地保持和发展自身特色。

这些动态交互意味着，随着场景与外界交流的增加，它们更有可能融入城市的社会结构中。与场景相关的机会逐渐成为居民、企业和政治官员日常文化需求的一部分，而场景和支持者们也越来越重视他们对社区问题、经济发展和地方治理的贡献。为了更详细地描述这种假设，我们可以考虑以下四个方面。

一是社会资本的形成：探讨如何通过蜂鸣建立社会网络和关系，进而增强场景的凝聚力和影响力。

二是经济效应：分析蜂鸣如何带动消费、吸引投资及创造就业机会。

---

❶ PARSONS T.The System of Modern Societies［M］.Englewood Cliffs：Prentice-Hall，1971.

❷ ALEXANDER J.Twenty Lectures：Sociological Theory Since World War II［M］. New York：Columbia University Press，1987.

❸ LIDZ V. Language and the Family of Generalized Symbolic Media［M］. Lanham，MD：Rowman & Littlefield Publishers，2001：141-176.

❹ ALEXANDER J.Twenty Lectures：Sociological Theory Since World War II［M］. New York：Columbia University Press，1987.

❺ HITZLER R，BUCHER T，NIEDERBACHER A. Leben in Szenen：Formen Jugendlicher Vergemeinschaftung Heute［M］. Wiesbaden：VS Verlag für Sozialwissenschaften，2005.

三是政治参与：研究场景如何通过蜂鸣提升公众意识，影响政策制定和公共事务管理。

四是文化交流：观察蜂鸣如何促进不同文化和背景之间的理解和融合，丰富城市的文化多样性。

通过上述角度的研究，我们可以更好地理解场景如何通过蜂鸣与其他城市生活方面相互作用，及其在这种互动中扮演的角色和产生的影响。

八、政治作为资源交换、边界工作和象征

在探讨文化场景与城市生活的互动时，强调了不同领域之间的接触点是政治冲突和创造力的重要来源。这些接触点不仅促进了跨领域的交流，还导致了习惯和情感的重新定义、拒绝或同化。以开发商为例，他们的业务核心是从新建筑中提取经济价值，这一过程本身并非美学导向，但却可以通过以下方式与文化场景产生交集。

一是增强投资吸引力：通过利用周边场景的蜂鸣，开发商可以吸引更多人的注意和投资。

二是政策法规的影响：开发活动受到政治法规的授权或限制，影响项目的可行性。

三是社区合法性：当地居民的态度决定开发项目是否被接受为合法。

在这个过程中，蜂鸣、政治权力和社区影响力都被纳入经济进程中。对于场景爱好者而言，开发商的资金和政客的权威有时也成为维持和发展场景表达和分享体验的关键资源。同样地，城市政客的政治支持取决于他们能否提升市民的生活质量，而充满活力的文化场景正是这一点的重要提供者。因此，活跃的场景能够为政治权力的行使和维持提供关键投入，使政客更倾向于支持地方文化和场景制造者。

随着社区信任的增强，依赖这种信任的地方社区领导人将更加重视培养艺术家和文化团体，以创造活跃的地方场景。同时，有影响力的社区领袖的支持可以帮助赢得居民对场景的认可和支持，使场景被视为社区资产而非威胁。

尽管如此，互换并不意味着协议。任何地方都存在政治斗争、联盟结成以及创造性地重新解释商业、美学、邻里关系和政治实践的机会。例如，社区领袖可能试图通过发展本地文化来建立邻里间的信任，其成功与否取决于是否激怒了当地居民。审美分歧与关于社区本质的分歧交织在一起，反映了艺术和艺术家如何影响社区认知。

政治领袖为了赢得选举和支持公民行动，可能会将政治权力押注于丰富公民生活上，这迫使他们提供足够的文化产品以避免政治后果。场景爱好者利用蜂鸣吸引资金、扩大政治影响力，并获得居民社区的支持，从而提升场景活力。然而，这也可能导致场景的持续活力更加依赖于创造财富、权力和地方信任，进而面临合作、出卖或同化的

指控。

此外，文化场景的蜂鸣可能会引发其他形式的政策辩论。随着蜂鸣的扩展，它作为可靠信号的能力可能减弱，因为更多人拥有外部符号但不一定参与实际的情感和实践中去，从而稀释了场景符号的力量。不同的策略——如扩张性政策或高门槛引入——会影响蜂鸣的增长速度及其排外性。高热度的蜂鸣可能会抬高参与成本，保持其真实性；低门槛则可能带来快速但不可持续的增长。

政府官员常常通过制定政策来促进文化资产和场景的发展，以吸引游客、企业和新居民，保留和激发现有的文化活力。这些政策决策不仅塑造了解释城市事务的新方法，还为解决新问题创造了机会。例如，在地方政治与国家政治联系紧密的地方，政府更有可能支持具有国内或国际影响力的组织；而在居民之间关于场景融入社区的冲突中，艺术家的贡献成为重要议题。

研究这些差异需要明确的命题指导，以理解它们存在的原因。例如，当历史上的反主流文化场景开始与既定利益合作时，内部批评可能会出现，声称场景被出卖、吸收或同化。随着场景的演变，内部争论将围绕其维持核心文化体验的能力以及整合新参与者的方式展开。

总而言之，不同政治体系中的游戏规则变化影响着资源的作用。金钱在商业主导的结构中至关重要，但在平等主义制度中，投票更为重要。表 3 列出了资源影响变化的假设例子，旨在说明通过分析文化政治与相关文献概念之间的联系，鼓励深入探讨文化实践的复杂性和多样性。这样的分析不仅揭示了文化政治的新视角，也提出了更有力和精确解释文化现象的方法。

表 3　政治环境对资源价值的影响

资源类型	典型的政治体系类型				
	商业主导	政治主导	平等主义	文化主导	社区主导
金钱	高	中	低	低	低
选票	低	中	高	中	中
社区影响力	低	中	中	中	高
政治领导力	低	高	低	低	中
蜂鸣	低	低	中	高	低

注：高指高影响力；中指中影响力；低指低影响力。该表格说明了资源在不同政治背景下的影响力变化，突出了本文中强调的资源和背景，并区分了选票和政治领导权两类权力。例如，随着芝加哥传统政治主导地位的减弱，那些对原有权力结构至关重要的资源的影响力也在下降。

九、多伦多的蜂鸣：艺术家和公民团体发挥着关键作用

多伦多的文化政策在其市政政治中的重要性在过去几十年中显著提高，经历了从边缘到中心的转变。基于对文化部官员、艺术活动组织领导人、城市工作人员报告及媒体报道等资料的研究，本文探讨了这一过程。更多详细研究参见丹尼尔·西尔（Daniel Silver）。[1]

自 1967 年全国百年庆典前后，大规模的文化发展在反对维多利亚时代遗留下的反公共娱乐活动背景下开始。具有反主流文化情感的艺术家团体为加拿大本土文化赢得了资助，支持了多伦多第一批马克思主义剧院、独立艺术画廊和新音乐场所的建立。接下来的 40 年里，许多艺术倡导者进入了这座城市的文化部门，在工作中注入了坚定的个人承诺。文化活动人士将场景作为公共物品的承诺带入了市政厅，创造了一种持续的关注热点。

随着时间的推移，艺术和文化问题逐渐融入市民、经济、政治和社区组织的核心。像“艺术投票”这样的社会团体通过举办市长辩论会和发布候选人成绩单，开始影响地方选举。“艺术友好型住宅”成为发展的重要力量，政府为此提供了大量补贴。文化部门与经济发展部门正式合并，规划部门建立了非正式联系，并聘请了一位规划师。蜂鸣被正式确认为重要的城市资源。

2005—2008 年，西皇后西区附近的争议展示了充满活力的组织如何为激进主义者提供资源来干预城市政治，以及当地文化政治争议和创造力是如何在蜂鸣与其他资源互动中产生的。该地区吸引了大批年轻单身艺术家和文化工作者，他们半合法地使用旧仓库作为生活和工作空间。这里形成了一个由独立和另类艺术世界组成的历史中心，对“新波西米亚人”极具吸引力。[2]

到 2001 年，该地区的艺术家比例在全国排名第五位，从事艺术、文化和娱乐活动的人口比例上升了近五个百分点。艺术画廊数量是多伦多平均水平的 9 倍，成为设计行业的中心。与此同时，已婚有孩子人口的比例下降了 8 个百分点。这使该区域成为艺术和创造性工作的中心，具有强烈的个人实验和自我表现倾向。

随着新参与者和投资的涌入，选区周围新建私人住宅数量大幅增加，租金上涨，核心场景参与者担心其偿付能力。两个关键问题也随之浮现。

一是蜂鸣通货膨胀：新居民迅速涌入带来了象征因素比支撑场景体验更重要的威胁。媒体对此表示担忧，认为这种现象可能使原本真实的文化消失，成为一个糟糕的投资。市政官员也关注保持足够数量的艺术家，以维持“社区作为创造性表达中心的蜂鸣”。

---

[1] SILVER D.Local Politics in the Creative City：The Case of Toronto［M］. London：Routledge，2012.

[2] LLOYD R.Neo-bohemia：Art and Commerce in the Postindustrial City［M］. New York：Routledge，2006.

二是自发性与规划的冲突：不断增加的开发引起了人们对整合蜂鸣是否会破坏其核心身份有机自发性的担忧。Active 18[1] 组织应运而生，旨在保持社区另类、时髦和独立的场景。运动支持者向市政厅施压，不仅赢得了文化部门的支持，还获得了市长办公室的同情和支持。他们利用制造蜂鸣的能力作为一种政治武器，证明自己可以像开发商一样好，甚至更好。

公众舆论同样至关重要。Active 18 代表"良好的设计"，试图在自发性和计划性之间找到平衡。他们支持发展，但强调多伦多需要能够释放其创造潜力的发展，以文化就业增长有益于公众利益为目标。最终，多伦多艺术景观（Toronto Artscape）成为强大的经纪人，第三个项目以更有利于当地艺术领域的条件达成和解，保留了 56 000 平方英尺的艺术家居住单位，并将历史图书馆改造为表演艺术中心。

尽管长期结果尚不明确，成功的行动不仅达到了特定目标，还为进一步行动创造了平台。最重要的是，它将蜂鸣的重要性更加深入地整合到了城市的政策机制中。一些城市官员接受了批评，采取了新的规划措施，制作了文化工作者和设施的地图和清单，以便实施"无净损失"政策。产生新的组织能力和将文化政策更深入地纳入规划进程是政治行动两个至关重要的结果。

总之，随着城市的经济和社会基础越来越依赖于艺术和文化，运动积极分子抓住了新的机会空间。文化与城市的公民、经济和政治结构稳定融合，为蜂鸣作为城市资源的使用并受到官方认可提供了组织能力。蜂鸣退出的威胁成为激进主义者用来对城市规划、政治领导和发展政策施加影响的政治武器。他们慢慢地将多伦多的文化场景重新定义为对城市福利和稳定拥有高效贡献的提供者，而非危险的社会偏差来源。在多伦多的新改革主义政治文化中，他们能够将蜂鸣的"社区利益"转化为权力和金钱。

十、芝加哥：艺术政策由市民领袖和市政厅主导，艺术家参与有限

（一）芝加哥的文化转型与政治变迁

近年来，市民对艺术及文化的兴趣和参与大幅增加，但美国的艺术政策实施方式与许多由文化部领导的国家不同，更多是由州和地方主导的，具有显著的地方性差异。尽管阿历克西·德·托克维尔展示了早期马萨诸塞州公民如何推动政策，但他在大量移民涌入美国城市之前就开始写作了。移民给不同的城市和社区带来了巨大的差异，其中一些一直延续至今。芝加哥是这些变化中最明显的例证之一，自 1933 年至 1983 年，它曾

[1] Active18 是多伦多第 18 选区的一个公民、居民和企业主协会，一个关注城市规划的多伦多社区组织。

拥有美国最强大的政治机器。哈罗德·华盛顿（Harold Washington）在此期间当选为市长，而非美国总统。芝加哥吸引了观察家和研究人员几十年，但在文化方面却较少受到关注。因此，在当前背景下增加文化因素变得尤为重要。

（二）文化成为新焦点

艺术和文化是芝加哥非常新的关注点。在欧洲的许多地方，比如巴黎和柏林，文化是几个世纪以来的核心政策。然而，芝加哥的情况有所不同。直到最近，芝加哥仍然以蓝领阶层和地方主义传统著称。参与者和资源的新组合有力地记录了舒适物和文化的崛起，与政治机器所主导的经典资源——工作与合同形成了鲜明对比。芝加哥的政客们对这些私人物品的传统关注已经与对公园、艺术和鲜花等公共物品的重视相结合，这带来了一种新的政治风格和城市文化的新角色。

更传统的说法是芝加哥与养猪（“芝加哥：向世界出售生猪”）、客户主义（“我们不希望谁都不被送”）和工业主义（“芝加哥，肩膀之城”）联系在一起。芝加哥缺乏一种强大的传统，即主要的公民和市政府支出，以及对艺术、文化和舒适物的兴趣。1976年，米尔顿·拉科夫将芝加哥描述为迪克·戴利的小镇，“没有文化和狭隘……不是雅典，不是罗马，也不是伦敦，更不是巴黎。”[1] 2003年，市长理查德·迈克尔·戴利下令重新设计街道上的公共汽车站和铁路入口，以赶上巴黎的水平。在这期间发生了什么？当地政客是如何推动这一进程的？芝加哥的政治发生了怎样的变化？

（三）政治与文化的交织

我们重点关注了政府和公共政策在芝加哥文化转型中的作用。这一点很重要，因为以往关于城市文化和文化政策的研究更侧重于政策和经济。然而，在芝加哥，权力和政治是最重要的。政策行动者和分析者往往试图将其工作视为理性的考虑，这些问题在其他地方可能会变得更加低调。相比之下，芝加哥事件让我们看到了个人间的竞争、野心和关系，这些因素推动了地方政策的发展。

作为美国历史上唯一天主教政治多数派的大城市，芝加哥因其过去对政治影响力的强调而引人注目。在竞争政治权力的过程中，每个人都愿意利用城市资源来维持和扩大政治成功。为此，理查德·约瑟夫·戴利市长（Richard Joseph Daley，1955—1976年）庞大的政治机器运用了传统工具——为特定的种族和社区提供赞助性的工作和合同，这些比阶级因素更为重要。这种对种族、民族和文化独特性的日常接受，导致了一种更人

---

[1] RAKOVE M.Don't Make No Waves，Don't Back No Losers：An Insiders' Analysis of the Daley Machine［M］. Bloomington：Indiana University Press，1976.

类学的文化相对主义和相互宽容的态度——“你交出你的辖区，我交出我的”。

他的儿子，市长理查德·迈克尔·戴利（Richard Michael Daley，1989—2011年）所处的时代，这样的客户主义政策虽然没有消失，但效果要差得多。但芝加哥实用主义、个人主义和地方主义的传统依然存在。迈克尔·戴利以一种充满活力和创新的方式回应了这一变化的景观，他利用艺术、娱乐、公园和舒适物在新的、更国际化的、受过教育的、更年轻的和富裕的公民中建立支持。迈克尔·戴利以良好的天主教、非意识形态的形式，学会了如何给予这个选区它想要的东西——鲜花、剧院、自行车道、绿色建筑和音乐。同时，传统的民族群体也“得到了他们想要得到的”，如布鲁斯等。其结果是一个戏剧性的转变，即城市从政治机器转变为娱乐机器。

老市长约瑟夫·戴利认为社会问题是新政遗产的一部分。对于他来说，这意味着关心“普通人”，帮助弱势群体，提供工作和支持基本的经济需求。他的演讲经常包括对新政民主党项目的感谢，并用具体例子说明他为特定听众选择的政策，如医院或社区更新项目。在这里，社会和财政问题严重重叠，这与许多芝加哥公民的新政民主意识形态一致。[1][2]然而，如果他提到国家新政的大主题，“市长”就会说得很明白，语法上的古怪有时会让外地人觉得很有趣。他也永远不会忘记去感谢那些在现场帮助过他的人，包括选区队长和市议员。作为回报，市政官员以“上帝保佑约瑟夫·戴利市长”来结束他们的公开声明。

尽管约瑟夫·戴利本人确实投资了公共艺术，但他坚决反对20世纪60年代的新社会运动及其核心关注点，主张更多的公民响应、平等主义、多元文化和宽容的政治，把环境、女权主义、生活方式和生活质量问题放在中心位置。

1976年约瑟夫·戴利市长去世后，民主机器开始在相互竞争的利益之间分裂。分裂的政党意味着更加依赖公众支持而非政党关系。在这种情况下，艺术在政治上是有用的。简·伯恩（Jane Byrne）在改革议程上与迈克尔·比兰迪克（Michael Bilandic）展开了竞争。她的胜利似乎证实了少数种族和改革者之间谨慎而令人不安的联盟关系。但她一上台，就把政府办公室改造成了“任人唯亲的地方”。她对芝加哥音乐节的态度经历了从试图取消到积极支持的180度反转。1978年，她启动了“艺术百分比”计划，将一部分资金指定用于新建和翻修建筑，以资助受国家范例启发的公共艺术。通过要求新建筑设置更多的人行道空间，她使人行道咖啡馆具备了可能，并且在她执政后，这些咖啡馆得到了极大的扩展。

---

❶ ANDERSEN K. The Creation of a Democratic Majority，1928–1936［M］. Chicago：University of Chicago Press，1979.

❷ RUNDQUIST B S，MIRANDA R A，TUNYAVONG I.Race，Class，and Fiscal Policy：Chicagoans' Attitudes on Taxes and Services［M］.Bloomington：Midwest Political Science Association，1991.

这些政策都有助于活跃街道生活，尤其在市中心区域。这些活动首先集中在城市的旅游和会议区域，随着时间的推移，扩展成为芝加哥节这样的活动，这反过来又激发了相关的湖畔庆祝活动，这些节庆活动通常与芝加哥的民族传统联系在一起，如布鲁斯和福音节，拉丁音乐节和凯尔特节。许多活动包括顶级明星在格兰特公园举办的免费音乐会，受到了低收入芝加哥人的喜爱。这开创了一种区别于上一任市长的积极追求趋势，即利用公共音乐节产生忠诚，不是通过特定的就业，而是通过对所有人开放的更普遍的消费和休闲来获得支持。

十一、哈罗德·华盛顿的胜利与芝加哥的文化改革

1983 年，哈罗德·华盛顿的胜利彻底撼动了芝加哥的政治格局。起初，哈罗德·华盛顿只是一个相对较小的角色，但在很大程度上由于政治上的权宜之计而转向了改革事业。他的资源几乎完全来自黑人社区及相关企业，这些群体与传统的政治机器结构有着明显的区别。此外，他是由一个多元化的非天主教徒联盟选出的市长，这个联盟包括新教传统的“湖滨自由主义者”、西班牙裔、犹太人及芝加哥绝大多数的非裔美国人。

哈罗德·华盛顿和他的顾问们制定了一个改革议程，以配合他们看似预言般的权力崛起。议程的一个重要支柱是芝加哥文化事务部的成立及其首个全面的文化计划。该计划是一项具有里程碑意义的文件，旨在将文化融入“城市规划的各个方面”。

首先，它规模宏大，指出：“《芝加哥文化计划》在其范围和制定过程中的基层参与度是前所未有的。它汇集了成千上万芝加哥市民及数百个文化、公民和社区团体的建议和观察。”尽管如此，在计划的实际制订过程中，一位来自市政厅的年轻律师在很大程度上负责与当地律师会面，这表明其制定并非完全自下而上，而是带有自上而下的成分。

其次，该计划以典型的芝加哥风格强调了强大的个人魅力，在“原则声明”中明确表示：“个人艺术家是我们文化遗产的基础。”然而，该计划本身延续了芝加哥在种族文化土壤中扎根和个人行为锻炼的强大传统，被描述为芝加哥社区和种族多元文化的一种表达。

该计划提出了若干具体倡议，包括精简文化事务部（DCA）的决策，加强其在城市治理结构中的作用，并将其纳入伊利诺伊州的艺术机构；委托研究芝加哥艺术的经济影响；加强文化在城市旅游项目中的作用；创建文化孵化器项目；以合理的价格提供城市建筑供艺术家使用，并将空间重新规划为生活工作场所；增加对艺术团体的资助；扩展芝加哥文化中心等。这些倡议不仅在过去是许多其他城市的灵感来源，而且至今仍具影响力。然而，该计划几乎没有提到公民或艺术组织的作用，显示出一种不同于托克维尔式的民主参与模式。

在哈罗德·华盛顿任职期间，尽管提出了诸多倡议，但大部分并未得到实施。事实上，他的议程在很多方面被视为“奖励了一批新朋友，惩罚了一批新的敌人”[1]。在他的整个任期内，一群白人市议员处处反对他，阻止了几乎所有不能用行政命令执行的改革措施。

十二、迈克尔·戴利与文化的崛起

（1）芝加哥的转型：从工业城市到全球娱乐中心。20 世纪 80 年代和 20 世纪 90 年代，芝加哥政府经历了巨大的转变，其变化可能比 20 世纪前几十年的所有变化都要大。这种大胆的说法或许令人惊讶。毕竟，这座城市不是像五十年前那样由一位名叫戴利的市长管理吗？的确，戴利家族的两位市长——约瑟夫·戴利于 1955 年至 1976 年担任市长，而他的儿子迈克尔·戴利从 1989 年到 2011 年担任市长——看起来和说起话来都很相似。然而，他们所领导的城市却发生了根本性的不同。

（2）传统形象与现实的对比。芝加哥的变化被一种过时的城市形象、公民形象，特别是它的领导人的保守形象所掩盖。卡尔·桑德伯格（Carl Sandburg）笔下的“大肩膀之城”（City of the Big Shoulders），曾以重工业、生产和增长为命脉；其居民大多是蓝领工人。行业组织遵循严格的工龄制度，很少根据个人成就和内部晋升来区分工资差别。

（3）后工业时代的转型。后工业时代的到来彻底改变了这一切。国家和全球化的竞争及发达的通信技术使得业务可以外包给全球的小公司。地方和“特殊”的社会关系被更抽象和遥远的社会关系部分取代。这一转变对天主教徒的影响尤为深刻，因为牧师、教区学校和教区生活的角色传统上更加尊重个人权威和社会技能。

（4）全球金融与娱乐产业的崛起。以芝加哥大学率先提出的风险数学模型为基础，美国期货交易委员会（Chicago Board of Trade）已成为全球期货和期权市场网络的核心。尽管如此，我们强调的是，这座城市最大的产业不再是屠宰业、钢铁制造业，甚至也不再是金融业，而是娱乐和旅游产业。事实上，在整个美国，游客最多的公园是芝加哥湖滨公园（Lakefront Parks），其游客数量远超大峡谷（Grand Canyon）。许多游客来自附近地区，他们被芝加哥的公园、建筑和林荫大道的魅力所震撼，这些地方排列着鲜花、灌木、长凳、公共艺术和锻铁栅栏。为了迎合新的城市居民和游客群体，芝加哥举办了世界上最大的两个城市流行音乐节——洛拉帕鲁扎音乐节（Lollapalooza）和皮奇福克音乐节（Pitchfork）。

---

[1] FERRELL J. Setting the Agenda：Responsible Party Government and Chicago Mayors［M］. DeKalb：Northern Illinois University Press，1996.

（5）迈克尔·戴利的政治扩展。与此同时，迈克尔·戴利试图扩大他的政治基础，包括西班牙裔、非洲裔美国人、年轻的城市专业人士、环保人士和许多其他选区的选民。他的演讲中提到了"树木、自行车、文化和娱乐"等公共产品。❶❷虽然狭隘的民族社区愿景和传统的客户主义依然存在，但现在整个地区的政治、公民和生态愿景补充了这些，政治领导人可以在这些方面共同努力，而不仅仅是斗争。

（6）社区发展与合作。像"开放土地"（Openlands）这样的地方民间组织针对中心城市社区开发了一些项目，其中许多是由当地企业资助的。这些努力促进了社区的发展，增强了城市的吸引力和活力，展示了芝加哥在新时代中的多元性和创新精神。

十三、作为务实政治的文化政策

尽管迈克尔·戴利的家族史和个人风格似乎不太可能实现由美学和消费驱动的彻底变革，但那段历史使他成为一个精明的政治家。他不会让意识形态干扰好的政治决策。如果他发现种植鲜花、建设剧院具有政治意义，那是因为游戏规则和当地现实正在改变。多年来，一些重要因素一直侵蚀着传统政治机器的影响力。例如，托马斯·古特博克（Thomas Guterbock）对北侧一个坚定的机器市政议员的研究发现，许多居民并不关心免费的垃圾桶或类似的小物质奖励；他们在思想和谈论政治方面相当独立。❸

20 世纪 70 年代后出现的新组织和新风格已经扩散得更广，包括街区俱乐部、环保行动组织及妇女和其他新的社会运动。这些群体强调独立自我形象，不受机器等级制度的支配，而是由他们的追随者以民主和协商一致的方式管理。全球化、日益增长的世界主义、教育的普及及普通公民对媒体的使用加剧了这种趋势。

尽管人们普遍认为迈克尔·戴利是在 1989 年被正规民主党推上任的，但实际上他在短短几年内越来越依赖媒体，而不是传统的地区支持力量。20 世纪 80 年代的电视报道侵入了芝加哥市政厅的内部——市政会议厅。这不仅增加了市长和议会在全世界观众心目中的认知度，还使非芝加哥人成为"参考群体"的一部分，即领导人不仅要考虑芝加哥人的看法，还要考虑外部世界的评价。随着世界贸易、旅游和全球力量的崛起，它们帮助改变了芝加哥的政治规则。❹

20 世纪 90 年代，媒体广告和高效的服务提供越来越多地推动了芝加哥的政治，并

---

❶ PASOTTI E.Political Branding in Cities：The Decline of Machine Politics in Bogota，Naples，and Chicago［M］.New York：Cambridge University，2009.

❷ FERON D.Working on an Image of the City That Works［D］. Chicago：University of Chicago，1999.

❸ GUTERBOCK T. Machine Politics in Transition：Party and Community in Chicago［D］. Chicago：University of Chicago，1980.

❹ CLARK T.The New Political Culture［M］.Boulder：Westview Press，1998.

促使普通民主党脱离了公民的个人生活。当机器足够强大时，它会吸收或摧毁社区协会。迈克尔·戴利通过提升独立的社区协会扭转了这一过程。其中一个信号就是改善社区公园和人行道，这个信号宣布了这一变化。也就是说，几十年前，即使是最普通的芝加哥游客，也会被遍布全城的数百个招牌所震撼，这些招牌的底线是“约瑟夫·戴利，市长”。在他的儿子的领导下，许多闪亮的新标志标榜着独立的社区、地方协会和街区俱乐部，但大多数都是由市政厅安装的。这些都是一个明显的迹象，表明人们普遍倾向于采取更多的“公共物品”言论和政策，如打击犯罪、教育和旅游业，同时采取了一种更加邻里的方式。❶

迈克尔·戴利全心全意地接受了新的政治环境，用消费和美学问题补充生产问题。迈克尔·戴利最初的公开声明很少涉及这些问题，他谨慎地在社交行程中增加了晚间剧院演出等活动。尽管迈克尔·戴利市长以他父亲的风格和语言吸引了普通的芝加哥人，但一些文化上的变化可能让人感到不安。以传统的白人警察为例，尽管是以一种非正式的方式，他们强烈反对市长明确强调雇用少数族裔，强调城市规划、美学和公民服务的多元文化。

考虑一下海军码头的巨大变化。在早期的计划中，它主要用于面向个人销售零售商品。哈罗德·华盛顿希望它成为一种更公共的产品，一种更具有美感的建筑，有喷泉和远景，对行人开放，供人们自由消费。事实上，在 20 世纪 90 年代重建之后，海军码头成为芝加哥的头号旅游景点，每年吸引数百万游客。它加入了各种各样的队伍，有卖棉花糖的小贩，还有芝加哥莎士比亚剧院（Chicago Shakespeare Theater）外的彩色玻璃窗。

为了弄清市长迈克尔·戴利的便利设施来源，我们采访了大卫·道格（David Doig）这样知识渊博的知情者。在成为公园专员之前，大卫·道格积极参与了该市规划部门的许多便利设施政策。当被问及原因时，他的第一个回答是“市长一直在旅行，访问像巴黎这样的地方，然后带回来具体的想法和政策。”20 世纪 90 年代末，市议员玛丽·史密斯（Mary Smith）成为纽约市审美 / 消费问题的领导者，她前往西海岸和斯堪的纳维亚半岛，带回了一些幻灯片，然后向市民展示。她在致市长的备忘录中总结了一些具体的想法，市长对其中许多想法表示支持，如 2000 年的屋顶绿化运动。她的评估是，在他的政府刚成立的时候，仅仅花了几年的时间就把一些更基本的事情整理好了，如在小巷里开展一场消灭老鼠的运动，改造旧工厂遗留下来的棕色区域，之后才有了更具体的美学效果。❷

这些政策在预算承诺中有大量的记录。显然，我们首次聚集了芝加哥地区多个相互

❶ FERON D.Working on an Image of the City That Works［D］. Chicago：University of Chicago，1999.

❷ CLARK T.Trees and Real Violins：Building Post-Industrial Chicago［D］.Chicago：University of Chicago，2012.

重叠的政府文化和艺术支出，这表明在整个20世纪90年代，尽管支出在2005年左右趋于平缓，但仍有强劲的增长。这仅仅是政府支出，当我们把城市、公园区和相关预算加起来，总计约8000万美元。由于多项对文化和艺术的政府资助是相互重叠的，所以数据收集相对复杂。唐纳利基金会（Donnelley Foundation）委托的关于芝加哥地区艺术和文化非营利性组织的一项调查显示，他们在2004年总共花费了7.55亿美元，其中4.28亿美元是“未获利”。这与美国的平均水平相差不远，13%的非营利性艺术机构资金来自政府（国家艺术基金会，2007）。相比之下，法国城市52%的地方文化是由地方政府资助的（文化部提供的比例不到15%，私人捐款几乎为零）。我们关注政府支出，但公私合作关系充分利用了所有资源。公民领袖、基金会和企业是主要的文化支持者，迈克尔·戴利与他们在文化方面展开了积极合作。[1]

十四、千禧公园和芝加哥的文化政策

芝加哥最引人注目的新设施显然是千禧公园，这里有几个关键原因。它被宣传为“芝加哥的埃菲尔铁塔”，重新定义了这个城市的全球形象，是一个很有发展的项目，公共和私人资源以新的方式结合用于文化建设。千禧公园从用户的角度展示了来自不同背景和社区的芝加哥人如何使用公共艺术。乔玛·帕兰萨（Jaume Plensa）的“皇冠喷泉”以其旋转的巨大芝加哥人脸像为特色，每隔几分钟就会张开嘴喷水，在炎热的夏天吸引各种肤色的孩子们聚集在下面等待喷泉喷水。阿尼什·卡普尔（Anish Kapoor）的作品“云门”，俗称“豆子”，是一个巨大的抛光不锈钢雕塑，形状像一颗豆子，它通过反射城市景象，鼓励人们看到城市及其居民的过程、流动和形成，这与传统上对城市稳定性和熟悉性的看法有所不同。

千禧公园的中心景点都有私人捐助者的名字，如普利兹克画廊、波音画廊、哈里斯音乐舞蹈剧院和麦当劳自行车中心等。正如迈克尔·戴利所承诺的那样，捐赠及地下停车场所产生的收入是建造公园的关键，这样可以避免动用纳税人的钱。蒂莫西·吉尔弗约尔记录了这个庞大项目的内部运作。[2]坚持“不用纳税人的钱”的承诺是迈克尔·戴利主要的政治关切之一，也是避免批评的一种方式，尤其是避免来自《芝加哥论坛报》的批评。

---

❶ 我们尝试收集芝加哥、多伦多及其他城市的可比数据，但发现任务艰巨，过去的努力也鲜有成功。美国艺术社团2004年的一项研究调查了美国50个最大城市的人均艺术支出，结果显示芝加哥的人均支出为24美元。然而，这项研究每个城市仅涵盖一个机构，如芝加哥的文化事务部，这导致比较并不一致。

❷ GILFOYLE T.Millenium Park：Creating a Chicago Landmark［M］.Chicago：University of Chicago Press，2006.

为了配合千禧公园的“审美提升”，迈克尔·戴利选择了莎莉集团（Sara Lee Corporation）的首席执行官约翰·布莱恩（John Bryan）作为他的主要筹款人和公民领袖。约翰·布莱恩受到芝加哥商界精英的尊重，并与主要文化机构有着紧密的联系。他在筹集资金整修芝加哥抒情歌剧院和管弦乐厅方面发挥了重要作用，在三年内筹集了1亿美元。[1]与此同时，约翰·布莱恩代表了新社会问题：他在莎莉集团树立了打破性别和种族障碍的企业模式，这些关注使他在当地环境和社区组织中具有相当大的影响力。通过普利兹克家族的努力，他获得了建筑师弗兰克·盖里（Frank Gehry）的支持。在这里，我们看到了文化大师们如何在新规则和新地方演员中运用古老的技巧。

约翰·布莱恩为千禧公园项目筹集了2.3亿美元。在21世纪芝加哥式的社区/个人政治的文化版本中，他将空间划分为一系列区域，每个区域都有其独特的艺术和设计投入。在这个过程中，迈克尔·戴利给了约翰·布莱恩相当大的自由发挥空间。桑蒂·福纳里（Sandy Furnari）分析了他们是如何按照审美线划分的，一些更注重公民参与，另一些则更注重物理景观或花园，即使在合作时也是如此。[2]每一种都带来了独特的资源：金钱、人脉、新的公共艺术物品，以及多用途建筑的协同结合。在这里，我们可以看到哈罗德·华盛顿的文化计划在全球化背景下得以实现。

捐款人名单包括许多芝加哥的知名人士，如奥普拉·温弗瑞（Oprah Winfrey）。尽管金融联盟形式多样，但多数捐款来自金融业和保守的工业企业——也就是说，来自房地产开发等传统增长机器以外的利益。由约翰·布莱恩领导的小组成员大多是芝加哥顶级商业领袖，他们在慈善、公民和艺术委员会中共事。事实上，芝加哥的艺术团体加入了许多顶级商业领袖的行列，他们在晚宴、募捐会、交响乐和艺术展上见面。虽然这些领导者显然关心发展，但他们也有动力去创造一个世界级的设施，推动美学边界，而迈克尔·戴利则有兴趣利用他们的关系、才能和资源，打造一个更有活力、更吸引人、更加开放和多元文化的市中心。

在千禧公园之前，最引人瞩目的活动是理查德·弗兰克（Richard Frank）的芝加哥人文艺术节，在芝加哥大学的校园内外举办。在芝加哥，人们可以看到更狭窄或更开放的商业冲突，如芝加哥河上的新船夫和老驳船搬运工之间的冲突，迈克尔·戴利市长在此调解并鼓励一种观点，即这条河应该向所有人开放。有多少市长能以这两位市长为例来谈论多样性？还有什么能更鲜明地表明，文化已经被“制度化”地融入了芝加哥正常的政治生活中呢？迈克尔·戴利还打趣说，他希望芝加哥河不久将会比塞纳河更热闹。

---

[1] GILFOYLE T.Millenium Park：Creating a Chicago Landmark［M］.Chicago：University of Chicago Press，2006.

[2] FURNARI S.Multiple Networks，Brokerage and Institutional Change in the Creation of Millennium Park in Chicago［D］. Milan：Thesis Bocconi University，2010.

十五、文化政策是政治的产物

在过去的半个世纪里，尤其是在迈克尔·戴利时期达到巅峰，芝加哥的领导人越来越多地采用反映三个变化的政策：更多的公共产品、更有管理的增长和更多的便利设施。因此，芝加哥的案例是凸显文化政策深层政治属性的理想选择，分析人士和政策制定者往往错误地将其误解为非政治计划中的纯粹做法。[1]

事实上，芝加哥的机器政客们是政治领域的大师，他们派遣选区的领导人到社区去了解他们的客户想要什么。新的娱乐机器继续这些实践，但在不同的、更加富有表现力的层面上。芝加哥现在不仅是布鲁斯和凯尔特等少数民族音乐节日的举办地，也是 Lollapalooza 和独立音乐 Pitchfork 音乐节的举办地。如果迈克尔·戴利的权力取决于那些知道他们的人民想要什么的有经验的选区队长，迈克尔·戴利则开创了一种权力风格，这种风格依赖于熟练的文化事务官员，他们对独立音乐迷、环保人士、爵士乐爱好者和美食家的喜好非常敏感，并涵盖了其他日益分化和细化的消费领域的元素。

洛朗·弗勒里（Laurent Fleury）的研究表明，敏感的管理者同样将巴黎蓬皮杜中心（Centre Pompidou）建成了一个强大的场景，以此吸引参与者，使公民在公共空间中体验到作为市民的身份。[2]蓬皮杜中心吸引的游客数量是埃菲尔铁塔的五倍之多。芝加哥的千禧公园在这方面与蓬皮杜中心更为接近，在邻近的公共空间加入多种文化活动，从雕塑到滑冰再到歌剧。市长拉姆·伊曼纽尔（Rahm Emanuel）制订了一项新的文化计划，这是他第一个也是最公开的政策目标之一，据报道，该计划的中心为当地和邻里音乐家和音乐场所提供了新的支持。

信息是明确的：市民不再需要搬到巴黎拉丁区或纽约格林威治村去寻找艺术。人们现在可以在爱荷华市这样的地方找到丰富的艺术生活。在美国和其他地方的中小城镇里，有各种各样富有艺术气息、具有波西米亚风格、多姿多彩和多元化的社区。这些就是新型的娱乐机器，与传统的增长机器一起运作。分析人士和政策制定者可以从芝加哥的例子中学到一点：在没有暴力的情况下，文化传统薄弱的城市如何比某些精英已经宣称革命的国家以一种更深刻的方式显著改变自己。

---

[1] 国际城市管理者社团等组织所设定的专业标准，以及更加专业化的同行和学术学科的发展，都促进了这一趋势。即使是“文化政策”分析家也力求将其研究领域与公共政策和政治科学区分开来，强调其独特的视角和方法论。

[2] FLEURY L.Le Cas Beaubourg.Mécénat d' État et Démocratisation de la Culture［M］.Paris：Armand Colin，2007.

十六、结论

多伦多和芝加哥的案例突出了两种积极干预文化政策的模式，这使标准的中产阶级化故事复杂化，在这些故事中，经济学凌驾于政治和文化之上。不同政治文化的城市会呈现出不同的动态。因此，在新客户主义的芝加哥，有权势的赞助人——政治和公民领袖——试图让这座城市的"蜂鸣"依赖于他们的个人优雅和友谊。[1] 强有力的领导人和积极的运动不仅针对经济的必要性而开展，还将"蜂鸣"提上了议程。他们的决定是在高度冲突的环境中做出的，在这种环境中，建立联盟和叙述框架对实际完成任务至关重要。要了解城市现在是如何治理的，就必须了解它们能够为这些决策提供的资源。

学术研究要系统地面对这些问题还需要一段时间。如果说这些问题对政策制定者和活动人士来说还是新鲜事物，那么对城市理论家和分析人士来说就更新鲜了。相比之下，安娜·玛丽亚（Anna Maria）等人花了大约 25 年的时间对增长机器进行案例研究、调查研究和学术辩论，才形成了一个系统的、以经验为基础的市长执政联盟形态。[2] 目前，我们缺乏调查结果来明确探究文化团体和倡议对城市政府和机构的影响。在《城市作为一个娱乐机器》中，我们分析了过去调查的文化项目。尽管对财政紧缩和城市创新项目的国际调查已经转向了这里讨论的新问题，但它们只是开始增加关于文化、设施和场景的问题。[3] 我们鼓励其他人参与《城市文化政策的政治：全球视角》的相关研究，其中包括来自全球的 18 个案例研究，以及对多伦多案例的阐述。[4]

然而，在这种思想和社会动荡的时刻，这类理论分析对于潜在问题和联系的概括是至关重要的，尽管这些可能不会出现在积极分子或经验主义研究者的议程中。本文为分析政治、文化政策、经济发展和居民区重叠的案例提供了理论框架。我们以真正的全球文化艺术运动为基础。尽管过去有许多不利言论，但它并不是孤立于政治之外的。表现型文化正逐渐深入城市生活的社会和政治结构中。我们的框架指出艺术和文化可以对本地进程和参与者产生影响，并且为一个新的突出的资源设定了全新概念——"蜂鸣"，这种资源在许多情况下赋予了新的参与者惊人的强大影响力。多伦多和芝加哥为调查这一资源如何在地面上运作提供了有用的第一手资料。但是，与其他详细的案例研究相比，这些案例需要扩大和深化，并且纳入重视文化的大规模调查中。

---

[1] CLARK T，SILVER D.Chicago from the Political Machine to the Entertainment Machine［M］.London：Routledge，2013.

[2] ANA M，et al.Growth Machines Revisited：A Case Study Approach［J］. Urban Affairs Review，2008（3）.

[3] CLARK T.The City as an Entertainment Machine［M］. Lantham：Lexington Books，2011.

[4] GRODACH C，SILVER D.The Politics of Urban Cultural Policy：Global Perspectives［M］.New York：Routledge，2013.

第五篇　舒适物视角与国际消费城市打造方略

在当今全球化和后工业化的背景下，城市不仅是经济活动的中心，更是文化和生活方式的展示舞台。探讨如何通过“舒适物”——即提升居民和游客生活质量、满足其休闲娱乐需求的设施和服务——打造具有国际吸引力的消费城市。舒适物涵盖购物、餐饮、公园、博物馆、剧院及文化节庆活动等元素。通过对这些元素的战略规划和管理，城市可以塑造独特的品牌形象，吸引全球消费者和投资者。例如，芝加哥通过千禧公园等项目成功融合艺术与日常生活，而多伦多则以其多元文化的包容性和丰富的娱乐选择著称。两者展示了利用舒适物促进国际化进程的经验。此外，分析不同城市面临的挑战及应对策略，为政策制定者和城市管理者提供实用指导，助力实现可持续发展和社会和谐。

地方场景对文化实践的语境效应——以西班牙为例 *

摘　要：本文分析了文化消费模式受个体特征（如社会阶层、年龄）及地方文化场景的影响，通过西班牙的典型调查数据，揭示了文化消费在流行与高雅、传统与非传统两个维度上的区别。研究表明，除了社会阶层外，年龄等因素也显著影响着个人的文化消费选择，尤其是在非传统城市中，不同群体间的文化实践差异因“同化语境效应”而减小，这对地方文化政策产生了影响。此外，本文还探讨了接触特定文化消费机会对不同社会群体产生的差异化影响，强调了城市文化场景在塑造居民文化实践中的重要角色。

关键词：西班牙；文化消费；文化场景；阶级；同化

一、生活方式与文化实践：社会差异与文化消费机会

文化消费研究通常聚焦于社会不平等的影响，主要观点包括以下三点。

第一，社会地位较高的群体倾向于追求“高雅文化”（Culto）❶或“精英文化”的消费，而较低地位的群体则更偏向于“流行文化”或“大众文化”。这一观点由皮埃尔·布尔迪厄提出，强调了社会不平等对生活方式和文化消费模式的定义作用。❷

第二，文化杂食主义（Cultural Omnivorism）理论指出，上层阶级不仅接受“流行

* 本文作者克莱门特·纳瓦罗，巴勃罗·德·奥拉维德大学社会学助理教授，城市政治社会学和政策中心的研究员及安达卢西亚研究中心地方政府观察站成员；玛丽亚·罗德里格斯－加西亚，巴勃罗·德·奥拉维德大学社会学讲师，城市政治社会学和政策中心研究员。译者温雯，深圳大学文化产业研究院研究员，深圳大学文化数字化与文化创新发展实验室副主任。

❶ “Culto”在西班牙语中是一个含义丰富的术语，既可指“文化电影”或“礼拜堂”，也表示文化和修养的程度。为了比较流行文化和高雅文化消费，我们将其翻译为“高雅文化”。需要注意的是，聆听爵士乐也被归类于高雅文化，体现了这一术语及其文化形式的多样性和复杂性。

❷ KATZ–GERRO T.Highbrow Cultural Consumption and Class Distinction in Italy，Israel，West Germany，Sweden，and the United States［J］.Social Forces，2002，81（1）：207–229.

文化”，还对高雅文化感兴趣，这表明他们拥有更广泛的文化消费范围。❶❷尽管如此，这并不意味着“文化等级制度”的结束，而是显示了较高社会地位的人群具有更为广泛的品位。

第三，另一些学者认为，在后工业社会中，个人可以从丰富多样的文化消费机会中选择，通过不同的实践来构建和表达自己的身份特征，暗示社会不平等与生活方式之间并非直接关联。❸

然而，不同文化消费体验、获得或存在如何影响社会地位与文化实践之间的关系？例如，皮埃尔·布尔迪厄所提出的“惯习”是否在任何地方都保持不变？从文化场景的角度来看，答案似乎是否定的。本文的主要论点是，一个地区（如城市）提供的文化消费机会会影响居民的消费模式，这些模式作为不同生活方式的指标，在特定的社会和地域环境中形成，是接触某些类型文化消费机会的结果。

文化场景可以通过其提倡的生活方式来解读，不是根据规模，而是基于价值观和身份认同。我们通过测量 15 个子维度来评估文化场景的倾向，包括传统主义、超凡魅力、自我表达、时尚等，这些维度共同解释了不同的文化场景。❹以西班牙为例，区分城市文化场景的关键维度之一是传统与非传统之间的差异，前者关注传统和地方主义的价值观，后者则更注重自我表达和时尚。❺

接下来，我们将探讨这些文化场景的差异如何影响文化消费实践。一方面，可能存在直接的语境效应：接触非传统场景会促进相关文化实践的发展；另一方面，也可能存在间接的语境效应，即不同社会群体受此影响的程度各异。理论上可以确定三种可能的影响：一是“强化效应”——文化场景的性质促进了与之相一致的群体实践；二是“拒绝效应”——抑制那些与所在场景不匹配的群体的文化资本生产；三是“同化效应”——鼓励某些群体发展本地不常见的文化实践，以适应非传统的场景特征。

以上假设，如表 1 所示。

---

❶ PETERSON R A.Understanding Audience Segmentation：From Elite and Mass to Omnivore and Univore［J］.Poetics，1992（21）：243–258.

❷ WILENSKY H L.Mass Society and Mass Culture：Interdependence or Independence［J］. American Sociological Review，1964，29（2）：173–197.

❸ BAUMAN Z.Globalization：The Human Consequences［M］. New York：Columbia University Press，1998.

❹ SILVER D，CLARK T，NAVARRO C.Scenes：Social Context in an Age of Contingency［J］. Social Forces，2010，88（5）.

❺ NAVARRO C J，MATEOS C，RODRÍGUEZ–GARCÍA M J.Cultural Scenes and Creative Class in Spanish Municipalities［J］. European Urban and Regional Studies，2012（5）.

表 1　文化场景可能产生的语境效应（假设）

假设类型		假设内容
H1. 直接的语境效应		当城市文化场景是非传统时，更多非传统文化实践，而不考虑个人特征
H2. 间接的语境效应	加强效应	居民对文化特征的再生产进一步体现当地常见的实践行为
	拒绝效应	那些不发展非传统实践的人倾向于加强传统实践活动
	同化效应	那些起初不发展非传统实践的人倾向于发展非传统实践活动

二、设计与分析

为了分析这些语境效应，我们依据克莱门特·纳瓦罗的方法对西班牙地方场景特征进行了测量，并采用了西班牙典型调查（研究编号 CIS2634，2006），该调查针对 18 岁及以上的西班牙人口，以衡量个人文化实践。样本总数包括 8265 位受访者，分布在 554 个城市中，每个城市平均进行了 15 个访谈。这种样本规模和设计使得通过多层分析（Multilevel Analysis）来进行语境分析成为可能。[1]

具体而言，该调查提供了关于文化消费模式及其相关社会经济问题的数据。我们通过三个问题来检验文化消费模式，这三个问题涉及受访者喜爱的电视节目、音乐和服装类型的行为或文化实践（见表 2）。我们运用多重对应分析（Multiple Correspondence Analysis）来确定受访者在回答这些问题时所选选项之间的关系，以识别文化消费作为生活方式指标的不同维度和方式。随后，我们将这些维度作为多层回归模型中的因变量，自变量分为两类：第一类包括与生活方式相关的基本人口特征，如性别、年龄、教育水平（按受教育年限来衡量）和职业地位；第二类是定序数据（Ordinal Scale），结合就业状况和职业来确定五个不同的群体：失业工人、体力劳动者（蓝领）、技术工人（白领）、服务业人员，以及经理和专业人士（Professionals）。

表 2　文化消费实践分析

分类	具体细分
电视节目	新闻或文化节目、电影和娱乐杂志、体育、其他节目、无偏好
音乐	古典音乐，爵士乐，抗议（政治）、现代（流行，摇滚）、电子 / 都市、西班牙民谣，弗拉明戈、不听音乐 / 无偏好
服饰	正常和恰当的、时尚的，华而不实的、方便又舒适的

文化场景的倾向通过一个城市如何由传统或非传统设施所主导的指标来衡量。此

[1] NAVARRO C.El Análisis De Las Dimensiones Culturales De La Ciudad［M］. Madrid：Catarata，2012：46–76.

外，我们在评分上增加了两个权重：城市规模和文化消费机会的密度（用每个居民平均拥有的文化设施数量来衡量）。城市规模影响文化消费机会的数量和多样性，这使某些非传统实践得以拓展。然而，场景不仅仅包括文化消费机会的数量或密度。我们发现了城市规模、人口密度和文化场景特征之间存在关系的证据。规模和密度之间的关联最为显著，而这些变量与城市中场景的传统分数之间的关系则较为弱化。[1]

三、结果与讨论

（一）生活方式和文化消费模式

当我们分析这些数据时，出现了许多生活方式样板。首先，一些文化实践远比其他形式更为广泛（见图 1）。例如，新闻和文化节目（40.0%）、电视播放的电影和连续剧（33.0%）占电视消费的绝大部分；现代流行音乐和摇滚音乐（33.8%）、西班牙民间音乐（24.0%）以及古典音乐（21.0%），这三类占据了报告中音乐类别的近 80.0%。其次，受访者被分为两类：一类是偏爱常规和适宜的着装（40.0%）；另一类是喜欢方便和舒适的服装（42.0%）。从描述的角度来看，这意味着某些文化实践构成了西班牙主要人口的核心生活方式。

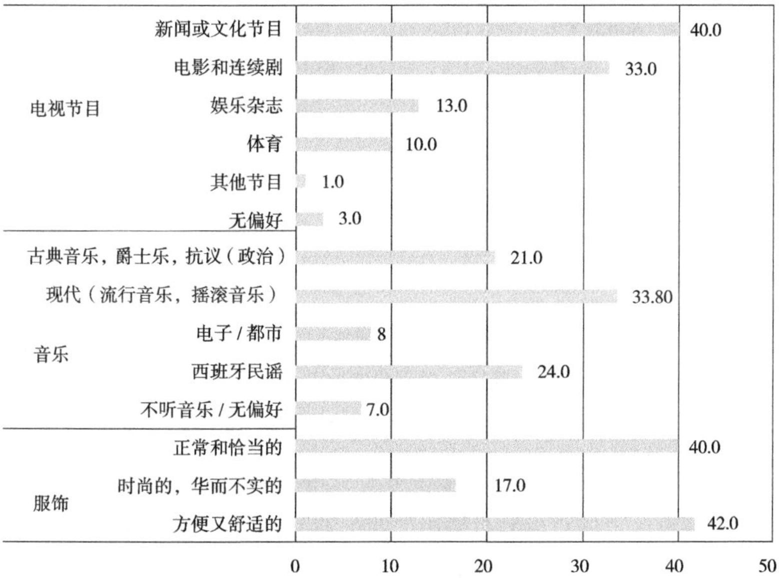

图 1　西班牙文化消费实践情况

数据来源：CIS2634

[1] NAVARRO C J, MATEOS C, RODRÍGUEZ-GARCÍA M J.Cultural Scenes and Creative Class in Spanish Municipalities［J］. European Urban and Regional Studies, 2012（5）.

多重对应分析表明，这些实践可以归纳为两个主要维度（见图 2）。第一个维度依据实践与传统的“审美距离”[1]来区分。有些人喜欢电子音乐、都市音乐或现代摇滚和流行音乐以及时尚服装，并且喜欢在电视上看电影和连续剧——与那些更喜欢传统文化实践的人形成对比（见图 2 中的横轴）。然而，后者可以根据第二个维度（见图 2 中的纵轴）分为两种类型：第一种类型的人喜欢听西班牙民间音乐、穿传统（适应场合的）衣服、看电视节目（如肥皂剧、真人秀等），而第二种类型的人则更倾向于古典音乐和爵士乐、新闻和文化节目以及舒适的服装。纵轴清晰地反映了“高雅文化”和“流行文化”之间的区别标准。[2][3]

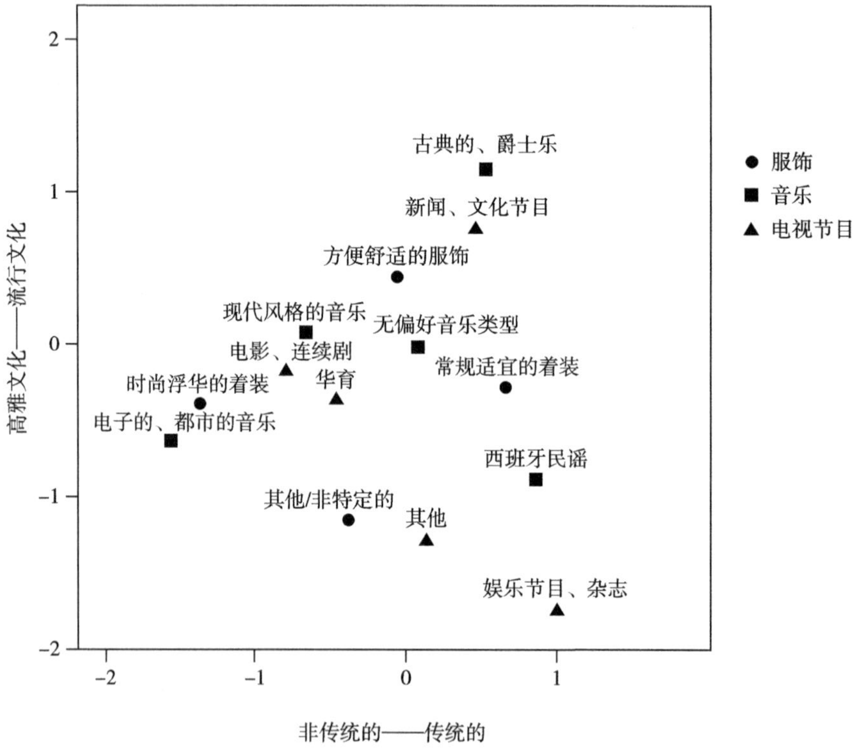

图 2 西班牙的文化实践和生活方式

什么样的社会特征与这些生活方式的维度相关联？我们进行了方差分析（ANOVAs），将性别、年龄组、教育水平和社会经济地位作为自变量，将文化实践的两个维度作为因变量（上述对应分析得出的两个轴上的受访者得分）进行对照。结果表明，社会经济地位与生活方式有着明显的关系，其他变量也显示出关联。具体来说，结

[1] “审美距离”指个人的文化选择与其所属社会群体传统之间的关系，反映了个体与群体传统的接近或疏离程度，也体现了其人口统计特征的成员身份。

[2] BOURDIEU P.Homo Academicus［M］. Stanford：Stanford University Press，1988.

[3] GRIGNON C，PASSERON J C.Lo Culto Y Lo Popular［M］. Madrid：La Piqueta，1992.

果显示专业人士、受教育程度更高的受访者和中年人发展了更多的"高雅文化"实践，而年轻人显然更倾向于非传统文化实践。此外，文化实践不仅与社会地位或文化资本有关，还与能造成社会变化的社会特征，特别是年龄有关。年轻人发展了一种不那么传统的生活方式，尽管他们与流行文化实践保持着更紧密的联系。因此，除了众所周知的社会经济地位和生活方式之间的关联外，文化实践也与年龄密切相关，尤其是在试图区分更传统或更非传统的风格时。如果说社会地位和文化资本彰显了高雅实践和大众流行文化实践的差异，那么传统和非传统实践之间的差异最终取决于年龄。

为了评估每个变量对这两个维度的相对影响，我们进行了最小二乘法回归分析（OLS Regression Analysis）（见表 3）。所有包括的变量都显示出显著系数（Significant Coefficients）。这表明文化实践不仅与社会地位或文化资本有关，还与能造成社会变化的社会特征，特别是年龄有关。[1]

表 3 西班牙文化消费模式的社会基础

变量	传统⟷非传统	流行⟷高雅
常量	1.255	–1.164
性别（男）	0.062	0.183
年龄	–0.032	0.010
教育（年）	0.008	0.044
社会经济地位	0.020	0.084
R^2	0.319	0.080

注：所有系数在 $P<0.050$ 时显著，数据来源于 CIS2664。

（二）文化场景的语境效应

除了前面的生活方式分析之外，我们的假设还提议文化场景也应该产生影响。非传统文化场景占主导地位的城市应该推广非传统文化实践（如我们在第一个维度中衡量的那些），并且应发展高雅文化相关的活动（正如我们在第二个维度中衡量的那些）。我们进行了多层次分析来探讨城市语境特征的相对影响。上述定义的文化实践的两个维度仍然是因变量，社会经济和人口特征、场景的非传统取向、文化消费机会的容量和密度为自变量。分析显示了对应文化场景特征的总体语境效应（见表 4）。

[1] OLLIVIER M. Modes of Openness to Cultural Diversity［J］. Poetics, 2008（36）: 120–147.

表 4　场景对文化实践的语境效应：直接语境效应，多层回归模型

变量	模型 1：传统←→非传统	模型 2：流行←→高雅
常量	**1.277**	**–1.162**
文化场景（非传统）	**0.019**	**0.026**
城市规模	–0.002	–0.019
设施密度	**0.020**	0.025
社会阶层	*0.015*	**0.770**
性别	**0.064**	**0.186**
年龄	**–0.032**	**0.009**
教育	*0.005*	**0.044**
V. inter–municipal（城市之间）	**0.025**	0.043
V. inter–individual（个人之间）	0.690	0.899
ICC	0.035	0.046
Expl.Var.level–1（Level–1 解释变量）	32.801	11.466
Expl.Var.level–2（Level–2 解释变量）	33.731	13.608
偏差	18 293.303	20 277.562
自由度	550.000	550.000
Dif. Deviance（偏差差异）	–5589.151	1984.590
N（城市数量）	554.000	—
N（访谈数量）	8265.000	—

注：黑体表示 $P<0.050$ 时显著；斜体表示 $P<0.100$ 时显著。

当一个城市的文化场景趋于非传统时，非传统的文化实践就会增加（模型 1），同时“高雅文化”实践也会增加（模型 2）。文化消费机会的密度，而非城市规模，解释了非传统实践的传播。个人特征中的性别和年龄（特别是男性和年轻人）影响了非传统实践的发展，而在第二个维度（流行与高雅实践）中，教育水平和社会地位是重要的解释因素。也就是说，高雅（或流行）实践的再生产更依赖于居民的社会经济地位，而非传统实践模式似乎更多地与年龄相关，这与我们在回归分析中看到的结果一致。受访者所居住城市的文化场景特征都鼓励了这些文化实践（假设 1）。

根据我们的第二个假设，文化场景对不同社会群体的语境影响是不同的。因此，我们期待年轻人更倾向于非传统文化实践，尤其是在对他们有利的语境中，反映一种语境强化效应。对于老年人，如果这个群体在非传统场景背景下发展出更传统的实践，拒绝效应可能会出现；另一方面，如果老年人在非传统场景中更多地参与非传统实践，则可能存在同化效应。同样地，对于那些具有更多“高雅文化”实践（相对于流行实践）社会基础的群体来说也是如此。

教育水平是一个典型的例子。在一个拥有非传统场景的城市，受过高等教育的居民将会经历语境强化效应，因为他们有更多的文化资本，并且他们的习俗反映在当地环境中。反之，受教育程度较低的人则会出现拒绝效应。在更为传统的场景中，具有相同教育水平的人身上可能会看到同化效应——他们会从事更多的非传统实践。

为了验证这些亚文化的强化、排斥和同化的影响，我们引入了跨层次交互术语（Cross-Level Interaction Terms），并分析了年龄和教育对场景特征取向的影响，重点关注传统和非传统背景的区别。我们构建了模型来研究语境如何影响流行和高雅实践。这些间接语境效应均显示出产生影响。我们发现教育水平与场景倾向有很强的关系，特别是在涉及文化差异的实践时。在第一种情况下，交互作用在 $P< 0.060$ 时显著；在第二种情况下，交互作用在 $P<0.050$ 时显著（见表 5）。

表 5　文化实践对场景的语境效应：间接语境效应，多重回归模型

变量	模型 1：传统⟵⟶非传统	模型 2：流行⟵⟶高雅
常量	1.276	–1.162
文化场景（非传统）	–0.002	0.074
城市规模	–0.004	–0.019
设施密度	0.022	0.024
社会阶层	*0.014*	0.077
性别	0.064	0.186
年龄	–0.032	0.009
教育	*0.005*	0.044
场景（年龄）	*0.001*	—
场景（教育）	—	–0.005
V. inter–municipal（城市之间）	0.025	0.044
V. inter–individual（个人之间）	0.689	0.899
ICC	0.035	0.047
Expl. Var. level–1（Level–1 解释变量）	32.895	11.372
Expl. Var. level–2（Level–2 解释变量）	33.827	13.604
偏差	18 301.150	20 281.510
自由度	550.000	550.000

续表

变量	模型 1：传统⟵⟶非传统	模型 2：流行⟵⟶高雅
Dif. Deviance（偏差差异）	−5581.302	−3600.944
N（城市数量）	554.000	554.000
N（访谈数量）	7318.000	7318.000

注：黑体表示 $P<0.05$ 时显著；斜体表示 $P<0.10$ 时显著。

这些效应表明，在两种情况下，分析均表明存在同化效应：当居民生活在非传统环境中时，群体之间的差异会减小。例如，非传统维度上场景得分越高，居民参与文化实践的特征差异就越小——这种同化发生在受教育水平排在第 25 百分位和第 50 百分位的居民身上（见图 3），但受教育程度较低的居民的同化趋势要高得多。似乎文化资本相对不足的居民更有可能在城市占主导地位的文化场景中经历同化效应。

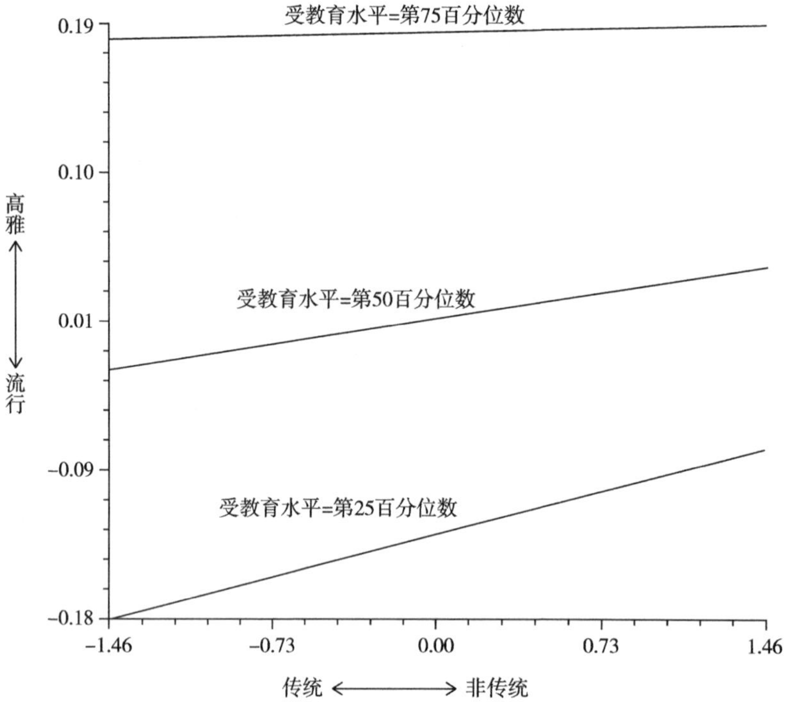

图 3　西班牙当地非传统场景的文化同化效应

四、简要结论：文化场景的语境效应及其政策含义

我们的分析表明，文化场景对西班牙人的文化消费类型有直接的语境影响。具体来说，当一个城市的文化场景定位于“非传统”的文化消费机会时，非传统实践会更为丰

富（直接的语境效应）。此外，这种语境在不同的社会群体之间会产生同化效应（即跨层次的语境效应）。这意味着具有与当地习俗或实践不完全一致特征的群体有时会从事促进同化的消费实践，并且某些人口特征与这些影响的程度相关联。

综上所述，我们已经能够证明城市文化景观的特征会影响居民的文化实践。那么如何解释这种语境效应呢？更具体地说，同化效应揭示了什么？我们可以提出两种可能的解释机制，每种都具有重要的政策启示。

一是模仿过程：同化可能是通过模仿产生的，即人们遵循在街头、人们的穿着方式、广告牌、新闻或某些文化消费空间中所见到的生活方式。这通常是雄心勃勃的文化和体育项目背后的一个假设，其前提是相信接近某些做法、生活方式和行动者（如艺术家和运动员）将对当地居民产生文化传播效果。政策制定者可以通过创建更多的文化展示空间和活动来强化这一过程，从而鼓励居民模仿并采纳新的文化实践。

二是社会互动：同化也可能因为社会互动而出现。主要从事流行文化实践的群体倾向于发展其他更非传统的实践，因为他们生活在非传统实践中并与之互动，造访场所并与人交谈。人际交往的影响（而不仅仅是模仿）使得同化成为可能。在这种情况下，那些庆祝文化参与空间成立的活动为同化提供了重要基础，因为这些活动鼓励居民直接相互交流。因此，正在同化的群体可能会选取一些更具有文化特色的实践。这一假设主张人们通过日常生活中的人际交流学习，而不是从人为的文化媒体中学习。

这两种解释机制存在一定的张力：前者假设了一个源自文化再生产结构的方向性，后者则假设个人有更强的适应能力来体验和应对他们所处环境中的文化导向性实践。尽管许多社会理论家试图调和这种矛盾，但这仍然是一个复杂的问题。个人不仅回应自己的体验史，而且他们的行为也受到阶级和背景的影响。然而，我们的研究表明，文化资本和语境的影响同样重要，文化场景对西班牙城市居民的文化实践有着显著的影响。

上述分析指向了文化实践的一个组合，这些实践提升了个人与其活动区域的文化场景之间的黏性，包括他们居住的地方、工作的地方、创造和消费文化的地方及社群。居民的互动在一般性文化实践的发展中起着重要作用，这种作用抵消了对文化实践发展的结构理论预期。在西班牙，我们看到个人以与其背景不同的方式参与文化实践。例如，更年轻、受教育程度更高、收入更高的女性有时更喜欢传统着装习惯和古典音乐。这表明北欧和南欧之间可能存在差异。

从这些对同化的不同解释中可以得出两种不同的视角，以帮助定位管理城市文化议程的政策。

一是工具性方法：专注于重大事件和文化空间建设，旨在通过创建文化和艺术展示的空间来促进文化的传播和模仿。

二是机理性方法：将社会化的责任放在个人与政策的互动上，旨在培育已经发生的互动空间，并促成使互动成为现实的行为。无论是哪种情况，我们的分析都强调了理解特定城市中存在的文化消费机会的重要性，即当地文化场景，以及这些机会模式如何通过独特的生活方式扩展。

调查这些影响背后的机制将提高我们对它们的理解，从而更好地指导城市如何制定文化公共政策战略。政策制定者应重视文化场景对居民文化实践的影响，通过适当的策略来促进多样性和包容性的文化发展。

场景视域下的城市蜂鸣效应研究——基于中国15个城市的实证分析*

摘　要：在全球化与信息化深入发展的背景下，城市个性和城市品牌的塑造高度依赖于文化创新。在此语境下，场景蜂鸣效应提供了解释城市创新与精致增长的理论范式，即以城市场景塑造为载体，通过面向城市内部的“本地蜂鸣”与面向城市外部的“全球通道”，激发持续的城市文化创新。全国主要城市在营造场景蜂鸣方面因地制宜，提供了多种经验。上海在场景蜂鸣营造的维度上，以既扎根本土又面向国际的开放发展、既睦邻友好又泛在学习的品质生活、既自由表达又尊重传统的创新生态，释放蜂鸣信息、凝聚创新资源、实现高质量发展。

关键词：场景蜂鸣；文化创新；多维拓展；文化舒适物

一、蜂鸣效应：作为城市文化创新的重要资源

20世纪末以来，文化和艺术及其形成的产业群落在许多城市中逐渐崛起，成为城市发展中的新文化中心和新经济场域。这种转变背后，“蜂鸣”现象作为一种宝贵的城市资源起到了关键作用，通过文化艺术的创新与价值转化，持续推动着城市的整体转型。“蜂鸣”不仅作为集体行动参与城市治理和政府合作的催化剂，它还揭示了特定设施与场景组合如何能够吸引并聚集人群，创造出独特的文化体验，进而对城市发展产生积极影响。立足于“城市”的自我成长，“蜂鸣”是驱动城市创新的重要能量来源，在指导城市更新的创新理念、发展范式、内容创造及治理体系等方面发挥着不可或缺的作用。

（一）蜂鸣的内涵与外延

“蜂鸣”现象创造了独特的场景特色。场景不仅仅是由物质设施简单堆积或混搭

* 亓冉，深圳职业技术大学数字传媒学院讲师，主要研究领域为城市文化场景。

而成，而是孕育着特殊文化价值的城市生活娱乐设施的综合体。它超越了物理设施集合的概念，作为文化价值观外化的符号，影响个体行为和社会互动，成为一种社会事实。[1]“蜂鸣”的出现是使“场景”生动并赋予其特质的关键因素，通过人类的文化艺术活动、公众参与、社会消费和创新创造所形成的“蜂鸣”，为场景注入了生命力。

在数字化新型基础设施建设的新城市时代，“蜂鸣”的创造力与现代技术之间的协同作用，为场景营造带来了更加丰富的可能性。依赖互联网技术的虚拟消费场景和生活场景的重构，使“蜂鸣”不再局限于人群面对面交流的传统框架，而是通过多维交织的方式释放出更多的创新价值，在不同的空间场域和生活场景中塑造出更为丰富的文化社群。

“蜂鸣”具有自主性和外向性两种面向。**一方面，**面向场景内部的“蜂鸣”促进参与者间的交流与互动，传播独特体验，增强场景特质，吸引创新资源，并起到凝聚和联系的“枢纽”作用。它通过影响文化场景参与者的实践行为，实现场景内资源要素的文化生产，传播场景的文化价值（见图 1）。**另一方面，**面向场景外部的“蜂鸣”则涉及与经济、政治和居住环境的交互。这种层次上的“蜂鸣”对其他领域的内部需求做出功能性贡献，通过创造财富、权力和信任，使场景在其所属更广泛的系统中赢得地位。同时，场景可以从商业团体、政治角色和居民团体获得外部支持，如资金、媒体援助和社区信任，吸引企业聚集，带动多元主体的文化参与。这不仅有助于解决社区问题、促进经济发展，还为地方治理做出了贡献。

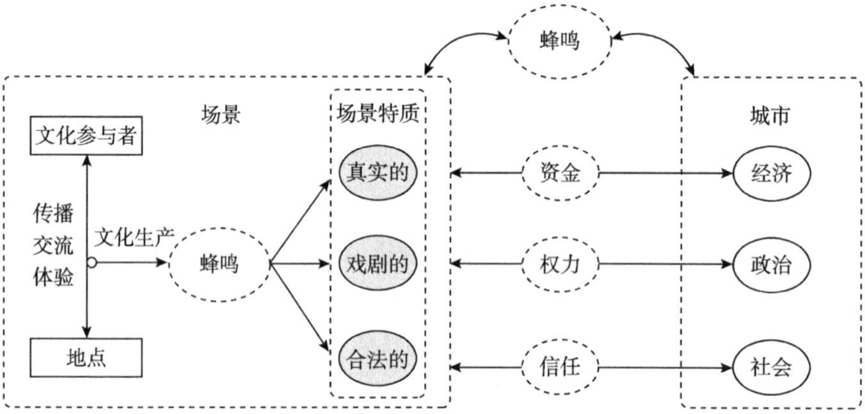

图 1　蜂鸣与场景的互动逻辑

（二）场景理论下城市蜂鸣效应的生成逻辑

在全球化与信息革命的浪潮下，世界正呈现出一体化、网络化和智能化的新格局。

---

[1] 吴军 . 城市社会学研究前沿：场景理论述评［J］. 社会学评论，2014（2）.

然而，这一趋势也引发了地方文化与精神某种程度上的退化。面对这样的挑战，传承与再造城市的地方性精神，即“场所精神”，成为现代化城市高质量发展的关键之一。“蜂鸣”现象通过强调全球与地方两个维度的资源、资本和信息互动，促进了城市内部持续性的创新。它构建了一个基于城市自身异质性的文化磁场，强化了全球化进程中城市的“地方性”特色。

1. 推动面向城市内生文化创造性的“本地创新”

面向城市内部自主性的“本地创新”是对城市内生力和建构“地方性”精神的生动表达。在城市空间中，居民通过积极参与文化艺术活动、公众参与、社会消费及创新创造，甚至日常生活实践，完成思绪与情感的迸发、空间与行动的相互赋能、文化设施与文化精神的互相启发。这一过程构建出共生、共享、共建的空间“磁场”，激发“蜂鸣”效应，赋予城市独特的美学气质，使其更加生动鲜活。

“蜂鸣”效应促使富有创造性色彩的社会互动、文化参与和产业实践相互影响并广泛蔓生，使社会互动在城市区域内高度集中。这不仅推动了产业的专业化集聚和高素质人才的集合，还催生了创造性的社会思潮，促进了大量创新的产生。“本地创新”的诞生依赖于城市自身的人才、文化和创新资源，并以各类城市生活文化设施、企业和活动等舒适物为载体。通过这些实践活动，“本地创新”不仅增强了城市的吸引力，还构建了城市自身的内生动力，确保其在全球化背景下保持独特性和活力。

2. 构建面向城市外部文化互动性的“全球通道”

在全球化日益深化的背景下，全球化已成为影响文化发展最深刻的变革力量。全球城市之间的交往方式不断创新，交往的速度和效率显著提升，全球化构成了当代城市生存与发展的根本历史语境。与此同时，全球化也成为推动城市创新的重要动力。为了谋求更好的发展条件与竞争优势，越来越多的城市积极顺应并主动参与全球化浪潮。城市不仅作为联接全球网络的关键节点，同时也是全球联系与交往的起点和终点。[1]

在此背景下，面向城市外部的“蜂鸣效应”是对城市对外开放程度与能力的阐释。通过吸纳来自外部的经济和文化资本，城市能够更有效地采取行动来维持和发展其独特的场景。交流越频繁，这些特定场景就越有可能融入城市的社会结构中，增强城市的多样性和活力。从城市自身发展的角度来看，面向全球的发展意味着与其他城市、区域乃至国家之间更加频繁且高质量的资源与资本交换。“全球通道”的构建依赖于城市在对外文化、经济交往合作方面的能力，以各类国际贸易活动、组织与平台为载体，为城市产业发展与文化交流拓展空间，并塑造城市的国际形象。

---

[1] 庄友刚．全球化与区域化：当代城市发展的二重趋势与内在逻辑［J］．社会科学辑刊，2021（1）．

二、效应测度：基于全国 15 个城市的比较分析

城市的蜂鸣生产力能够通过以舒适物为基础的场景特质及其与创新、经济等之间的关系得到有效的测度。本项研究采集了包括上海在内的 15 个城市的舒适物数据，并通过建立“本地创新”及“全球通道”的蜂鸣效应评价指标，对城市之间的蜂鸣效应集聚程度进行了测度与比较。

（一）数据来源与变量设计

1. 数据来源

（1）城市舒适物提取。本项研究依据大众点评及专家意见，将城市文化舒适物分为餐饮、足疗洗浴、休闲娱乐、婚礼、电影、演出赛事、丽人、医学美容、美容店、高端酒店、性价比酒店、特色酒店、亲子摄影、亲子娱乐、幼儿教育、周边游、专业健身、休闲运动、购物、装修、外语留学、艺术兴趣、职场技能、学习、生活服务、维修、周边设施、商业服务、医疗健康、爱车、宠物、革命纪念设施、物质文化遗产 33 种大类，具体分类如表 1 所示。

（2）城市样本选取。本项研究的城市选择基于行政级别、人口规模及经济发达程度。第一步，根据行政级别选择城市。在中国的国情背景下，行政因素是影响城市发展的重要因素，城市行政级别越高则拥有更高的管理权限，其建设与发展的综合能力也就较强。因此，本文选择直辖市、省会城市及计划单列市。第二步，根据城区人口规模选择城市。城市的人口规模在一定程度上反映了劳动力要素在市场机制作用下的流动结果。此外，由于我国主要城市行政单位为“广域市”，不仅包含城区还包括广大的郊区县，这可以与国外的同类研究形成对比。本文选择的是城区人口超过 500 万人的城市。第三步，根据经济发达程度选择城市。在前两步的基础上，依照地区生产总值进行排名，并按照地区生产总值超过 5000 亿元的标准进行进一步筛选。

基于上述三个方面，本文共选择了 15 个城市，包括上海、北京、深圳、广州、重庆、成都、杭州、武汉、南京、天津、青岛、长沙、郑州、沈阳和石家庄。本项研究的原始数据来源于 2022 年《中国城市统计年鉴》。基于城市舒适物的分类，本项研究选取了大众点评上各个城市 2022 年的 POI（兴趣点）数据以实现进一步研究。

表 1　城市文化舒适物分类

类别	舒适物	类别	舒适物	类别	舒适物	类别	舒适物	类别	舒适物
餐饮类	本帮江浙菜	婚礼	婚礼策划	医学美容	医学美容	周边设施	通信营业厅	装修	装修设计
	东北菜		婚庆公司	美容店	美容店		售票点		定制家居
	云南菜		司仪主持	高端酒店	五星级 / 豪华型		银行		装修建材
	西北菜		婚纱摄影		四星级 / 高档型		交通		家具家居
			旅拍	性价比	三星级 / 舒适性		房屋地产	外语留学	英语
	蟹宴		个性写真		经济连锁 / 旅馆		政府机构		日语
	台湾菜		婚礼跟拍	特色酒店	情侣 / 电影酒店		丧葬		汉语
	贵州菜		婚纱礼服		青年旅社	医疗健康	口腔齿科		法语
	面馆		西服定制		客栈		体检中心		德语
	小龙虾		珠宝首饰	亲子摄影	亲子摄影		药店		留学
	江西菜		彩妆造型		孕婴摄影		中医		西语
	家常菜		婚车租赁		百天照 / 满月照		整形		韩语 / 朝鲜语
足疗洗浴	足疗按摩		婚礼小商品		快照摄影 / 自拍屋		妇幼医院		其他小语种
	洗浴 / 汗蒸		婚宴	亲子游乐	儿童乐园 / 游乐园	爱车	摩托车	艺术兴趣	书法
休闲娱乐	密室		蜜月旅行等		婴儿游泳		加油站		主持演讲
	轰趴馆	电影	电影院		儿童运动馆		加电站		戏剧表演
	茶馆		汽车影院	幼儿教育	早教中心 / 感觉统合 / 亲子会所		充气站		国学
	私人影院		独立放映机构		STEM/ 少儿编程 / 机器人编程		停车场		模特

续表

类别	舒适物	类别	舒适物	类别	舒适物	类别	舒适物	类别	舒适物
休闲娱乐	网吧网咖	电影	户外电影放映	幼儿教育	儿童艺术培训	爱车	汽车租赁	艺术兴趣	棋牌培训
	DIY 手工坊	演出赛事	演出场馆		托班 / 托儿所 / 幼儿园 / 日托		交警队		艺考专业课培训
	采摘 / 农家乐		大剧院		月子会所		年检站	技能	驾校
	城市书店		小剧场	周边游	温泉	物质文化遗产	文物建筑		职业技能培训
	创意商店		音乐厅 / 礼堂		水上娱乐		纪念场所	学习	自习室
	塔罗		Live house	专业健身	健身中心		民俗文化场所		升学辅导
	电玩电动		文化宫		武术场馆		革命纪念设施		
	蹦床公园		艺术中心 / 广场		游泳馆	生活服务	快照冲印		
	室内游乐园		展览馆	休闲运动	羽毛球馆		搬家运输		
	娃娃机	丽人	美发		射箭馆		生活配送		
	减压馆		美甲美睫		篮球场		家政服务		
	动漫城		美容 /SPA		桌球馆		洗涤护理		
	VR		养发		攀岩馆		生活缴费		
	桌游		瘦身纤体		乒乓球馆		社区服务		
	团建		瑜伽		足球场	维修	家电 / 数码维修		
	真人 CS		韩式定妆		壁球馆		居家维修		
	社交拓展俱乐部		祛痘	购物	综合商场	宠物	宠物店		
	棋牌室		纹身穿刺		服饰鞋包		宠物医院		
	桌球馆		化妆品	商业服务	律师服务				

2. 变量设计

（1）城市蜂鸣效应评价指标。依据“蜂鸣”作为一种城市创新资源的概念，结合相关理论，本项研究将城市蜂鸣分为以下两大逻辑部分。

一是以面向城市内部的本地创新激发文明的交流与创新。因此，本项研究将人才培养、科技创新能力、文化娱乐作为评价城市场景内部蜂鸣的指标，具体指标解释如下：

第一，高素质人才。人才是促进新时代城市创新的关键主体和主要资源，也是反映地区经济发展水平的关键指标。本项研究将高校数以及高等教育在校生数作为反映城市人才培养的二级指标。

第二，科技创新能力。数字文明时代，全球科技创新进入空前密集活跃期，党的二十大报告提出要“统筹推进国际科技创新中心，区域科技创新中心建设，加强科技基础能力建设，强化科技战略咨询，提升国家创新体系整体效能”。城市作为科技创新的载体，是进行科技创新活动的重要支点，更是实现城市整体产业升级、治理升级，助力城市高质量发展的关键指标。本项研究将城市专利授权数，科研经费投入强度即R&D投入占GDP的比重作为衡量城市创新能力的二级指标。

文化娱乐。后工业时代的显著标志是文化的崛起，从国家文化软实力的建设，到地方文化的创新传承，再到居民日常的文化参与，文化是定义现代城市生活方式品质，同时促进现代城市文明升级的重要力量。在城市文化场景的营造中，文化通过本土化元素展现出更丰富的内涵和更具特色的都市语义，从而引导城市在日益多元的城市星球中，能够保留其文化基底，延续其文化风貌，并通过“本土蜂鸣”释放发展红利。本项研究将城市旅游收入、人均教育文化娱乐消费支出等作为衡量城市文化发展与居民文化生活的二级指标（见表2）。

表2 “本地创新”评价指标

一级指标	二级指标	权重
人才培养	高校数	1/6
	高等教育在校生人数（包括研究生以及本专科生）	1/6
创新能力	专利授权数	1/6
	科研经费投入强度	1/6
文化娱乐	旅游收入	1/6
	人均教育文化娱乐消费支出占比	1/6

二是以面向城市外部的全球通道促进文明的传播与融合。本项研究从经济与文化两方面，评估城市的“全球通道”，具体指标解释如下。

第一，经济贸易。回溯世界城市文明进化与城市建设的进程，城市化的第一步几乎都是从成为贸易中心开始的，国际贸易更是衡量城市开放程度的基本指标。本项研究从外商直接投资项目（企业）数、进出口贸易总额作为评估城市经济贸易的二级指标。

第二，对外文化贸易。在全球竞合主题转向文化软实力之争的今天，推动对外文化贸易的高质量发展是推动中华文化走出去，更好地服务构建新发展格局与文化强国建设的关键。2022 年 7 月，商务部等 27 部门便发布《关于推进对外文化贸易高质量发展的意见》重要举措，着力促进文化贸易规模增长与结构优化，提升文化产品与服务的国际竞争力。基于此，本项研究将文化出口基地以及对外文化贸易基地等平台数量、国家文化出口重点企业及项目数量作为评估城市对外文化贸易的二级指标（见表 3）。

表 3 “全球通道”评价指标

一级指标	二级指标	权重
经济贸易	外商直接投资项目（企业）数量	1/4
	城市进出口贸易总额	1/4
对外文化贸易	国家文化出口基地及对外文化贸易基地数量	1/4
	国家文化出口重点企业及项目数量	1/4

（2）城市场景打分维度。三个主维度与 15 个子维度构成的场景语法，为解构城市文化蜂鸣的研究提供了可行方法论。场景理论对消费活动及便利设施的重新定义，意味着需要一种新的语言解剖不同类型的场景。对此，场景理论提出了包括三个主维度与 15 个子维度的场景语法，类似于一个化学元素周期表，不同化学元素组合能够形成不同的化合物，而场景则通过 15 个描述性维度的不同组合实现对于场景特质的精准识别。场景分析的维度具体如表 4 所示。

表 4 场景维度描述

主维度	子维度	描述
合法性	传统的	指以传统而形成人与历史的纽带，加强礼仪、习俗等方面的传承
	功利的	指强调对于世俗利益的追求，把功利性目标放在首要位置
	自我表达	指强调个人的个性表达，将个人的创意作为有益的资源
	平等的	指尊重所有人，包括尊重每个人在生存、就业、学习等方面的权利
	领导的	指基于领导者的品格与成就，而对人群形成了引领作用

续表

主维度	子维度	描述
戏剧性	爱炫的	指张扬和夸张，希望成为别人关注与仰慕的对象
	突破的	指突破传统、改变范式、重塑规矩，以非主流的方式呈现
	迷人的	指在场景中呈现时尚、耀眼、闪烁、神秘、诱人等特点
	正式的	指在正式的场景重视礼节，表现为强烈的仪式性与标准化
	睦邻的	指强调和谐、亲密，主张如在“家”一般的轻松与和谐的状态
真实性	本地的	指体现了本土的特有形态和活动风格，没有被外界同化
	族群的	指族群长期延续的常态化风俗，不受外界潮流的同质化影响
	企业的	指高度重视企业对于经济增长等方面的贡献，发挥市场配置资源的功能
	国家的	指在场景中呈现鲜明的国家印记，强调参与者的国家公民身份
	理性的	指倡导理性与科学的思考，以在人群中实现思想的共识

本项研究对城市场景蜂鸣的相关分析依照克拉克原典中对场景维度的相关规定与解释，以保证各类舒适物场景分数的科学性与权威性。在具体分析过程中，本项研究遵从场景理论的研究范式，对所提取出的城市舒适物进行 3 大主维度、15 个子维度的“1 ~ 5”的赋分，其中“3”分代表中立，大于 3 分代表该舒适物及其所主张的活动支持该维度，小于 3 分则代表该舒适物及其所主张的活动排斥该维度。本项研究采用的舒适物场景分数由 10 位专家历经一年时间对大众点评所覆盖的 184 类舒适物打分完成，最终打分一致性均在 0.9 以上。

（二）城市蜂鸣文化场景表现特征

在场景理论相关的实证研究范式中，对舒适物的美学风格的提取是通过 1 ~ 5 的打分完成的。本项研究通过对 15 个城市样本的大众点评舒适物分别进行场景赋分，依照公式（1–1），最终得到该城市在 15 个场景维度上的场景“表现分数”，即为该城市的“场景气质”。

场景表现分数 =（舒适物数量 × 对应分数）/ 舒适物总数　　（1–1）

在对 15 个城市进行舒适物赋分以及计算后，其场景表现分数如表 5 所示。

表 5　城市场景表现分数

城市	真实性					戏剧性					合法性				
	理性	本地性	国家性	企业性	族群性	正式性	爱炫性	睦邻性	突破性	迷人性	传统性	表达性	实用性	超凡性	平等性
上海	3.008	3.052	3.008	3.137	3.043	2.970	3.012	3.072	2.936	2.920	3.403	3.028	3.214	2.962	3.071
北京	3.014	3.043	3.009	3.153	3.025	2.986	3.013	3.063	2.923	2.930	3.383	3.029	3.232	2.959	3.067
重庆	3.012	3.038	3.007	3.134	3.038	2.958	2.997	3.053	2.928	2.911	3.383	3.034	3.231	2.946	3.085
天津	3.011	3.044	3.005	3.143	3.025	2.967	3.006	3.059	2.925	2.921	3.474	3.032	3.230	2.963	3.072
深圳	3.007	2.998	3.003	3.148	3.040	2.955	3.019	3.035	2.957	2.927	3.620	3.038	3.207	2.967	3.072
广州	2.997	2.999	3.004	3.182	3.070	2.961	3.004	3.045	2.942	2.871	3.881	3.017	3.237	2.959	3.067
成都	3.005	3.055	3.007	3.131	3.045	2.965	3.000	3.063	2.937	2.926	3.422	3.027	3.214	2.960	3.066
杭州	3.015	3.057	3.010	3.149	3.025	2.967	3.000	3.071	2.930	2.918	3.463	3.031	3.226	2.954	3.074
武汉	3.013	3.061	3.009	3.141	3.025	2.965	3.004	3.071	2.922	2.919	3.398	3.029	3.242	2.950	3.075
南京	3.017	3.062	3.009	3.145	3.033	2.961	2.996	3.058	2.935	2.907	3.480	3.026	3.238	2.954	3.073
青岛	3.014	3.039	3.006	3.152	3.034	2.984	3.006	3.069	2.919	2.930	3.412	3.018	3.257	2.949	3.078
长沙	3.010	3.040	3.006	3.141	3.049	2.972	3.011	3.064	2.923	2.924	3.388	3.032	3.233	2.950	3.075
郑州	2.980	2.999	2.972	3.102	2.985	2.924	2.965	3.018	2.893	2.876	3.436	2.997	3.209	2.920	3.048
沈阳	3.014	3.036	3.007	3.150	3.029	2.951	2.999	3.072	2.933	2.885	3.473	3.008	3.280	2.950	3.080
石家庄	3.019	3.009	3.007	3.156	3.016	2.976	3.003	3.034	2.914	2.904	3.528	3.019	3.283	2.941	3.061

为了进一步提取各类城市的场景特征，我们采用了 SIMCA 14.1 软件执行主成分分析（PCA-X）和正交偏最小二乘法判别分析（OPLS-DA），以探索不同城市场景在 15 个维度上的表现。此外，还进行了分层聚类分析（HCA），使用 Ward 方法来识别特征性场景成分。

通过主成分分析，我们发现 15 个城市样本被归为三类。郑州市表现出独特的特性，而广州与深圳则显示了相似的场景特征。沈阳、石家庄、上海等其余 12 个城市展示出较为一致的特征。

为了进一步区分城市间的场景表现，我们根据上述分类对城市进行编码，并进行了 OPLS-DA 分析。分析结果表明自变量拟合指数（R2x）为 0.691，因变量拟合指数（R2y）为 0.920，模型预测能力指数（Q2）为 0.666。这些数值超过 0.500 意味着模型拟合度良好。经过 200 次置换检验确认，Q2 回归线与纵轴的交叉点小于零，这证明了模型没有过拟合现象，验证了模型的有效性。

从变量权重（VIP 值）的角度来看，当 VIP 值大于 1 时，表示该因素对结果有较高的贡献度。我们的研究表明，在 15 个城市样本中，传统性、突破性、国家性、族群性、本地性、爱炫性、超凡性、企业性和理性特征尤为突出，特别是传统性的表现最为显著。相比之下，睦邻性、正式性、迷人性、平等性和表达性等特征则显得不那么重要，其中实用性特征的表现最弱。

最后，通过 OPLS-DA 分析的得分图和载荷图可以观察到，郑州市在这 15 个场景维度上并未显示出明显的特征。广州市的传统性特征非常明显。其他如上海、北京、成都等城市则在平等性、睦邻性、正式性、理性和迷人性方面有较明显的体现。沈阳、石家庄、青岛等城市则在实用性维度上有鲜明的体现。

三、模式分析：提升场景蜂鸣效应的创新导向

为了深入分析影响城市蜂鸣效应产生的多元场景因素及其协同组合模式，本研究采用了模糊集定性比较分析（fsQCA）方法。通过这一方法，我们探究了不同场景维度如何协同作用，从而影响城市的“本地创新”和“全球通道”。研究将城市在 15 个维度上的场景表现分数作为条件变量进行数据分析，最终得出了影响城市本地蜂鸣和全球蜂鸣的多种组态路径，即不同的场景模式。

（一）“本地创新”模式

1. 国家职能与本地文化建构城市身份认同

国家赋予的政治职能有助于城市明确自身定位，突出责任承担，进而促进本地创新。通过图 2（真实性条件组态分析结果）所示的第一条组态路径，我们可以看到明显的科学理性和国际属性。尽管该城市的经济实力较弱，例如企业数量较少、产业结构单一，但因其承担了国家赋予的政治职能，集聚了一定数量的科研机构、教育机构和行政机构，代表了主流社会倾向，并保留了一定的本地文化特色，能够鼓励“本地创新”，产生本地蜂鸣。

第二条组态路径同样表现出明显的政治属性，但在民族或社群维度上具有显著特色。这类城市虽然缺乏规模化的产业集群，却注重文化遗产的传承和保护，积极鼓励创新和创造活动。这使城市具有较强的社群特点，而理性属性相对较弱，在科研投入方面也较为有限。即便如此，这些城市依然能够在特定的文化和社会背景下，通过强化社群凝聚力和文化认同感，促进本地创新和发展。

真实性组态分布

	组态①	组态②
理性	●	⊗
本地	●	●
国家	⬤	⬤
企业	⨂	⨂
族群	⊗	●
原始覆盖度	0.3769	0.4503
唯一覆盖度	0.0952	0.1659
总体覆盖度	0.5456	
总体一致性	0.8514	

图 2　真实性条件组态分析结果

注：大实心圆⬤表示核心条件，小实心圆●表示辅助条件，⊗表示排斥该条件，无标注则表示该条件缺失。

2. 充满畅想又不失邻里关怀的场景塑造城市特色

爱炫迷人又睦邻友好的场景易于激发蜂鸣效应。根据图 3（戏剧性条件组态分析结果），路径 1 所展示的城市场景既具有爱炫与迷人的特征，又表现出强烈的邻里特性。爱炫与迷人的场景倾向于对外散发魅力，具体表现在文化娱乐类舒适物中，如 KTV、LiveHouse、彩妆等受年轻人欢迎的时尚元素。睦邻性则体现在日常生活类舒适物中，如地方特色小吃、菜市场等，展现出更强烈的邻里关怀。此外，该类场景还表现出了正式特性，如特殊的节庆礼仪活动或音乐大厅等注重礼仪的场所。这种组合不仅拥有丰富的文化娱乐设施和生活基础设施，而且能够通过突破性的创新激活城市的文化红利。

路径 2 显示，在爱炫、睦邻、迷人及正式性皆未有明显作用的情况下，依靠鲜明的突破性使城市场景释放出强烈的创新信号。突破性意味着打破常规，其吸引力比爱炫性和迷人性更强，更多体现在新潮玩法与时尚业态中，如文创商店、个人定制、城市漫步、咖啡馆活动等。通过此类舒适物集聚高流量，城市可以吸引更多的文化参与，从而释放场景红利。

戏剧性组态分布

	组态①	组态②
正式	•	⊗
爱炫	●	⊗
睦邻	●	⊗
突破		●
迷人	●	⊗
原始覆盖度	0.5197	0.3197
唯一覆盖度	0.3510	0.1519
总体覆盖度	0.6707	
总体一致性	0.8649	

图 3　戏剧性条件组态分析结果

注：大实心圆●表示核心条件，小实心圆•表示辅助条件，⊗表示排斥该条件，无标注则表示该条件缺失。

3. 植根地方的自由表达与开放共享形塑城市形象

平等而包容自我表达的人文环境易于激发蜂鸣效应。路径 1（见图 4）表明，相比遵守传统规范或为某一群体提供机会展现才能，鼓励创意创新的自由表达更能激发本地创新。自我表达性的场景氛围通常体现在提倡个性展现或思想体现的场所或活动中，如艺术家工作室、手工艺及 DIY 活动等。平等性的场景氛围则更多体现在社区组织、福利机构等。这类城市并不强调强烈的传统或超凡特性，而是呈现出更为现代化的城市生活氛围。

合法性组态分布

	组态①	组态②	组态③
传统	⊗	⊗	•
表达	●	⊗	⊗
实用		⊗	•
超凡	⊗	●	●
平等	●	⊗	⊗
原始覆盖度	0.4259	0.3850	0.2762
唯一覆盖度	0.1864	0.1388	0.0884
总体覆盖度	0.6612		
总体一致性	0.8709		

图 4　合法性条件组态分析结果

注：大实心圆●表示核心条件，小实心圆•表示辅助条件，⊗表示排斥该条件，无标注则表示该条件缺失。

路径 2 代表的是在工商、文旅、艺术、媒体、民间艺术等领导人物的带领下，能够激发持续的本地创新。超凡性即领导者魅力，主要体现在表达鲜明个人特点的创新创意活动中，如明星演唱会、艺术家展览、创意设计活动、创客空间等。这些活动展现了领导者的独特魅力，对激发城市创新起到了重要作用。

路径 3 作为路径 2 的补充模式，体现出在工商、文旅、艺术、媒体、民间艺术领导者引领下，注重传统文化氛围营造，能够激发持续的本地创新。深厚的历史文化资源成为激发城市内生动力的重要资源，如古镇古街、非遗手工艺、国学国潮等。既有超凡魅力又有生活关怀能进一步加强蜂鸣效应，促进城市全面发展。

（二）“全球通道”模式

1. 发展外贸经济与包容多元文化塑造全球吸引力

体现企业性与民族性的城市场景更有利于对外建构全球通道和吸引外部资本。这些城市往往具有强烈的开放性，汇聚了大批外向型企业和服务机构，拥有专业化的服务产业（见图 5）。具体而言，企业性突出代表该城市经济实力强，外贸经济发达；族群性强烈则反映城市的多元化文化表达；本地性较弱意味着城市环境更为国际化。

真实性组态分布

	组态①
理性	⊗（大）
本地	⊗（大）
国家	⊗（小）
企业	●（大）
族群	●（大）
原始覆盖度	0.409091
唯一覆盖度	0.409091
总体覆盖度	0.409091
总体一致性	0.928125

图 5　真实性条件组态分析结果

注：大实心圆●表示核心条件，小实心圆●表示辅助条件，⊗表示排斥该条件，无标注则表示该条件缺失。

以深圳和广州为例，作为粤港澳大湾区的枢纽城市，它们是国家实现高水平对外开放的重要窗口，也是开放程度最高的区域之一。深圳市是一座新兴的移民城市，“来了就是深圳人”的包容观念吸引了大量高素质人才，形成了包容、开放与创新的城市个性。根据中投顾问发布的经济开放度综合分析报告，深圳市的开放程度超越全国 99.7% 的城市，广东省排名第一，在进出口总值、外商及港澳台工业企业数比例以及外贸依存度上领先全国。2023 年，深圳市进出口总额达 3.87 万亿元，占广东省进出口总值的 46.6%，其中出口额为 2.46 万亿元，连续 31 年居全国首位，拉动全省外贸增长 2.6 个百分点。作为经济特区、中国特色社会主义先行示范区、全国性经济中心城市以及国家创新型城市，深圳市在现代化国际化的城市建设中作出典型示范。

相比之下，广州市历史文化底蕴深厚，作为中国南方地区最悠久的对外通商口岸、改革开放先锋和千年不衰的商贸城市，从广交会到国际金融论坛，再到超过 60 家的国家领事馆，广州秉承开放、拥抱世界的格局，作为国家中心城市和综合性门户，在建设国际商贸中心、科技教育文化中心方面作出重要贡献。

2. 前沿创新与多元文化表达激励全球文化参与

既爱炫又迷人的城市场景能够产生强烈的外部吸引力，进而焕发全球蜂鸣效应（见图 6）。路径 1 显示，在缺乏理性氛围和友好睦邻基调的情况下，突出的爱炫性、突破性和迷人性帮助城市展示魅力，形塑蜂鸣区域，建构全球通道。这类场景通常拥有丰富的文化娱乐设施，容纳创新创意，推动文化发展处于高水平。

戏剧性组态分布

	组态①	组态②
正式	⊗	•
爱炫	●	●
睦邻	⊗	•
突破	●	●
迷人	●	●
原始覆盖度	0.3499	0.4614
唯一覆盖度	0.0978	0.2093
总体覆盖度	0.5592	
总体一致性	0.9575	

图 6　戏剧性条件组态分析结果

注：大实心圆●表示核心条件，小实心圆•表示辅助条件，⊗表示排斥该条件，无标注则表示该条件缺失。

路径 2 是对路径 1 的补充，显示出正式、爱炫、睦邻、突破、迷人五个维度皆对建构全球蜂鸣效应有积极影响。虽然与路径 1 相似，但路径 2 还强调了正式性和睦邻的重要性，这类场景不仅有着完善的日常生活设施，还有着丰富的文化娱乐设施，从而增强了全球蜂鸣效应。

3. 集聚优势构建全球竞争力

超凡魅力的场景营造是激发城市全球吸引力的关键因素（见图 7）。超凡性描述的是城市的领袖魅力，在舒适物布局上主要表现为创新活动集聚和优势主导产业发展，反映了城市是否具备区域带动性乃至全球资源配置能力和文化吸引力。上海、北京和成都等城市是这方面的典型代表。

合法性组态分布

	组态①	组态②	组态③	组态④
传统	⊗	●	●	⬤
表达	⊗	●	⊗	⊗
实用	⊗	⊗	●	●
超凡	⬤	⬤	⬤	⨂
平等	⨂	⨂	⨂	⬤
原始覆盖度	0.3981	0.3981	0.2893	0.2603
唯一覆盖度	0.1680	0.1377	0.0509	0.0379
总体覆盖度	0.6667			
总体一致性	0.9306			

图 7　合法性条件组态分析结果

注：大实心圆⬤表示核心条件，小实心圆●表示辅助条件，⊗表示排斥该条件，无标注则表示该条件缺失。

路径 2 进一步展示了传统性与表达性对产生全球蜂鸣的作用。这类场景富有历史韵味，通过超凡特性与自我表达展现出强烈的创新能力。以天津、杭州为例，这两座城市有着悠久的历史与独特的文化底蕴。天津作为我国北方最大的沿海开放城市之一，如今成为海上丝绸之路的战略支点与“一带一路”的交汇点，其开放包容构成了地理与文化底色，并受益于京津冀城市群的创新资源。

路径 3 强调了传统性与实用性在建构全球蜂鸣中的作用。这类场景更加注重传统文化底蕴和生活美学的营造，如广州和南京。南京是中国著名的六朝古都，2019 年入选联合国创意城市网络“文学之都”，成为中国首个获此称号的城市。这一荣誉有助于发掘历史文化资源，促进城市可持续发展。

路径 4 则不同于上述三种路径，肯定了传统性和平等性在形塑全球蜂鸣中的作用。相比其他路径，它更加关注人民生产生活方式的进步与完善。以沈阳为例，喜剧文化的繁荣得益于当地的文化基因和民俗传统，如二人转、相声等，塑造了“欢乐之城”的形象。

四、“蜂鸣”促进城市创新与发展的多元场景范式

“蜂鸣”作为一种促进城市创新的重要资源，通过经济、政治和文化等多方面的资源流动、资本互动和文化参与等方式，创造出多元的蜂鸣场景，构建城市的文化“磁场”，引发各类轰动效应，并释放持续的场景红利。对于面向城市内部的“本地创新”来说，能够激发地方蜂鸣效应的城市场景范式需要来源于国家职能属性的加持、扎根本地的创意表达、睦邻友好的人文关怀、品牌性的创新创意活动及传统的文化资源等要素

的支撑；而对于面向城市外部的“全球通道”来说，能够促进城市构建全球竞争力并释放全球蜂鸣效应的城市场景范式，则需要有发达的外贸经济、包容的文化氛围、新潮的文化业态、集聚性的产业优势以及全球性的资源配置能力。因此，“蜂鸣”不仅促进了城市内部的创新发展，也增强了城市在全球网络中的竞争力，通过构建适合本地和全球发展的场景范式，城市可以在保持其独特性的同时，积极参与全球化进程，实现高质量的发展。

舒适物理论视角下城市夜间旅游发展路径研究——基于模糊集定性比较分析 *

摘　要：夜间旅游是现代城市旅游的重要组成部分。在新发展阶段，推动其高质量发展对促进城市产业升级、满足人民美好生活需求和彰显城市文化具有重要意义。本文从场景理论出发，选取 18 个国家级 5A 及 4A 夜间旅游景区为样本，基于已有影响因素研究构建舒适物分析框架，并采用模糊集定性比较分析（fsQCA）方法展开研究。结果表明，夜间旅游的高质量发展并非由单一因素决定，而是受相互关联的舒适物系统影响，其中自然—文化型、文化—商业型和自然—配套型组态是关键发展范式。据此，实现夜间旅游高质量发展需加强顶层规划，完善舒适物系统，找准自身优势探索合适路径，并推动文旅融合促进产业创新升级。

关键词：场景理论；舒适物理论；城市夜间旅游；高质量发展；定性比较分析方法

夜间旅游作为现代城市旅游的重要组成部分，不仅是日间旅游的时间延伸，也是衡量城市活力、提供独特都市体验的关键活动。[1] 在新的发展阶段，夜间旅游对于推动城市经济持续发展、提升居民生活质量、促进消费升级及展现城市的精神文化等方面具有重要意义。因此，《国务院办公厅关于进一步激发文化和旅游消费潜力的意见》与《“十四五”文化和旅游发展规划》等政策文件均强调了“发展夜间旅游和假日经济”，并提出建设超过 200 个国家级夜间文旅消费集聚区的目标，以扩大夜间文旅消费规模。

然而，当前夜间旅游的发展面临一些挑战，包括资源利用不当、产品和服务同质化严重、配套设施不完善等问题，这些问题与民众对美好夜间生活的增长需求形成了矛

* 本文作者齐骥，中国传媒大学文化产业管理学院教授，南方科技大学全球城市文明典范研究院访问教授，场景（中国）学术联合体发起人；陆梓欣，中国传媒大学文化产业管理学院博士研究生。

[1] FLORIDA R. The Rise of the Creative Class [M]. New York: Basic Books, 2002: 254–259.

盾。[1][2] 传统的仅注重城市景观照明的“夜景旅游”模式和环境混乱、设施不足、业态低端的“传统夜市”已经无法满足公众对于高质量夜间旅游体验的新期待。此外，节能限电政策的实施及保护城市夜间生态的需求也为夜间旅游的发展提出了更高的要求。

为了实现夜间旅游的高质量发展，迫切需要找到创新路径。新芝加哥学派提出的场景理论为这一问题提供了新的视角。随着我国第三产业占 GDP 比重的上升，城市发展逐渐从生产导向转向消费和审美导向，并且内生动力也从传统的生产要素转变为包含体验、符号、价值观和生活方式的文化内涵。通过构建夜间旅游场景，可以整合舒适物系统、多样化人群和活动等因素，从而激发城市的活跃度、吸引力和创新能力，推动城市高质量发展。将夜间旅游景区转化为具有精神魅力的场景，可以更好地满足人们对美学、娱乐、文化和休闲的需求，同时也能让本地居民重新认识自己的城市，真正实现夜间旅游的高质量发展。

本文将基于场景理论，结合模糊集定性比较分析方法，探讨影响夜间旅游场景营造的因素如何共同作用其发展，为夜间旅游高质量发展的创新路径提供参考。

一、文献综述

城市夜间旅游是指从日落到第二天太阳升起的时间内，由旅游者和城市居民在城市范围内展开的，以旅游休闲为目的的各种活动的总称。[3] 作为城市夜间经济的重要组成部分，夜间旅游不但能发挥乘法效应，通过提升居民生活质量、给城市带来商机、提升居民就业率等功能推动城市可持续发展[4][5]，还能具有塑造魅力城市的品牌、提升城市影响力以及提高大众生活质量的隐性社会效益。[6][7][8]

关于如何发展城市夜间旅游，不少学者从“夜景”角度入手进行相关研究，探讨夜景灯光照明建设对推动城市夜间旅游发展的作用和措施，认为灯光照明是城市日间旅游延长至夜间的主要手段，也是影响城市夜间活动的最主要因素[9]，首先，应通过对灯光夜

---

[1] 赵永波．中国城市夜间旅游发展研究［J］．旅游纵览（下半月），2017（2）：148-149，152.

[2] 高霞飞，王琳琳，曹蕾．南京夜间旅游发展现状及对策［J］．企业导报，2010（24）：56-57.

[3] 顾至欣．城市夜间旅游产品定义及分类［J］．城市问题，2013（11）：98-102.

[4] 高璐．城市夜景经济［D］．天津：天津大学，2007.

[5] 毛蕊，王兴中．可持续城市与娱乐产业的空间关系［J］．经济地理，2006（3）：395-399.

[6] 王荃．“中英—城市夜景经济”的对比、研究［D］．天津：天津大学，2010.

[7] 石坚韧，郑芳，李逸轩．虚实互动：水与光的一体化设计——水城杭州运河沿线夜景规划设计［J］．中国名城，2011（2）：23-27.

[8] 邓勇勇，郭文．国内夜间旅游产品研究概述［J］．广东农业科学，2011，38（20）：150-152.

[9] 李建军，户媛．“城市夜规划”初探：“广州城市夜景照明体系规划研究”引发的思考［J］．城市问题，2006（6）：30-34.

景主题、色彩、灯具等内容的设计，积极探索夜景与夜游项目共同发展的可行性与开发模式。其次，基于“夜市”视角，将城市夜间旅游划分为表演型、参与型、景观型、综合型等类型的产品[1][2]，认为鲜明的文化特色、突出的主题、复合的功能空间是决定产品吸引力的因素。[3]

综上所述，围绕着城市夜间旅游的发展问题，已有不少学者通过多种视角展开研究，探讨夜间旅游的影响因素和发展措施，具有一定的启示和借鉴意义，但仍有不足之处。**一是**“夜景”视角大多仅从灯光照明学的角度出发，片面强调灯光照明对城市夜间旅游发展的功能。**二是**“夜市”视角中对夜间旅游产品的划分，基本是基于观察实践的简单划分，而非理论和数据分析。**三是**目前大多研究都是基于某一个城市的纵向研究，缺少在可靠数据基础上城市间的横向对比分析。对影响因素的研究也仅集中于各因素对夜间旅游的线性影响，而忽视了相互联系的多个因素会共同作用于夜间旅游的实际情况。最后也是最重要的是在经济新常态、后工业等时代机理相互作用的新发展阶段，旅游与城市经济社会的关系已从过往的旅游产业化日渐转向消费、空间、产业旅游化。仅依托以往基于器物基础和产品市场逻辑的“夜景”“夜市”视角，难以完全解释当下城市夜间旅游领域中的新现象、新问题，为其高质量发展提供有力的理论支撑。

形成于后工业时代，致力于解决当代城市持续发展动力问题的场景理论，则能从新视角出发，为城市夜间旅游在新时代高质量发展提供相关启示。“场景”由舒适物系统集合而成，并以此为物质基础吸纳邻里、人群、活动、价值观念等要素，从而凝聚彰显其中独特的符号意义和文化特征。[4]不同舒适物所组合的场景不仅具有不同的功能，还通过形成抽象的符号感和信息传递不一样的文化和价值观。例如，由酒吧、夜店和舞厅所构成的场景传递的是出轨叛逆的价值趋向，小吃食肆、特色店铺及灯光表演所构成的场景传递出的却也是热闹温馨的文化氛围。正是依托舒适物系统上的价值观念，场景对多样性人群的吸引力也日益凸显，场景动态优化的正向循环与区域发展的良性机制也随之建立。[5]

关于场景理论的研究方法，舒适物是衡量场景品质的有效指标。[6]舒适物是乌尔曼于 1954 年提出的概念，并将其定义为“令人愉快的生活条件”，是促进城市经济增长、

---

[1] 文彤．城市夜间旅游产品研究［J］．城市问题，2007（8）：42–45.

[2] 曹新向．发展我国城市夜间旅游的对策研究［J］．经济问题探索，2008（8）：125–128.

[3] 顾至欣．城市夜间旅游产品定义及分类［J］．城市问题，2013（11）：98–102.

[4] 吴军，郑昊．社区消费场景研究：基于青年需求的实证分析［J］．现代城市研究，2021（9）：36–42.

[5] 陈波，延书宁．场景理论下非遗旅游地文化价值提升研究：基于浙江省 27 个非遗旅游小镇数据分析［J］．同济大学学报（社会科学版），2022，33（1）：20–32.

[6] SILVER D A，CLARK T. Scenescapes：How Qualities of Place Shape Social Life［M］.Chicago：The University of Chicago Press，2016：41–46.

吸引人口，尤其是高级人力资本迁移的重要影响变量。[1]以特里·克拉克为代表的场景理论吸收舒适物的相关理论，进一步揭示舒适物之所以能发挥促进城市发展的作用，不在于其投资规模或市场价值，而在于能否有机系统而动态的组合，构建产生愉悦和意义的场景。作为衡量城市场景品质的重要指标，立足于“舒适物”的实证研究日益广泛应用于休闲与旅游领域。其中，戴维·罗（David Rowe）和罗布·林奇（Rob Lynch）将夜间休闲经济的内容细分为购物、现场表演、俱乐部、餐饮、咖啡馆、艺术展览、剧院、博物馆等舒适物[2]；王媛媛则构建涵括自然、文化、旅游服务、交通、社会氛围维度在内的城市旅游发展舒适物指标体系。[3]另外，傅才武和王异凡则以场景理论为视角，以长沙超级文和友为研究对象，将其夜间文旅舒适物分为涵括自产美食、老字号小吃、甜品等在内的 28 类。[4]

二、研究设计

从场景理论视角出发，本文将以 18 个国家级 5A 和 4A 夜间旅游景区为研究对象，结合能测度夜间文旅场景质量的舒适物指标和能揭示不同因素组合对夜间旅游的综合影响的模糊集定性比较分析方法构建分析框架，从系统和全面的角度考察因素的相互作用如何影响夜间旅游发展，揭示新发展时期夜间旅游高质量发展路径。

为探索验证促进或阻碍夜间旅游高质量发展的相关因素及其组合，本文选择模糊集定性比较分析方法（fuzzy set Qualitative Comparative Analysis，fsQCA）展开研究。与以自变量相互独立、单向线性关系和因果对称性为特征的传统统计方法不同，fsQCA 善于把握多重因素协调互动构成的组态对结果的联合效应，并识别可能存在的多条组态路径，这与本研究的理论思想和研究问题相契合。[5]另外，fsQCA 以小中样本案例为研究导向，研究案例数在 10 ~ 50 个之间均可，这就能够弥补当下我国夜间旅游景区及其官方数据较少的问题，有效支持本研究的持续进行。

---

[1] ULLMAN E L.Amenities As a Factor in Regional Growth.Geographical Review，1954，44（1），119–132.

[2] ROWE D，LYNCH R.Work and Play in the City：Some Reflections on the Night-time Leisure Economy of Sydney［J］. Annals of Leisure Research，2012，15（2）：132–147.

[3] 王媛媛 . 旅游城市舒适物水平及驱动机制研究［D］. 西安：西安外国语大学，2019.

[4] 傅才武，王异凡 . 场景视阈下城市夜间文旅消费空间研究：基于长沙超级文和友文化场景的透视［J］. 武汉大学学报（哲学社会科学版），2021，74（6）：58–70.

[5] RAGIN C C.The Comparative Method：Moving Beyond Qualitative and Quantitative Strategies［M］. Oakland：University of California Press，1987.

（一）案例选取

根据夜间旅游在空间上具有集聚性的特点，明确夜间旅游研究对象为相关夜间旅游景区。同时，结合大众点评网2020夜景必玩榜，在其中50个必玩夜景中筛选出24个国家级5A和4A的旅游景区。为了减少重复和避免样本间的互相干扰，去掉距离过近、功能雷同的部分景区，得出广州塔、东方明珠广播电视塔、灵山禅意小镇拈花湾、西湖风景名胜区、山塘街、洪崖洞民俗风貌区、凤凰古城、大唐芙蓉园、天津之眼、乌镇西栅景区、丽江古城、老外滩、桂林两江四湖景区、台儿庄古城、西江千户苗寨、夫子庙秦淮风光带、北京奥林匹克公园、北戴河碧螺塔海上酒吧公园这18个分析研究对象。样本景区从北京、上海到黔东南、湘西，覆盖各级城市，对我国夜间文化旅游发展具有一定的代表性。

（二）指标设计与数据来源

在国内外舒适物类型已有研究的基础上，综合夜间旅游影响因素，考虑数据的可获得性，设计条件变量与结果变量衡量指标。

1. 条件变量

第一，夜间旅游自然舒适物。自然舒适物，通常指的是使一个地方更具吸引力的自然属性。[1]典型的自然舒适物包括宜人的气候环境、清新干净的空气、令人愉悦的地质地貌自然资源。考虑到夜间旅游的夜间性和受制于气候因素的季节性[2][3]，以及这些特性为夜间游客带来了星空天体、萤火虫景观、夜间动物园等独特体验。[4]本文在数据的可收集性的基础上，选取4个典型的夜间旅游自然舒适物二级指标，其中包括1月夜间平均气温、7月夜间平均气温、空气质量达到及优于二级的天数和涵括水域、山体、星空等夜间可利用的自然资源。

第二，夜间旅游文化舒适物。文化舒适物（人造舒适物）是相对于自然舒适物的存在，指代艺术画廊、咖啡馆、体育场馆和节日等具有文化特色的令人愉悦的设施和服务。[5]文化基础设施是夜间活动的重要场所和空间，对发展夜间旅游具有重要意义。不

---

[1] WINTERS J V，LI Y.Urbanisation，Natural Amenities and Subjective Well-Being：Evidence from US Counties［J］.Urban Studies，2017，54（8）：1956-1973.

[2] 魏云刚．城市夜间经济发展问题研究［J］．泰山学院学报，2010，32（4）：117-121.

[3] 张凯露，韩薇，孙一鸣，等．夜间文化旅游消费的影响因素研究：基于北京地区高校的调查数据［J］．中国市场，2021（12）：20-22.

[4] ADAM E，ANDREW S.Tourism and the Night：Towards a Broader Understanding of Nocturnal City Destinations［J］. Journal of Policy Research in Tourism，Leisure and Events，2019，11（3）：371-379.

[5] BOUNDS B E.Cultural Amenities and the Consumer City Hypothesis［D］. Santa Barbara：University of California，2015.

少实证研究表明，灯光节、旅游演艺、博物馆、图书馆、美术馆等文化活动与设施是影响夜间旅游发展的重要因素。[1][2] 为此，也有学者将文化体验纳入夜间旅游活动分析要素中。[3] 结合以往的研究成果，本文以夜间旅游文化舒适物自身属性出发，将其分成文化展览、夜景观光、文化景点、演艺活动、剧院影院、夜间节庆及休闲娱乐 7 个二级指标。其中，文化展览指的是博物馆、艺术馆、展览馆等文艺场馆。夜间观光指的是自然夜色观光、城市高空观光等。文化景点指的是历史古迹、宗教场所、雕塑、文化广场等旅游景点。演艺活动指的是戏曲曲艺、实景演出、灯光秀等演出活动。剧院影院指的是剧院、电影院、Live House 等演出场所。夜间节庆指的是伴随着传统节日举办的庙会、灯会等传统夜间活动和灯光节、夜间文化创意集活动等新兴夜间节庆。休闲娱乐指的是酒吧、夜店、茶馆、咖啡厅、温泉、DIY 体验等。

第三，夜间旅游商业舒适物。商业舒适物即涵括商业服务网点、品牌店、餐馆等消费设施与服务。[4] 国内外相关研究表明，夜间旅游市场的商业产品服务的数量和质量是其重要影响因素，夜间旅游消费与夜间旅游产品丰富程度之间有显著正相关关系，丰富多元的供给业态有助于吸引不同群体参与夜间经济，提高城市的活跃度。[5][6] 另外，也有学者通过定量分析方法，检测出以餐位数、床位数为衡量指标的旅游产业发展水平是影响夜间文旅空间布局的重要影响因素。住宿、餐饮等服务设施在空间分布上的多寡对夜间文旅消费集聚区的分布会产生较大影响。因此，本文将夜间旅游商业舒适物分为餐饮、购物、酒店三大指标。餐饮指的是在夜间文旅景区及附近 0.5 千米内的涵盖各式餐厅、小吃、甜点、饮料等美食。购物指的是在夜间文旅景区及附近 0.5 千米内品牌服饰、美妆护肤、鞋靴、钟表、首饰等商品店铺。酒店指的是夜间文旅景区附近 3 千米内的涵盖星级酒店、宾馆、民宿等歇宿场所。

第四，夜间旅游配套舒适物。配套舒适物指的是能为人们生活提供便利，带来愉悦的基础设施和配套服务，包括公共基础设施服务和配套商业服务。国内外学者的相关研究均指出关乎交通、安全等配套设施的完善程度一直是制约夜间旅游发展的重要因素。[7]

---

[1] 张佳仪．夜间旅游成为文旅融合重要组成［J］．中国旅游评论，2019（4）：91–94.

[2] 骆荧荧，李勇泉．夜间文旅消费集聚区空间分布特征与影响因素：以福建省为例［J］．广西职业师范学院学报，2021，33（2）：37–45.

[3] 林佳楠．京杭大运河杭州段夜间旅游适宜性评价［D］．杭州：浙江农林大学，2020.

[4] 马凌．城市舒适物视角下的城市发展：一个新的研究范式和政策框架［J］．山东社会科学，2015（2）：13–20.

[5] 张凯露，韩薇，孙一鸣，等．夜间文化旅游消费的影响因素研究：基于北京地区高校的调查数据［J］．中国市场，2021（12）：20–22.

[6] ROBERTS M，ELDRIDGE A.Quieter，Safer，Cheaper：Planning for a More in Clusive Evening and Night-time Economy［J］. Planning，Practice & Research，2007，22（2）：253–266.

[7] ROBERTS M，ELDRIDGE A.A Comfortable Night Out?Alcohol，Drunkenness and Inclusive Town Centres［J］. Area，2008，40（3）：365–374.

同样，姜尧、林佳楠、陈家欢也将交通、安全、卫生等公共配套设施纳入夜间旅游评价指标研究中。❶❷❸ 结合实际情况，本文将游客夜间服务、夜间便利店、ATM、停车场、夜间公交线路、夜间地铁线路列为夜间旅游配套舒适物的二级指标。

2. 结果变量

由于国内夜间旅游兴起及相关研究时间均较短，对其发展系统科学的评价也相对缺乏。目前，相关评价有中国旅游研究院在其夜间经济城市评价体系基础上发布的“夜间经济十强城市”和“游客喜爱的夜间消费项目系列”；第一财经·新一线城市研究所推出的“城市夜生活指数”和“城市夜游指数”及大众点评网 2020 夜景必玩榜。其中，大众点评网 2020 夜景必玩榜单是基于海量用户大数据，同时结合用户验证的景区热度、美誉度以及独特性等因素，采取科学研究的数据模型选择出来。结合评价体系的科学性及可获得性，本文将以大众点评网对相关夜间旅游景区的热度、人均消费及评价人数相关数据作为衡量结果变量的二级指标。

条件变量与结果变量的说明、数据来源如表 1 所示。

表 1　夜间旅游舒适物指标说明及数据来源

条件变量与结果变量	二级指标	单位	数据来源
自然舒适物（NA）	1 月夜间平均气温	℃	官方天气网
	7 月夜间平均气温	℃	官方天气网
	空气质量优良天数	天 / 年	生态环境局官网
	夜间自然资源（水域、山体、星空等）	个	高德地图
文化舒适物（CuA）	文化展览	个	景区旅游官网、大众点评网
	夜景观光	个	景区旅游官网、大众点评网
	文化景点	个	景区旅游官网、大众点评网
	演艺活动	场 / 晚	景区旅游官网、大众点评网
	剧院影院	个	景区旅游官网、大众点评网
	夜间节庆	场 / 年	景区旅游官网、大众点评网
	休闲娱乐	个	景区旅游官网、大众点评网

❶ 林佳楠 . 京杭大运河杭州段夜间旅游适宜性评价［D］. 杭州：浙江农林大学，2020.
❷ 姜尧 . 基于模糊综合评价的桂林城市夜间旅游满意度研究［D］. 桂林：广西师范大学，2013.
❸ 陈家欢 . 温州市鹿城区夜间文旅消费集聚区建设研究［D］. 桂林：广西师范大学，2021.

续表

条件变量与结果变量	二级指标	单位	数据来源
商业舒适物（CoA）	餐饮	个	大众点评网
	购物	个	大众点评网
	酒店	个	去哪儿网
配套舒适物（SA）	游客夜间服务	个	景区旅游官网、高德地图
	夜间便利店	个	景区旅游官网、大众点评网
	ATM	个	景区旅游官网、高德地图
	停车场	个	景区旅游官网、高德地图
	夜间公交线路	条	8684 公交查询网
	夜间地铁线路	条	8684 公交查询网
评价水平（结果变量）	热度	万	大众点评网
	人均消费	元	大众点评网
	评价人数	人	大众点评网

（三）数据处理

1. 变量赋值

为了得出条件变量与结果变量的数值，本文将采取客观赋权法中的熵值法分别对各变量的二级指标进行赋权，在确定各二级指标权重的基础上为条件变量和结果变量赋值，得出各变量的二级指标权重结果见表 2。

表 2　熵值法计算权重结果汇总

变量	项	信息熵值 e	信息效用值 d	权重系数 w
自然舒适物（条件变量）	1 月夜间平均气温	0.9560	0.0440	8.7900%
	7 月夜间平均气温	0.9551	0.0449	8.9800%
	空气质量优良天数	0.9600	0.0400	8.0000%
	夜间自然资源	0.6289	0.3711	74.2200%
文化舒适物（条件变量）	文化展览场所	0.7743	0.2257	20.6900%
	夜景观光	0.8261	0.1739	15.9500%
	文化景点	0.8859	0.1141	10.4600%
	演艺活动	0.8076	0.1924	17.6500%
	剧院影院	0.8018	0.1982	18.1800%

续表

变量	项	信息熵值 e	信息效用值 d	权重系数 w
文化舒适物（条件变量）	夜间节庆	0.9238	0.0762	6.9900%
	休闲娱乐	0.8901	0.1099	10.0800%
商业舒适物（条件变量）	餐饮	0.8844	0.1156	28.1700%
	购物	0.8287	0.1713	41.7500%
	酒店	0.8766	0.1234	30.0800%
配套舒适物（条件变量）	游客夜间服务	0.7900	0.2100	15.6100%
	夜间便利店	0.8590	0.1410	10.4800%
	ATM	0.6517	0.3483	25.8900%
	停车场	0.7581	0.2419	17.9800%
	夜间公交线路	0.8440	0.1560	11.5900%
	夜间地铁线路	0.7518	0.2482	18.4400%
综合评价（结果变量）	热度	0.8434	0.1566	38.8800%
	人均消费	0.8594	0.1406	34.9000%
	评价人数	0.8944	0.1056	26.2200%

注：数据由 SPSSAU 软件计算所得。

通过采用线性加权综合法对各变量进行赋值，公式如下：

$$R_i = \sum (W_j \times A_{ij}) \quad (1\text{-}1)$$

其中，R_i 为各变量的值，W_j 为指标权重，A_{ij}为指标标准化数值。最后求出数据见表 3。

表 3　定性比较分析基础数据

序号	景区	自然舒适物	文化舒适物	商业舒适物	配套舒适物	综合评分
1	广州塔	0.2127	0.3198	0.1095	0.2872	0.7532
2	东方明珠广播电视台	0.1841	0.3687	0.3403	0.4486	0.6828
3	灵山禅意小镇拈花湾	0.2997	0.2841	0.0588	0.0291	0.6322
4	西湖风景名胜区	0.8500	0.2737	0.1512	0.5707	0.5453
5	洪崖洞民俗风貌区	0.1593	0.3827	0.9823	0.3180	0.4861
6	山塘街（七里山塘景区）	0.1688	0.2388	0.3175	0.1766	0.4285
7	凤凰古城	0.1704	0.1968	0.1742	0.2174	0.3989
8	大唐芙蓉园	0.1099	0.2787	0.2763	0.1671	0.4083

续表

序号	景区	自然舒适物	文化舒适物	商业舒适物	配套舒适物	综合评分
9	天津之眼	0.1217	0.0759	0.2076	0.0369	0.3548
10	乌镇西栅景区	0.1780	0.6189	0.1534	0.1142	0.3736
11	丽江古城	0.2169	0.3883	0.4868	0.1882	0.369
12	老外滩	0.1474	0.1787	0.0825	0.2905	0.1598
13	桂林两江四湖景区	0.4442	0.1832	0.2910	0.1326	0.1898
14	台儿庄古城	0.0737	0.3550	0.0963	0.0349	0.21
15	西江千户苗寨	0.2303	0.2443	0.1261	0.0690	0.3247
16	夫子庙秦淮风光带	0.1070	0.2491	0.7276	0.3875	0.1274
17	北京奥林匹克公园	0.0900	0.1940	0.0057	0.2989	0.1454
18	北戴河碧螺塔海上酒吧公园	0.0963	0.2839	0.0840	0.0064	0.1052

注：数据由公式（1–1）计算所得。

2. 变量校准

为了使数据可测量可解释，在进行 fsQCA 分析前需要明确相关临界值，对基础数据进行校准（见表 4）。参考相关分析方法，将临界值确定为："完全隶属 = 75 分位点""交叉点 = 上、下四分位数的均值" 和 "完全不隶属 = 25 分位点"。

表 4　变量的校准锚点

校准点	自然舒适物	文化舒适物	商业舒适物	配套舒适物	综合评分
完全隶属	0.2203	0.3584	0.3232	0.3037	0.5009
交叉点	0.1647	0.27725	0.2082	0.18235	0.3416
完全不隶属	0.1091	0.1961	0.0932	0.061	0.1823

注：数据由 SPSS 软件计算所得。

三、实证分析与结果

（一）必要性分析

必要性分析是 fsQCA 用来衡量单个条件变量是否形成城市夜间旅游高质量发展必要条件的分析方法，其以一致性（Consistency）来衡量，一致性在 0 ~ 1 之间，当一致度大于等于 0.9 时，可认定某条件是导致结果的必要条件。

基于评定标准对导致夜间旅游场景高质量和非高质量发展的舒适物条件变量分别进行必要性分析。根据表 5 分析结果发现，舒适物条件变量的一致性程度均低于 0.9，说明单个类型的舒适物对导致夜间旅游场景高质量和非高质量发展结果的解释力均不够，需进一步考察自然、文化、商业、配套舒适物之间要素的组合如何发挥协同效应。

表 5　各条件变量的必要性分析结果

条件变量	高综合评分		非高综合评分	
	一致性	覆盖率	一致性	覆盖率
自然舒适物	0.737705	0.771704	0.394417	0.348339
~ 自然舒适物	0.377049	0.424452	0.741505	0.704729
文化舒适物	0.637295	0.719907	0.400485	0.381944
~ 文化舒适物	0.452869	0.472222	0.706311	0.621795
商业舒适物	0.582992	0.695599	0.466019	0.469438
~ 商业舒适物	0.555328	0.551935	0.697816	0.697816
配套舒适物	0.654713	0.677625	0.542476	0.474019
~ 配套舒适物	0.491803	0.560093	0.631068	0.606768

注：数据通过 fsQCA 软件计算得出；“~”表示该条件的对立面，如“~ 自然舒适物”指的是“非自然舒适物”。

（二）充分性分析

要进一步探索舒适物以何种形式的组态实现高质量和非高质量夜间旅游场景，需进行组态充分性分析。根据相关研究，本文将一致性阈值设置为 0.75，PRI 设为 0.70，频数设为 1。[1] 通过 fsQCA 软件计算得出相应的中间解和简约解，将在中间解和简约解中同时出现的舒适物条件界定为核心条件，仅出现在中间解中的舒适物条件为辅助条件，将核心条件一致的归为一类解（见表 6）。

[1] SCHNEIDER C Q，WAGEMANN C. Set-Theoretic Methods for the Social Sciences：A Guide to Qualitative Comparative Analysis［D］.Cambridge：Cambridge University Press，2012.

表 6 实现夜间旅游场景高质量和非高质量发展的组态路径

条件变量	高夜间文化旅游发展水平				非高夜间文化旅游发展水平	
	H1	H2		H3	NH1	
		2a	2b		1a	1b
自然舒适物	●	⊗		●	⨂	⨂
文化舒适物	●	●	●		•	⊗
商业舒适物	⊗	●	●	⊗	⨂	⨂
配套舒适物			•	●	⊗	•
一致性	0.99	0.90	0.93	0.88	0.95	0.89
原始覆盖率	0.31	0.29	0.38	0.21	0.26	0.27
唯一覆盖率	0.12	0.11	0.16	0.01	0.21	0.22
结果一致性	0.92				0.92	
结果覆盖率	0.73				0.48	

注：●、•表示该条件变量存在；⨂、⊗表示该条件变量缺失，空白表示组态路径中该条件变量既可以出现也可以不出现；●、⨂表示核心条件；•、⊗表示边缘条件。

如表 6 所示，可得出 4 条可对夜间旅游场景高质量发展作出解释的组态路径，整合核心条件一致的组态，可总结出 3 条组态路径（H1、H2 和 H3）及 2 条可对夜间旅游场景发展有所欠缺作出解释的组态路径，但 2 条组态的核心条件一致，故整合成 1 条（NH1）。各组态路径的一致性均在 0.85 以上，总体结果的一致性高达 0.92，表明所有组态路径对达成相关结果具有较强的解释力。同时，实现夜间旅游场景高质量和非高质量发展的结果覆盖度分别为 0.73 和 0.48，表明这 4 条实现夜间旅游场景高质量发展和 2 条导致夜间旅游场景非高质量发展的组态路径，可分别解释 73% 和 48% 的相关案例。下文将结合 fsQCA 软件得出的相关案例，对夜间旅游场景的相关发展路径展开分析。

1. 夜间旅游场景高质量发展路径分析

（1）自然—文化型组态路径。H1 组态路径表明充分整合温和气候、清新空气乃至可夜间开发自然资源等自然舒适物和夜间演艺、文化景点、夜间观光等文化舒适物这两大核心条件有利于打造高质量的夜间旅游场景。对于夜间旅游场景而言，自然夜色本身便是能创造独特体验的核心吸引力。[1] 另外，自然山水在历史时空中孕育一方人文。以自然夜色为舞台，城市场景能通过灯光秀、音乐夜、夜市等文化舒适物进一步凝聚显现人文特色，表达地方情绪与理念。

[1] 高璐．城市夜景经济［D］．天津：天津大学，2007.

以 fsQCA 分析系统推算出来的广州塔和灵山禅意小镇拈花湾为例：这两个典型夜间旅游场景均地处国家历史名城中自然条件优渥的地域。广州塔地处珠江边，且全年气温温和，空气质量佳；拈花湾背靠灵山胜境、面朝太湖，具有宜人的山水风光。况且这两地夜间旅游景区所传递出来的场景主题，也恰恰是千年山水中孕育出来的广府文化与禅文化。围绕地方主题，广州塔和拈花湾分别以珠江、灵山为夜色背景，依托各自相契合的夜间文化舒适物，如广州塔的粤剧艺术晚会、地标达人音乐夜、城市主题灯光秀和拈花湾的《禅行》表演、“花开五叶”灯光秀、“一苇渡江”水幕电影等，将隐于自然生态中的文化意蕴显现出来。自然和文化舒适物互融互构营造场景的动态过程，不但让游客在独特的夜间时空中体验认识到城市精神魅力，也赋予当地居民以“夜的眼光”重新认识城市的机会。

（2）文化—商业型组态路径。H2 组态路径包含 H2a 和 H2b 两条子路径，两者均以文化舒适物和商业舒适物为核心条件，表明在夜间演艺、文化景点、夜间观光等文化舒适物和餐饮、购物中心及酒店商业舒适物密切融合，能为游客创造高质量的夜间旅游场景。

关于文化—商业型组态路径，fsQCA 分析系统推算出来的典型案例是洪崖洞民俗风貌区、大唐芙蓉园、东方明珠广播电视塔、丽江古城。这些夜间旅游场景一方面具有独特的底蕴文化资源，如重庆洪崖洞的巴蜀民俗文化、西安大唐芙蓉园的盛唐文化。另一方面，除了丽江古城，均位于一线或新一线城市中心城区。这种地理区位拥有便利交通环境和人流聚集，利于发展商业。而丽江古城，同样也是因茶马古道的商业兴盛而建立的。依托文化和商业两大优势，该类型夜间旅游场景善于进一步以特色文化景观构建特色商业消费空间，不仅充分赋予文化舒适物精神符号价值，如在大唐芙蓉园片区设置唐文化主题雕塑、举办不倒翁唐装小姐姐表演活动等，还将特色文化内涵渗透在吃、住、购等商业消费领域，如洪崖洞中过百家涵盖重庆火锅、老油茶、小面、毛凉粉的特色餐饮，丽江古城的客栈民宿等。在文商联动共振的过程中，夜间旅游空间从仅提供使用功能的消费场所，转变为综合符号、体验和功能的场景，从而使游客能突破传统的“景区中的消费”，体验到更高质量的“场景消费”。

（3）自然—配套型组态路径。H3 组态路径表明高质量的夜间旅游场景可通过温和气候、清新空气乃至可夜间开发自然资源等自然舒适物和夜间客服、便利设施、交通等配套舒适物两大核心条件进行营造。

关于自然—配套型组态路径，fsQCA 分析系统推算出来的典型案例是西湖风景名胜区和凤凰古城。这类型夜间旅游场景都是以自然资源为基础的大面积的人文景区。西湖风景名胜区是依托于西湖的总面积达 49 平方千米的世界文化遗产；而凤凰古城则是占地约 10 平方千米的依山傍水的历史名城。考虑到大面积人文山水景区在发展夜间旅游过程中更需考虑自然环境保护、节能减耗降本、保障游客夜游安全便利的问题，构建能解决多重问题的配套舒适物体系便显得更为重要。**首先，**该类型夜间旅游场景应善于协调考虑自然环境保护、节能减耗降本和保障游客夜游体验的矛盾，如西湖风景名胜区在遵守“城市天空保护”的相关规定的基础上，多次开展夜景亮化提升工程，设置智慧路灯，实现保障照明、节能环保和凸显西湖人文夜色多重目标的统一。**其次，**该类型夜间旅游场景应致力于优化配套舒适物，为夜游发展创造基础条件。如西湖风景名胜区为发展夜游，开通包括“环西湖夜游定制专线”在内的60条夜间交通线路，设置15个24小时运行的智慧服务亭。环境友好型、节能环保型且人性化的配套舒适物体系，才能为游客提供真正可夜游的高质量夜间旅游场景。

2. 夜间旅游场景非高质量发展路径分析

导致夜间旅游场景质量不高的主要路径为NH1，其中包括NH1a和NH1b两条子路径，两条子路径均以缺乏自然舒适物和商业舒适物为核心条件。其中NH1a表明，在缺乏足够好的自然舒适物、商业舒适物以及作为边缘条件的配套舒适物的情况下，即使拥有较为完善的文化舒适物，夜间旅游仍不会得到较好发展。NH1b则表明在缺乏充足的自然舒适物、商业舒适物和作为边缘条件的文化舒适物的情况下，即使拥有较完善的配套舒适物，夜间旅游也难以发展。

该分析与之前的必要性分析相互印证，再一次说明发展夜间旅游是一个系统的工程，单单依赖某一种资源，某一类舒适物要素，均不足以支撑其发展。相反，多种类型舒适物的缺失错位，是阻碍夜间旅游发展提升的重要原因。

（三）稳健性检验

为验证上述分析结果的可靠性，采用调整校准临界值和一致性阈值两种集合论相关方法进行稳健性检验。[1] **首先，**将校准临界值“完全隶属”从75%调整到80%；“交叉点”从75%和25%的均值调整为50%；“完全不隶属”从25%调整到20%。经分析发现，组态的数量、核心条件基本相同，部分边缘条件略发生细小变化，但变化不足以支撑富有意义并且截然不同的实质性解释。**其次，**将一致性阈值从75%调高到80%，组态无任何变化。因此，本文的研究结论依然稳健（见表7）。

---

[1] FISS P C.Building Better Causal Theories：A Fuzzy Set Approach to Typologies in Organization Research［J］.Academy of Management Journal，2011，54（5）：393-420.

表 7　校准临界值调整后的组态路径

条件变量	高夜间文化旅游发展水平			非高夜间文化旅游发展水平	
				NH1	
	H1	H2	H3	1a	1b
自然舒适物	●	⊗	●	⨂	⨂
文化舒适物	●	●		•	⊗
商业舒适物	⊗	●			⨂
配套舒适物			●	⨂	•
一致性	0.96	0.90	0.92	0.94	0.84
原始覆盖率	0.33	0.27	0.57	0.31	0.24
唯一覆盖率	0.09	0.09	0.25	0.26	0.19
结果一致性	0.89			0.90	
结果覆盖率	0.77			0.50	

注：●、•表示该条件变量存在；⨂、⊗表示该条件变量缺失，空白表示组态路径中该条件变量既可以出现也可以不出现；●、⨂表示核心条件；•、⊗表示边缘条件。

四、主要结论：城市夜间旅游场景高质量发展的相关思路

基于场景理论和已有的夜间旅游影响因素研究，本文以 fsQCA 为方法构建夜间旅游舒适物体系，并以国内 18 个典型城市夜间旅游景区为样本案例，对实现高质量和非高质量夜间旅游场景的组态路径展开系统分析，为城市夜间旅游场景高质量创新发展提供相关思路。

（一）加强顶层规划，完善夜间旅游舒适物系统

通过上述 fsQCA 相关分析可得，真正影响夜间旅游发展的是相互关联组合的舒适物系统，而非单单某类舒适物要素。为此，要实现城市夜间旅游高质量发展，应做到：

确立场景思维，优化夜间旅游顶层规划。充分灵活运用场景理论中“物质结构与精神内涵整体把握”“文化周期表”“蜂鸣”等相关思维优化顶层设计与规划，使规划范围突破传统景区扩大到城市各个相连的夜间文旅集聚区，使规划内容突破单一旅游资源产业提升至构建融合文化、科技、资本的复合业态平台，使规划目标从打造城市夜品牌升

级至营造真正彰显吸引力的夜生活。

理清舒适物功能与关系，构建与场景主题相契合的舒适物系统。一方面，自然、文化、商业、配套等夜间旅游舒适物各自具有实用功能，能满足游客在景观、休闲、餐饮、交通等方面夜间旅游的物质诉求。另一方面，电影院、夜市、灯光秀等舒适物各自又具有其独特的精神属性。只有立足城市场景精神，充分考虑各式舒适物使用功能和精神属性的组合，才能打破夜间旅游体验同质化、碎片化的困境，获得高质发展的机会。

（二）找准自身优势，探索合适发展道路

夜间旅游高质量发展路径具有多元性。从分析结果来看，实现高质量夜间旅游场景组态路径的原始覆盖率分别在 20% ～ 40%，数值相对平均。这充分说明构建高品质夜间旅游场景的方式是多元的，各夜间旅游景区和集聚区可在有限资源、资金等限制条件下，结合自身特色优势，走出最适合自身发展之路。

构建数据统计指标体系，找准自身优势。并非所有城市夜游景区都有充足的资金资源，建设出面面俱到的夜间旅游场景。而从实际情况来看，在有限资源条件下也有机会构建出令游客满意的夜间旅游景区或集聚区，其关键点在于充分把握并发挥自身优势。为此，可构建科学的夜间旅游统计指标体系，搭建涵盖自然、文化、配套以及制度舒适物多领域的数据监测中心。在理清夜间文旅资源及其发展现状的基础上，探索高质量发展路径。

结合自身资源条件，积极探索合适的发展路径。在明确把握自身独特的可利用的要素资源的前提下，理清发展逻辑，在“自然—文化”“文化—商业”及“自然—配套”等多元舒适物组态路径和发展模式的启发下，利用比较优势原则，走出特色之路。

（三）推动文旅融合，促进产业业态创新升级

发展夜间旅游的灵魂核心在于其文化内涵，这是由夜间旅游自身独特的文化性所决定的，也是由游客对夜游的精神体验诉求所决定的。为此，应以文旅融合为推手，助力夜间旅游高质量发展。

加快文旅融合，创造独特夜间体验。目前中国城市发展中“千城一面”，缺乏识别性的问题正渗透在夜间旅游领域，雷同且平庸的夜间消费产品和服务正阻碍其进一步发展。破解此难题的关键则在于推动文化创意与旅游业态的深度融合，打破以往文化资源静态利用的观光展示模式，以夜间演艺、夜间艺术节庆、博物馆奇妙夜、灯光秀、天文馆之夜等创意文化舒适物丰富夜游文娱体验。同时，进一步将城市夜间文化精神再凝聚、再创造，深度融合景观营造、商业消费、配套服务等多个方面，在文旅互动重构发

展模式的过程中全面提升夜游体验品质。

着力“文旅 +”，助力夜间旅游业态创新升级。在文旅融合趋势背景下，应继续谋求跨界融合机遇，扩大夜游产业创新发展可能。以“文旅 + 融媒体”扩大夜游时空传播广度；以“文旅 + 科技”激发夜游产业创新维度；以“文旅 + 教育”深化夜游体验价值深度。

第六篇　文化参与的全球语境与社会法则

在全球化日益加深的背景下，文化参与成为连接不同社区和国家的重要桥梁。本篇探讨文化活动在国际背景下的角色及其对社会法则的影响。通过分析全球各地的文化政策、艺术项目和社会运动，揭示了文化如何促进跨文化理解和交流，并塑造新的社会规范和公民身份。文中特别关注全球化带来的挑战，如文化同质化和地方特色保护，以及如何在尊重多样性的同时实现包容性发展。此外，还探讨了数字技术对文化参与方式的变革，以及公众如何利用这些工具增强自身的文化表达和互动能力。通过对具体案例的研究，本篇旨在为政策制定者、艺术家和普通民众提供思考框架，以更好地理解和支持文化在全球社会中的重要作用，推动建立更加开放、多元、和谐的社会环境。

全球语境下的政治和文化参与 *

摘　要：公众参与，特别是公众在文化领域的参与，是否会提升政治民主性？本文将从三个方面对此新托克维尔问题进行延展与阐述。首先，为了尽可能涵盖更广泛的政治和经济转型，研究考虑了不同形式的参与，其结果显示，在某些领域内的公众参与可能会降低民主性，而在艺术文化领域的参与则显著地推动了民主性的提升。其次，为了评估公众参与对民主性的影响，分析涵盖了多维度的民主政治，包括不同的公民规范及其相关的政治制度。最后，通过分析全球国际社会调查项目（International Social Survey Programme，ISSP）和全球价值调查项目（World Values Survey，WVS）的数据，发现了戏剧性的亚文化差异：从阶级政治和依恃主义到新教和东正教的文明传统，在这七种不同的亚文化背景中，托克维尔范式呈现出正相关、负相关及无关三种结果。

关键词：参与；艺术；文化；亚文化；政治

本文以三种政治文化（阶级政治、依恃主义、"新政治文化"）和四种文化传统（东方宗教、东正教、天主教和新教）为背景，探讨不同语境下文化参与及其影响之间的关系转变，并详细说明这些转变如何发生及背后的原因。

世界正处于快速且深远的变化之中，尤其是在过去几十年间，这种变化的速度和深度超过了工业革命以来的任何时期。制造业衰退，体力劳动者比例下降，工会衰落，左翼政党寻求新的社会基础，这一切都改变了政党制度。同时，全球非政府组织、互联网、博客和新媒体 / 参与战略催生了多样化的新型公民组织。然而，许多关于社会和政治的思想理论仍然停留在以阶级政治和党派冲突为主的工业时代。

1989 年后东欧向民主过渡与西方后工业时代的政治转型几乎同时发生，促使研究人员重新思考什么推动了民主的发展。政治学家们通过重新解读阿历克西 · 德 · 托克维尔，强调公民参与的社会资本的重要性。尽管社会资本概念受到了一些批评，但它确实

* 本文作者特里 • 克拉克，芝加哥大学社会学系终身教授；菲利普 • 席尔瓦，里斯本大学社会科学研究所的研究员，剑桥大学塞尔温学院的访问学者；苏珊娜 · 卡巴科（Susana Cabaco），英国埃塞克斯大学政府管理系的博士生。译者魏文坤，山东社会科学院文化研究所助理研究员。

鼓励研究者考虑各种形式的组织（如工会、教会和政党等）对民主的影响。[1][2]

值得注意的是，在一般政治活动参与率下降的同时，艺术和文化的参与却在20世纪80年代以来显著增加。[3]这一现象并非偶然，而是更广泛的政治形态变化的一部分，尤其对于年轻人而言，它代表了一种新兴的政治表达方式。艺术和文化不仅成为个人身份的一部分，还可能替代宗教功能，提供新的社会意义和价值。

随着"新政治文化"的兴起，政治领导人开始采取新的形式，如比尔·克林顿、托尼·布莱尔（Tony Blair）和安塔纳斯·莫卡斯等人。经济全球化和数字革命加速了从生产到消费的转变，议题政治逐渐取代阶级政治，消费政治的重要性日益凸显。随着社会变得更加后唯物主义，人们对等级制度和福利家长式的政策更加排斥，而更倾向于支持议题政治。

本文结构安排如下：首先，描述分析模型并阐述主要假设和研究设想；其次，展示研究设计，讨论数据分析中面临的主要方法问题；再者，提出相关结果，特别是七个"语境变量"对文化成员和民主政治关系的影响；最后，总结当前文化兴起对政策制定和政治社会科学研究的影响。

一、分析模型

如果我们将民主参与应用到不同的地区、年龄段及国家，那些被广泛应用的传统模型（如投票率下降和"独自打保龄球"现象）将不再适用。为了理解这些明显的差异，需要一个更加精细和复杂的分析框架。通过细致观察，我们可以发现艺术和文化与民主生活的其他方面紧密相连，但这种联系在不同规则下的政治文化中表现各异。

为了阐明这些范式，我们扩展了过去关于民主政治的建模方法来调查文化的影响。我们在传统的自变量和因变量基础上增加了两个关键变量：首先，将艺术和文化参与从其他社会参与形式（如宗教、社区和专业志愿组织）中分离出来，单独比较其影响；其次，探讨这些影响在不同政治文化间的变换。

我们对民主政治的理解包括政治实践（如抗议、投票）、公民规范（关于如何成为

---

[1] VERBA S, SCHLOZMAN K, BRADY H, NIE N. Citizen Activity: Who Participates? What do They Say? [J]. American Political Science Review, 1993, 87 (2): 303-318.

[2] KEETER S, ANDOLINA M, JENKINS K. A New Civic Engagement? Political Participation, Civic Life, and the Changing American Citizen [M]. Oxford: Oxford University Press, 2006.

[3] 数据来源于世界价值观调查（World Values Survey）的每个国家公民样本。在该调查中，问题A066询问受访者："请仔细阅读以下自愿组织和活动，并回答……如果有的话，你属于哪个组织？选项包括教育、艺术、音乐或文化活动。"以加拿大为例，一项研究探讨了公民对联邦支出偏好的变化，特别关注1994年至2010年间公众对"艺术与文化"支持的态度。研究发现，在这期间，支持艺术与文化的民众比例从15%显著提升至30%，成为少数几个显示出重大变化的项目之一。这一趋势反映了加拿大社会中文化参与度的增加。

“好公民”的信念）和态度（社会和政治信任）。假设文化成员身份对民主政治各个组成部分的影响是不同的，并且这种影响会随环境变化而变化。我们的分析考虑了社会经济因素（如性别、年龄、教育程度、收入和个人定位）对文化参与的直接影响，并将文化参与的影响与其他类型的自愿组织（宗教、专业和社区组织）进行对比。

此外，我们还分析了这些范式在不同背景、政治文化和文化传统中的转变，展示了参与文化组织的意义及其对民主政治影响的变化。这揭示了不同背景下文化参与的深层含义和作用机制（见图 1）。

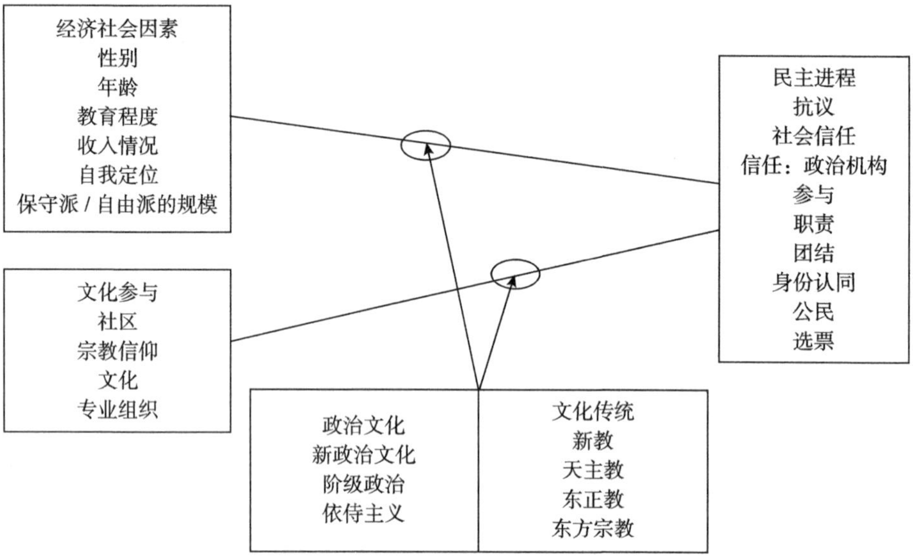

图 1　不同背景下的文化参与模式

主要数据来自连续的全国公民横向调查，确保了研究结果的广度和深度。尽管使用较为通俗的语言简化解释，但大多数关系仍然反映了表层现象背后更深层次的社会动态。

通过这种方法论上的改进，我们可以更好地理解艺术和文化参与在不同政治和社会环境中对民主政治的具体影响。这一研究不仅补充了现有的理论框架，还为未来的研究提供了新的视角和方向。

（一）因变量

以阐述民主政治的概念为起始点。许多关于民主社会的研究受到了罗伯特·帕特南著名论点的影响：公民参与自 20 世纪 60 年代以来一直呈下降趋势，严重影响了民主政治的健康发展。然而，我们认为这种下降只是展现了过去半个世纪所发生的众多变化中的一小部分。另外，自 20 世纪 60 年代以来，世界上数十个国家的政治参与模式伴随着代际转变、社会价值变化和社会经济现代化出现了结构性分化。年轻群体的政治活动相较于其前辈更加多样化。我们强调将扩大民主活动与结构分化相结合，以克服狭隘和保守性的理解，这在一定程度上促成了20世纪90年代托克维尔主义的复兴。例如，克里斯蒂安·维尔泽尔（Christian Welzel）、罗纳德·英格哈特和弗朗西斯卡·多伊奇（Franziska Deutsch）最近讨论的精英挑战活动也显示出对抗议活动的关注。尽管罢工在几乎所有稳固的民主国家都受到宪法保护，但由于其所谓的“暴力”性质，通常被排除在外。❶

为了使我们的民主政治概念更具有经验现实性和理论上的合理性，我们考虑了三大类民主政治参与。

（1）投票和竞选：这是代议制民主政治参与的传统机制，其象征性和非工具性功能近年来已被重新评价。❷

（2）信任态度：我们研究了公民对彼此的信任（社会或人际信任），以及对政府和其他机构的信任（政治信任）。这一维度借鉴了罗伯特·帕特南、肯尼斯·牛顿（Kenneth Newton）、弗朗西斯·福山等人的作品。❸

（3）抗议行为：这一类包括非传统的政治行为，如参加示威、签署请愿书、在博客上发表政治评论或因道德原因抵制某些产品。与投票和信任一样，抗议是我们试图解释的民主政治的三个维度之一。通过扩展民主参与的范围，将上述三种类型都包括在内，我们可以发现政治参与并未普遍下降。虽然某些形式的政治行为变得不再那么受欢迎（例如，在某些国家的投票），但其他形式的政治行为正在增长，还有一些新形式的行为开始出现（例如，政治博客或在线请愿）。❹❺

我们试图通过扩大民主参与的范围，包括抗议活动、信任和投票，以此克服托克维尔/帕特南模型的保守偏见。同时，我们也希望通过扩展公民行为准则的范围来避免其狭隘性。

公民规范涵盖了个人及其与民主当局的关系所具有的价值和表现形式。一个人应该展现出什么样的公民美德才能被认为是模范公民？从现有文献来看，无论是政治理论还是经验政治学，对于公民身份的各种规范解释往往都是不恰当的。例如，新共和主义

---

❶ WELZEL C，INGLEHART R，DEUTSCH F. Social Capital，Voluntary Associations and Collective Action：Which Aspects of Social Capital Have the Greatest Civic Payoff?［J］. Journal of Civil Society，2005（1）：121-146.

❷ “代议制民主”指标由两个变量组成：“上次选举投票”和“参加政治会议或集会的政治行动”。

❸ “社会信任”指标由多个变量组成，包括大多数人是可以被信任的；人们是否想要占你便宜（“不能太小心”“大多数人是可信的”）。对政治机构的信任通过“对政府的信心”这一变量衡量，评分范围从“一点也没有”到“非常多”。

❹ “抗议”指标由以下变量构成：政治行动——签署请愿、加入抵制、参加合法示威、加入非官方罢工、占领建筑物和工厂。这些行动采用三点量表衡量，分别为“永远不会做”“可能会做”“已经做了”。

❺ DALTON R.Democratic Challenges，Democratic Choices：The Erosion of Political Support in Advanced Industrial Democracies［M］. Oxford：Oxford University Press，2007.

通常认为只有一套理想的公民美德：在马库斯·西塞罗（Marcus Cicero）、詹姆斯·哈林顿（James Harrington）和尼可罗·马基亚维利的公民共和传统中，当代政治理论家试图推导出当代民族国家的公民应该为之奋斗的公民美德。[1]在传统的经验主义中，尽管政治学家们在哲学上不如政治理论家同行般熟悉，但他们对公民规范结构的异质本质更为敏感。因此，以经验为导向的政治学家，如罗素·道尔顿（Russell Dalton）、巴斯·登特尔（Bas Denters）、奥斯卡·加布里埃尔（Oskar Gabriel）和马里亚诺·托卡尔（Mariano Torcal），确定了美国和欧洲的几种不同的公民规范。我们在此采用了其中的一些规范。[2][3]具体来说，包括“基于职责”[4]的、“参与”[5]的和“团结”[6]的公民规范。此外，我们采用了近年来已经较为成熟的理论框架（如哈贝马斯,1994，2001）[7][8]，这些理论强调了政治和法律规则之间的区别，尤其是在公民规范的“厚”与“薄”之间的差异（刘易斯－艾普斯坦和莱文农，2005）。[9]同时，我们区分了“基于身份”的公民规范和“法律—公民”规范。[10]通过在模型中引入民族与公民的轴心，我们希望对主要基于社会经济因素的公民规范分析进行重要修正。

（二）背景变量和自变量

接下来，我们将讨论不同背景变量与自变量中的文化成员对民主政治的影响及其背后的原理。该范式的**第一个公理涉及社会经济发展**。民主政治往往与较高的收入、教育水平及年轻人有关。为了能够形成一种观点并连贯地表达出来，并对超越私人领域

---

❶ PETTIT P.Republicanism.A Theory of Freedom and Government［M］. Oxford：Oxford University Press，2000.

❷ DALTON R.Democratic Challenges，Democratic Choices：The Erosion of Political Support in Advanced Industrial Democracies［M］.Oxford：Oxford University Press，2007.

❸ DENTERS B，GABRIEL O，TORCAL M.Norms of Good Citizenship. In Citizenship and Involvement in European Democracies［M］.London：Routledge，2007.

❹ “基于职责的”规范指标由以下变量组成：WVS 中的给当局提供信息以助司法公正、更尊重当局、维护国家秩序，以及 ISSP 2004 中的好公民行为——总是在选举中投票、从不逃税、遵守法律和服兵役。

❺ “参与”规范指标包括：WVS 中的认为政治在生活中极其重要、为了社会利益而行动、与朋友讨论政治问题，以及 ISSP 2004 中的好公民行为——密切关注政府、积极参与社团组织、了解其他意见、基于道德考虑选择产品，并帮助地位较低的人。

❻ “团结”指标涵盖：WVS 中强调消除较大收入不平等的重要性、为声援穷人和处境不利者自愿工作，以及 ISSP 2004 中的民主权利——政府尊重少数群体、确保一定生活水平和对分歧的宽容。

❼ HABERMAS J.Struggles for Recognition in the Democratic Constitutional State［M］.Princeton：Princeton University Press，1994.

❽ HABERMAS J.Constitutional Democracy? A Paradoxical Union of Contradictory Principles?［J］. Political Theory，2001（29）：766–781.

❾ LEWIN–EPSTEUIN N，LEVANON A.National Identity and Xenophobia in an Ethnically Divided Society［J］. International Journal on Multicultural Societies，2005（7）：90–118.

❿ 在种族 / 公民规范轴（身份和公民规范）方面，我们仅依赖 WVS 中的一个变量：对国籍的自豪程度（不太自豪 / 一点也不自豪）。尽管 ISSP 2004 缺乏相关维度的信息，我们仍保留这一变量用于分析。

的事物表现出兴趣，公开发表政治主张，所有这些行为的前提是你必须是一个受过教育的、积极的、知情的公民。从阶级政治到“新政治文化”，或者罗纳德·英格尔哈特（Ronald Inglehart）所指的后唯物主义的转变，是由民主国家在共处五项原则 20 世纪下半叶的经济和社会发展所推动的。[1] 随着社会变得更加富裕，民主政权更加巩固，物质主义对安全感的关注与其他后物质主义的关注相结合，如生活质量、社会宽容和自我表达。这种“新政治文化”将社会自由主义、宽容和反庇护主义与财政保守主义融为一体。结果，依恃主义和等级制度日益遭到排斥：正如 2009 年日本传统政治制度崩塌所表明的那样，对平等和透明的担忧正逐渐出现在世界各地的政治议程上。因此，该三个范式的背景变量是与社会经济现代化进程相关的政治文化：阶级政治（或唯物主义）[2]、依恃主义 [3] 和“新政治文化”（或后唯物主义）。[4]

第二个公理的核心要素是文化传统，它帮助我们理解广泛的文明价值体系对政治行为和信仰形成的影响。什米尔·艾森斯塔特和他的同事们认为，与“多元现代性”范式一致，这些文化传统可以追溯到宗教文化，而这些文化在历史上曾影响着我们所研究的每个国家。[5] 我们的范式包括四种文化传统：新教、天主教、东正教和东方宗教。[6] 假设在某种文化传统中，个人自治和个人表达等原则的影响越大，就越有可能与公民规范和强调批判性参与和创造性自我实现的政治参与类型相关联。更具体地说，例如，我们假设新教国家的文化成员与以天主教、东正教或东方宗教（如佛教或儒教）文化传统占主导的国家相比，其与公民参与规范、各类抗议的关联度更高。

第三个公理是指自愿组织中个人成员的政治利益。出于理论和方法上的原因，我们关注这种特定类型的公民参与模式（而非积极参与、志愿服务或捐款）。文献表明，公民参与的形式越激烈，政治行为就越强，这是我们所研究国家中众多信息的一个变量。[7] 在阿历克西·德·托克维尔之后，我们主张，社会参与促进政治参与。但是，跟随罗伯

---

❶ INGLEHART R.The Silent Revolution：Changing Values and Political Styles Among Western Publics［M］.Princeton：Princeton University Press，1977.

❷ 阶层 / 政党政治由 WVS 变量构成的指标包括工作取向（相对于休闲的重视程度）、唯物主义取向及社会目标（广泛的福利与低税收）。

❸ 依恃主义通过全球治理指标来衡量，这些指标涵盖：控制腐败、法治、监管质量、政府效率、政治稳定和无暴力，以及话语权和问责制。

❹ 新政治文化由 WVS 变量构成的一个指标，具体包括：与不同思想的人在一起、基于环保考虑选择产品，以及后物质主义四项量表（维持秩序、更广泛的民主、抑制通货膨胀、言论自由）。其中，“维持秩序”和“抑制通货膨胀”表达了唯物主义者的观点，而“更广泛的民主”和“言论自由”则体现了后物质主义价值观。

❺ NORRIS P，INGLEHART R.Sacred and Secular.Religion and Politics Worldwide［M］.Cambridge：Cambridge University Press，2004.

❻ 在文化传统方面，每个被调查者根据其所在国家的主导文化传统（新教、天主教、东正教或东方宗教）与这四种类型中的一种相关联。

❼ WILSON J. Volunteering［J］. Annual Review of Sociology，2000（26）：215–240.

特·帕特南的同时仍然追随阿历克西·德·托克维尔，我们对这一论断进行了限定：我们假定并非所有类型的自愿组织都对民主生活同样有益。事实上，有些自愿组织对民主政治可能是有害的，而有一些可能与民主政治没有任何关系。❶不同类型的公民组织之间的动态关系对我们研究目的非常重要，因为我们希望了解这些类型在多大程度上与民主生活相关。我们的范式区分了四种不同内容类型的自愿组织：宗教的、专业的、社区的和艺术的（见图 2）。

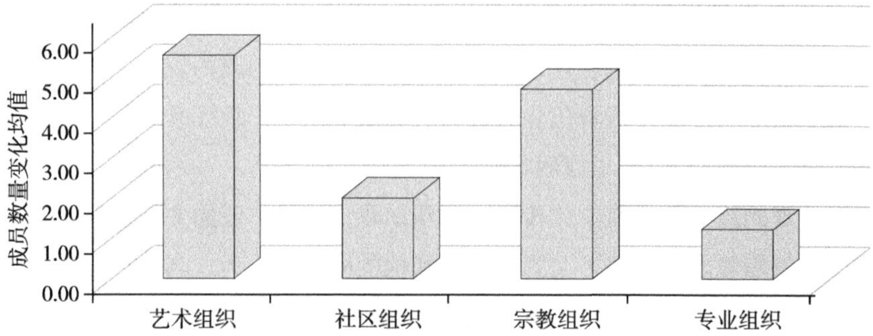

图 2　自愿组织成员数量变化均值（WVS，1981—2004）

在“社会参与”板块中，这四种类型中的每一种都构成一个自变量。我们的目标是观察不同类型的自愿协会的成员是否与不同的公民规范相关联，并激发不同的政治活动。大量证据表明，艺术组织是最有影响力的“民主学校”之一，受此启发，我们想要测试文化协会的成员，而不是其他类型自愿协会的成员，对民主政治是否有显著的影响。

二、研究设计与数据收集

我们的分析旨在对民主政治中文化成员的影响进行严格的量化记录。为了检验我们的模型，我们使用了来自主要国际调查项目的数据：世界价值观调查（WVS，1999—2004 年波次）及国际社会调查项目（ISSP 2004）。我们的研究样本由 1999—2004 年 42 个民主国家的横截面观测数据组成。我们采用 OLS（序数最小二乘法）和 HLM（层次线性建模）回归来测试模型。为了获取国家层面的干预因素，我们选取了基尼指数、教育（毛入学率）和文化贸易占 GDP 的百分比。❷

---

❶ TOCQUEVILLE A.Democracy in America［M］. New York：Vintage Books，1945.

❷ 为了解释数据的层次性，我们采用了多级回归分析，结合了联合国开发计划署（UNDP）关于基尼系数、教育毛入学率和文化贸易占 GDP 百分比的国家层面数据（详细数据参见联合国统计司，UNSD），以及世界价值观调查（WVS）的个人层面数据（包括自愿组织成员身份和社会人口统计变量）。模型的统计检验基于 WVS（1999—2004）年的数据。由于 ISSP 仅提供宗教和文化团体的信息（不包括社区和专业自愿团体），投票分析采用了稍微不同的模式。除此之外，相同的模式也适用于投票。

大多数关于文化参与的研究都基于地方案例、小样本比较或国家层面的分析（通常由国家当局如文化部提供）。然而，据我们所知，在民主社会及其参与的研究中，尚未系统探讨文化组织成员对民主政治的影响。相比之下，目前的研究使用跨国调查数据，这是在全球范围内重新连接两种调查方式文化自愿组织中的成员和民主实践与价值观的唯一途径。

收集有效的比较数据面临几个挑战。首先是数据获取：尽管近年来“非西方”国家的调查数据有所增加，但“西方”社会的数据更为丰富。为了测量1999—2004年艺术和文化的变化，我们将研究范围限定在世界价值观调查（以及用于分析投票模式的2004年国际社会调查项目ISSP波次）所覆盖的那些国家。其他挑战包括时间的潜在影响和数据辨析；对复杂概念如“新政治文化”和“新教”等的运作化；互反性和遗漏变量偏差的问题❶及测量的可靠性面临的各种威胁。❷此外，二次分析的操作化也带来了挑战，包括地理范围、时间段限制，更重要的是每个调查项目的措辞差异。例如，关键变量之一是文化或艺术自愿组织的成员身份。世界价值观调查（WVS）问题A066询问：“请仔细阅读以下自愿组织和活动，并回答……如果有的话，你属于哪个？（包括）教育、艺术、音乐或文化活动。”为减少像家长教师协会（PTA）这样的教育组织可能引起的测量误差，我们重新计算了学龄儿童父母和非父母的测量结果，发现差异很小。❸

三、调查结果

我们分两步测试了文化成员对民主政治影响的模型。首先，我们进行了多层次回归分析，以评估全球民主国家中公民参与、态度和规范方面的影响。结果显示，文化参与是自愿组织成员中抗议活动的最佳预测指标之一，其重要性与教育水平相当（见表1）。这一结果在不同政治文化和文化传统背景下尤为显著，特别是在“新政治文化”和新教文化的环境中。这些戏剧性的发现支持了本文的核心观点：文化已经产生了比过去更为深刻且焕然一新、强大有力的影响。对于研究人员而言，任何能与教育相匹敌的新变量

---

❶ 我们意识到，在我们测试的一般模型中可能存在互惠性偏差——即我们分析社会参与是否影响民主政治，但反向关系也可能成立，即民主政治反过来也会影响社会参与。为了检验这种可能性及其对政治参与、信任和自愿组织成员的影响程度，我们进行了进一步的测试。结果显示，这些模型所解释的变化（通过调整后的 R^2 测量）相对较低。

❷ JACKMAN S.General Lessons on Measurement［M］.Oxford：Oxford University Press，2008.

❸ 为了检验教育机构是否影响对文化参与的衡量，我们使用了公民、民主和参与调查（CID）及世界价值观调查（WVS）数据进行了回归分析。基于兴趣，我们比较了预测结果，仅针对美国的数据：“成员：文化或爱好活动组织”（CID，2005）和“属于教育、艺术、音乐或文化活动”（WVS，1999—2004）。结果显示，无论是否考虑受教育程度（CID），模型结果与WVS得出的结果没有显著差异：两者均为正向且显著预测抗议行为。

通常都是重大新闻。因此，这一发现凸显了文化参与在理解民主政治中的关键作用。

表 1　多层次回归分析：民主政治的预测因素（新政治文化背景）

	变量	抗议	政治机构信任	社会信任	参与	责任	团结	公民身份规范
第一层级	性别（女性）	−0.042***	0.049	0.075*	0.014	0.012	−0.041	0
	年龄	0	−0.026	0.066*	−0.016	−0.007	0.028	0.012*
	教育水平	0.125***	0.001	0.040	−0.070	−0.003	0.070	0.007
	收入	0.030***	−0.013	0.038	−0.090	−0.002	0.002	0.005
	社区组织	0.009*	−0.002	−0.010	−0.004	0.011*	−0.004	−0.004*
	宗教组织	−0.013*	0.007	−0.035	0.005	−0.003	−0.001	−0.003
	艺术组织	0.048***	0.046	0.012	0.006	−0.005	0	0.003
	专业组织	0.027***	0.002	−0.009	0.003	0.007*	−0.004	−0.005*
第二层级	基尼指数	−0.080*	0.163	0.058	−0.005	−0.031	−0.091	0
	教育（毛入学率）	0.150***	−0.127	−0.025	0.014	−0.016	0.049	−0.001
	文化贸易占GDP的比例	0.020	0.033	0.034	−0.001	0.015	−0.014	−0.003
	截距	1.324	0.623	0.836	1.998	2.576	2.421	1.583
	标准误差	（0.141）	（0.859）	（0.117）	（0.130）	（0.527）	（1.620）	（0.219）
	类内关联性	0.180	0.510	0.002	0.040	0.270	0.570	0.020
	方差分量（第一层级）	0.201	0.575	1.566	1.998	0.696	1.720	0.667

注：列出的数值是标准化的回归系数。第一层级为公民个人 / 受访者，数据来源为 WVS（1999—2004 年）；第二层级为总体（国家）水平，数据来源为联合国开发计划署和教科文组织。分析软件使用 HLM 6.02。显著性水平标注为：*P<0.050，**P<0.010，***P<0.0010。样本量最小值为来自 42 个国家的 42 625 名公民受访者。

从我们的实证研究中得出的第二个重要发现，通过一组柱状图清晰地展示了不同背景下文化参与的影响（见图 3）。这些背景涵盖了多种政治文化和全球情境，揭示了文化影响的多样性。

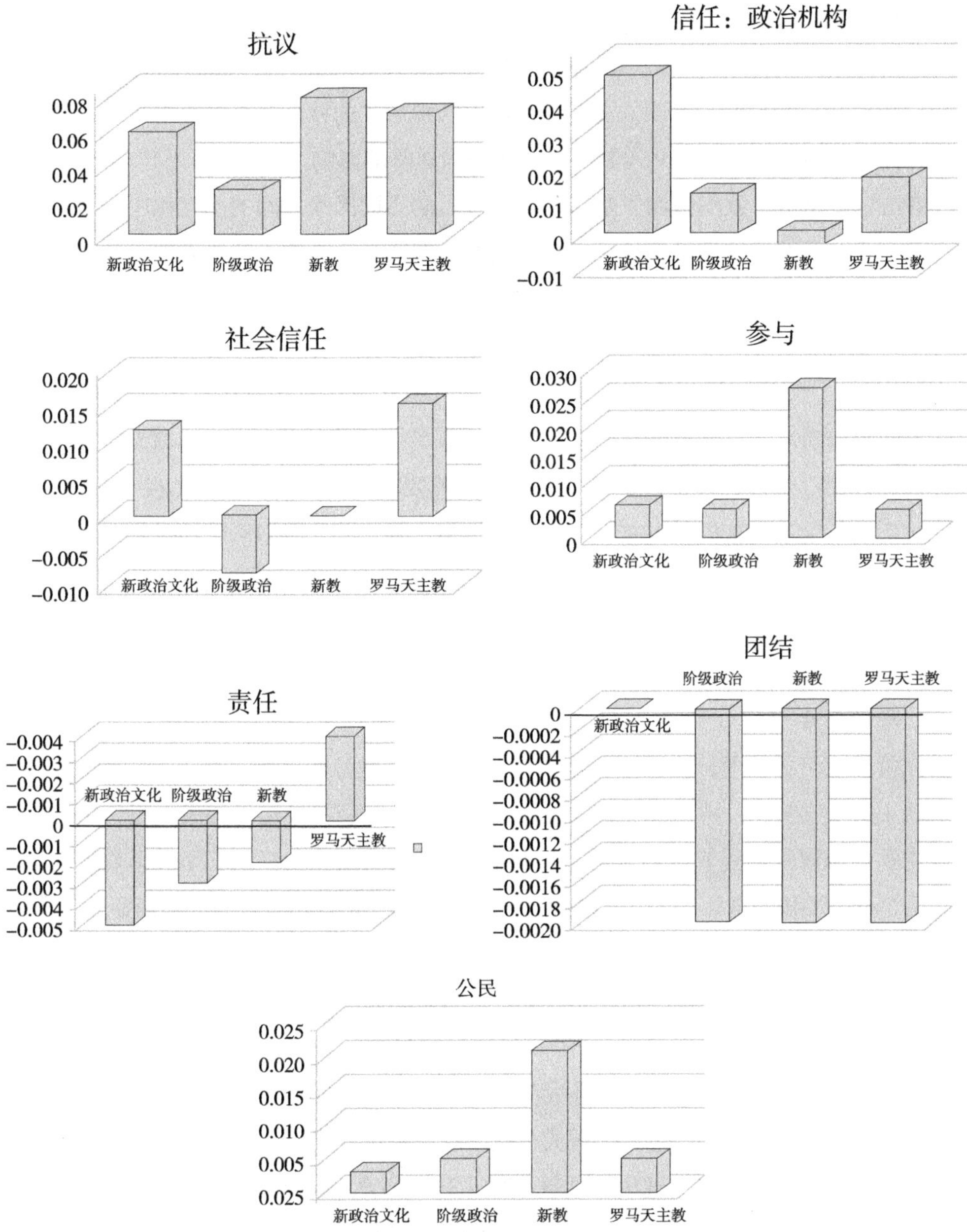

图 3　艺术参与对民主政治的预测，按背景划分（多层次回归分析）

注：图中数值代表标准的多层次回归系数。

数据来源：WVS（1999—2004 年）。

接下来，我们将深入探讨这一核心发现，即文化如何在不同背景下产生差异及其背后的原因。我们首先会考察三类政治文化，即阶级政治、依恃主义和新政治文化，然后转向文化传统，包括东方宗教主导的国家，以及东正教、天主教和新教占主导地位的国家，来说明文化参与的变化模式。

在分析中，我们采用了普通最小二乘法（OLS）和多级预估方法进行计算，两种方法显示出了一定程度的一致性。文中经常提到四种形式的社会参与对民主政治各组成部分（作为因变量）的影响，并控制了社会经济描述符的影响。

在方法论部分，我们强调了基本路径图所示的不同因素之间的交互作用，解释了这些结果产生的机制，特别是为什么文化因素在不同背景下会有不同的表现。我们专注于讨论最显著和最具特色的成果，尤其是那些随着背景变化而出现明显差异的结果。

（一）三种类型的政治文化：不同的文化影响

我们以分析政治文化如何在民主实践和价值观中调节文化成员的影响为起点。政治文化跨越国家、地区和城市，个人可能会与某种政治文化有关，尽管（或有时正因为）他们生活在一个这种价值观占主导地位的环境中。基于此，我们使用针对公民个人的调查项目来衡量政治文化。我们的基本问题是：文化组织成员的身份是否与其认同的社会和经济变革相关的基本价值观有关？研究结果表明，在某些政治文化中，文化成员具有特定而强烈的影响，促进了独特的民主实践和公民规范。

1. 阶级政治

在阶级政治背景下，典型特征是层级机构（如教堂、政党和工会），以及唯物主义价值观（关注安全和经济发展）和以公民义务为核心的公民模型（如服兵役、纳税和接受政党驱动的国家福利）。我们的目的是探讨文化组织在这种背景下如何影响政治信仰和行为，并借鉴埃文斯、特里·克拉克、利普斯特和艾可特伯格等人的最新研究。[1][2]

显著的发现是，文化成员身份增加了投票率（见表3）。这一现象仅出现在阶级政治背景下。为什么在阶级政治背景下的文化参与会促进投票，而在其他背景下则不然？

一种解释是，在阶级政治中，“游戏规则”明显更倾向于高投票率。集体组织在动员选民方面起着关键作用：工会、强大的政党以及与政党密切相关的公民团体。这些组织通过多种方式动员选民，包括提醒成员投票的重要性、讨论选举、监督未投票者并鼓励他们投票，甚至亲自接送选民前往投票站。这种高度劳动密集型的竞选工作与劳工/左翼党派和集体教会的精神一致。这些组织历来是参与选举政治规模最大、人员最充足的团体，在大多数阶级政治社会中比保守派政党更为强大和受欢迎。[3]因此，在阶级政

---

❶ EVANS G.The End of Class Politics? Class Voting in Comparative Context [M] . Oxford: Oxford University Press, 1999.

❷ CHTERBERG P.Considering Cultural Conflict.Class Politics and Cultural Politics in Western Societies [M] . Maastricht: Shaker Publishers, 2006.

❸ VERBA S, NIE N, KIM J O.Participation and Political Equality: A SevenNation Comparison [M]. New York: Cambridge University Press, 1978.

治背景下，制度化的政治参与形式（如投票和政治运动）被视为行使公民权利的合法、有效手段，不亚于抗议活动本身。这表明文化成员身份与投票和抗议之间存在积极联系（见表2）。

表2 多层次回归分析：民主政治的预测因素（阶级政治背景）

变量		抗议	政治机构信任	社会信任	参与	责任	团结	公民身份规范
第一层级	性别（女性）	−0.058***	0.061*	0.038	0.021	0.042**	−0.007	−0.031
	年龄	0	−0.032*	0.027	−0.005	0.029***	−0.011	−0.002
	教育水平	0.159***	0.004	0.041	−0.002	0.019*	0.001	−0.001
	收入	0.044***	−0.016	0.012	−0.006	0.023*	−0.029*	−0.006
	社区组织	0.012*	−0.011	−0.001	−0.010	0.002	−0.004	−0.011
	宗教组织	−0.018*	0.037	−0.024	0.007	−0.002	−0.011	−0.011
	艺术组织	0.024***	0.011	−0.008	0.005	−0.003	0	0.005
	专业组织	0.012*	−0.009	−0.013	−0.001	0.007	0.005	−0.009*
第二层级	基尼指数	−0.023*	0.036	0.022	−0.051	−0.015	−0.022	0.018
	教育（毛入学率）	0.080	−0.012	−0.050	0.072	−0.017	0.165	−0.017
	文化贸易占GDP的比例	0.050	0.035	0.070	0.015	0.043	−0.001	−0.009
	截距	1.639	1.257	0.918	1.837	2.094	1.785	1.698
	标准误差	（0.157）	（1.035）	（0.143）	（0.137）	（0.334）	（1.764）	（0.222）
	类内关联性	0.180	0.610	0.020	0.040	0.270	0.640	0.200
	方差分量（第一层级）	0.201	0.558	1.569	0.475	0.689	1.694	0.667

注：列出的数值为标准化回归系数。第一层级数据来源于世界价值观调查（WVS，1999—2004年），反映公民个人/受访者的特征；第二层级数据来源于联合国开发计划署和教科文组织，反映总体（国家）水平的特征。分析软件使用HLM 6.02。显著性水平标注如下：* $P< 0.050$，**$P<0.010$，***$P< 0.0010$。样本量最小值为来自42个国家的42 625名公民受访者。

然而，在唯物主义的阶级政治环境中，文化成员身份虽然能提升投票率，但在民主政治的其他方面表现并不突出。例如，在信任（对他人和政府的信任）方面，文化参与的影响不太显著。此外，阶级政治背景似乎扮演了“缓冲地带”的角色，限制了文化成员对公民规范的影响：相比其他文化背景，其影响相对较小。相反，层级森严的公民组织（如教会）在这一背景下表现出强大的影响力，既预测了基于职责的公民规范，也预测了社会和政治信任。

总之，在阶级政治的背景下，文化成员身份主要由层级机构和唯物主义关切所塑造，这种现象带来了混合的政治后果。它促进了投票行为（在较小程度上也包括抗议活动），但对于民主生活的其他方面的影响则相对有限。

2. 依恃主义

经验上，依恃主义往往与阶级政治重叠，是我们检验的第二种政治文化，它在文化参与和民主之间起到了调节作用。[1] 在依恃主义背景下，文化参与与新政治文化、阶级政治中的文化参与有显著不同，主要体现在两个方面。

首先，在依恃主义背景下，文化成员身份与基于职责和身份的公民规范相关联。在其他文化背景下，艺术自愿参与通常“抑制”人们将公民身份等同于服兵役或纳税这种基于责任的理解。然而，在依恃主义的政治文化中，这种关系更为积极：如果一个人是书友会成员，他更可能认可基于义务的公民规范。在这种政治文化中，以职责为基础的规范得到了教育程度、收入和专业协会成员资格较高的受访者的肯定，从而确立了该政治文化中职责的合法性。此外，这是唯一一种艺术组织与政治纽带认同呈正相关的情况，反映了个人力量的重要性及其对身份的影响。[2] **其次**，在依恃主义背景下，隶属于艺术组织的人参加示威或其他抗议活动的可能性不仅不会增加，反而减少，并且他们更倾向于支持与权利主张相关的公民规范。[3]

这两个结果揭示了同样的社会实践（属于一个文化组织）如何在不同背景下产生深刻而不同的政治影响。这些例子有力证明了我们的观点，即文化组织在不同背景下具有不同的政治意义。在本文讨论的所有政治文化中，依恃主义是唯一一种文化成员对抗议活动、公民参与和法律—公民规范产生消极影响的文化。

3. 新政治文化

在新政治文化背景下，文化成员对抗议活动的影响不仅是积极的，而且在所有政治文化中其影响力最强。[4] 为什么会出现这种情况？

新政治文化（NPC）是一种新兴的政治文化，它将社会自由主义态度（如支持同性

---

[1] 与其他情况不同，依恃主义不是基于跨国调查（这些调查通常不包括“客户名单”项目）获得的信息，而是根据世界银行收集的国家层面数据建立的。

[2] 在依恃主义背景下，艺术组织成员身份对巩固公民规范的标准化回归系数为 0.098（$P< 0.001$）。对于预测抗议活动和参与公民规范，标准化回归系数分别为 –0.029（$P<0.001$）和 –0.037（$P < 0.001$）。

[3] 预测抗议和参与公民规范的标准化回归系数分别为：–0.029（$P<0.001$）和 –0.037（$P<0.001$）。

[4] 在新政治文化背景下，文化成员对抗议活动的影响明显高于其他类型的非政治组织。这种模式适用于三种政治文化：新政治文化、阶级政治和依恃主义。在这三种政治文化中，文化成员比任何其他形式的组织参与（如宗教、社区或专业组织）更能预测抗议活动的参与度。

婚姻）与财政保守主义结合在一起。因此，与后唯物主义关联的公民导向个人主义倾向于排斥等级制度和官僚国家机器。这种平等主义的个人主义似乎促进了从事文化活动的个人更多地参与挑战精英的活动，而不是遵循阶级政治或依恃主义的传统路径。换言之，如果一个人批评政府，同时还是诗歌阅读俱乐部的成员，这可能会转化为签署请愿书和采取权利主张的态度。

有趣的是，相比其他群体，这类文化成员更容易促进对政府的信任。这些发现不仅证实了过去的研究，表明社会和政治信任是由不同变量解释的不同态度，也反映了这一特定政治文化的本质，即社会自由主义态度与财政保守主义的结合，尤其在大城市环境中尤为明显。[1][2][3]

（二）四种文化传统／文明

到目前为止，我们对政治文化的关注可能会让人误以为存在某种进化框架，引导从过去的阶级政治和依恃主义到今天全球城市的新政治文化和世界性民主党人的转变。然而，这种推论是错误的。虽然我们承认社会经济变化对个人态度和行为有深刻影响，但我们同样重视“文明”、广泛的社会文化宗教范式的作用。此外，我们并不将现代化等同于西方化，即西方价值观和制度在全球范围内的逐渐扩散。相反，我们认为现代化是对西欧现代工程的大量拨款和改造，反映了不同文化背景对现代化的不同反映。因此，我们的模式不仅包括与社会经济变化相关的政治文化，还包括文化文明传统。这些传统的宗教—文化核心不能简单地归结为社会经济问题。[4]它们指的是每个国家历史上占主导地位的以宗教为基础的文化，并特定于某些国家群体。[5]

1. 东方宗教

东方宗教形成了一个重要的文化传统，其中包括佛教、道教和儒家思想。[6]在这些文化传统占主导或较为突出的国家（如韩国、日本、印度），其核心发现是个人主义和

---

❶ COLEMAN J.Social Capital in the Creation of Human Capital［J］. American Journal of Sociology, 1988（94）: 95-120.

❷ NEWTON K.Trust, Social Capital, Civil Society and Democracy［J］. International Political Science Review, 2001（22）: 201-214.

❸ BOSCHKEN H.Global Cities, Systemic Power, and Upper-Middle-Class Influence［J］.Urban Affairs Review, 2003（38）: 808-830.

❹ EISENSTADT S.The Great Revolutions and the Civilizations of ModernityM.Leiden: Brill, 2008.

❺ 将宗教视为传统基本价值观和文化的主要历史指标，这一视角在社会科学研究中有着深厚的根基，从马克斯·韦伯（1964）关于宗教社会学的著作，到塔尔科特·帕森斯（Talcott Parsons, 1951）的理论发展，再到亨利·门德拉斯（Henri Mendras, 1971）和丹尼尔·贝尔（1973）的研究，均体现了这一经典的学术传承。

❻ 由于数据的可获得性限制，最后一个背景仅分析了三个国家（印度、日本和韩国）。未来的世界价值观调查和其他类似的跨国调查应努力增加该地区其他国家的样本数量，以提供更全面的分析。

文化参与的政治影响。例如，在韩国，阅读俱乐部的成员更有可能参加抗议活动，并支持强调公民参与的活动，且教育程度越高，这种情况发生的可能性越大。此外，文化成员似乎扩大了个性范围，但以牺牲团结为代价。具体而言，文化成员减少了对贫困大众的团结，并且在所有文化传统中，这是唯一一种情形，即文化活动（如合唱团体或戏剧团体）与增加对他人的信任无关。在这些国家，社会信任的来源更多来自其他方面，如左翼意识形态的立场、较高的收入和年龄。

2. 东正教国家

在主要的东正教国家（如匈牙利、保加利亚、罗马尼亚、摩尔多瓦和乌克兰），考虑到这些国家在 20 世纪下半叶大部分时间处于计划经济体系之下，文化成员的政治影响呈现出独特特点。最引人瞩目的结果是其消极的观点——这是在其他环境中找不到的。例如，在罗马尼亚，成为合唱团的一员与支持公民权利的概念之间没有联系，文化成员在抗议活动中的影响最小。此外，文化参与和制度政治之间存在一种分离信号：这种特定类型的社会参与主要促进社会信任，而非政治信任（见表 3）。宗教成员身份的影响仍然存在，尽管微弱，显示出负相关，这或许反映了宗教与共产主义历史相结合的复杂作用。

表 3　社会参与预测代议制民主成分（OLS 回归分析）

变量	新政治文化	阶级政治	新教	天主教
性别（女性）	−0.035***	−0.007	0.041***	−0.056***
	(−6.254)	(−1.376)	(−6.370)	(−8.498)
年龄	0.255***	0.274***	0.193***	0.156***
	(43.799)	(48.824)	(18.214)	(16.435)
达到最高教育水平	0.081***	0.094***	−0.002	0.021*
	(12.681)	(15.493)	(−0.250)	(2.267)
收入水平	−0.004	−0.010	0.049***	0.001
	(−0.672)	(−1.095)	(8.809)	(0.224)
在政治尺度上的自我定位	0.005	0.038***	−0.080**	−0.096***
	(0.730)	(6.041)	(−5.363)	(−7.604)
宗教信仰	−0.020***	−0.001	−0.036***	−0.018*
	(−3.338)	(−0.177)	(−3.513)	(−2.041)
艺术	0.048***	0.074***	0.051***	−0.028***
	(7.818)	(12.548)	(5.133)	(−3.211)
恒量	1.488	1.379	1.739	1.755

续表

变量	新政治文化	阶级政治	新教	天主教
调整后的 R^2	0.075	0.104	0.021	0.008

注：这里的因变量是基于国际社会调查项目（ISSP）中的指数，包括最近一次选举中的投票情况以及参与的政治会议和集会。所显示的数值代表了 OLS（普通最小二乘法）回归分析中的标准化系数。显著性水平分别为：* 表示 $P<0.050$；** 表示 $P<0.010$；*** 表示 P<0.001，并且括号内提供了 T 统计值。对于缺失值，采用了成对删除的方法进行处理。具体来说，投票这一变量是由以下两个行为构成的指数，即在上一次选举中是否投票以及是否参加过政治会议或集会。

3. 天主教国家

在天主教占主导地位的国家（如南欧和拉丁美洲国家），文化成员的政治影响呈现出另一种形态。最显著的发现是其反等级制度和自由意志主义的政治倾向，这在新政治文化或新教语境中不常见。**首先**，文化成员与投票呈负相关，这是值得注意的，因为在其他背景下，文化成员促进了投票行为和政治竞选工作。只有在新政治文化背景下，艺术协会与示威或签署请愿书的相关性才会比天主教国家更强（见表 4）。[1] **其次**，提及政治信仰，文化成员与基于义务的公民规范呈负相关：例如，西班牙剧团的成员更可能拒绝将公民身份等同于纳税，而更倾向于将其等同于街头示威。这些发现表明，天主教文化成员的政治影响是对该背景下天主教传统的社会保守主义的一种反映，而不是一致的表现。[2]

表 4　文化成员对民主政治的影响（OLS 回归分析）

变量	抗议	政治机构信任	社会信任	参与	责任	团结	公民身份规范
新政治文化背景下的艺术成员	0.088***	0.058***	0.004	0.061***	−0.027***	−0.020	0.023***
阶级政治背景下的艺术成员	0.055***	0.005***	0.014	0.028***	−0.004	−0.029	0
依恃主义背景下的艺术成员	−0.029***	−0.034***	−0.006	−0.037***	0.023***	0.098***	−0.022***
新教背景下的艺术成员	0.029***	0.056***	0.028***	0.023***	−0.057***	−0.056***	0.026**
天主教背景下的艺术成员	0.057***	0.046***	0.006	0.025***	−0.047***	−0.044***	0.034***

[1] 文化成员预测抗议活动的标准化回归系数为 0.057（$P<0.001$）。

[2] 文化成员预测责任规范的标准化回归系数为 −0.047（$P < 0.001$），而预测参与规范的系数为 0.025（$P < 0.001$）。

续表

变量	抗议	政治机构信任	社会信任	参与	责任	团结	公民身份规范
东正教背景下的艺术成员	0.013***	0.011**	−0.003	0.001	−0.014***	0.009	0.005*
* 东方宗教背景下的艺术成员	0.018***	0.004	−0.005	0.008***	−0.004	−0.021***	0.009***

注：所列出的数值为 OLS（普通最小二乘法）回归分析的标准化系数，其中 * 表示 $P<0.05$，** 表示 $P<0.01$，*** 表示 $P<0.001$。数据来源于世界价值观调查（WVS）于 1999—2004 年收集的数据。本模型中包含的控制变量有：性别、年龄、最高教育水平、收入、自我定位、社区组织成员、宗教组织成员及专业组织成员。

4. 新教国家

新教国家的文化影响与天主教国家的文化影响形成鲜明对比。[1]在这种环境中，文化参与对抗议活动、公民参与和法律公民规范的支持以及对社会和政治信任的增强显示出积极影响，符合新教的文化遗产。[2][3]也就是说，个人自治和个人表达的原则不仅支持公民规范，而且强调批判性参与及创造性自我实现的政治参与类型，还赋予这种文化传统独特的才能。例如，在荷兰文学俱乐部的成员明显倾向于将公民身份视为要求权利，并强烈反对履行职责或显示团结的公民模式。相比之下，在具有唯物主义倾向的阶级政治背景下，文化成员身份的政治影响会弱得多。总之，在信奉新教的国家，加入文学俱乐部或合唱团会让人更容易信任其他公民和政府，反对以履行义务或团结为基础的公民模式，同时支持以法律、公民权利和主张权利的理解为基础的抗议活动和公民规范。[4]

通过上述分析可以看出，文化至关重要，因为它在全球范围内正在崛起，同时也因为不同类型的自愿社团中，文化成员具有重要的政治影响。文化影响重大，更是因为这些政治影响在很大程度上是由不同的政治文化和文化—文明传统所调和的。最后两个发现结合起来证明了我们为建立文化崛起的政治意义理论模型所做的努力是正确的。无论在哪种背景下，艺术成员都与民主价值观及其相关实践联系在一起，这种联系在不同文化背景下表现出七种不同的政治结果。

---

[1] 在我们的分析中，主要的新教国家包括澳大利亚、爱沙尼亚、芬兰、德国、冰岛、荷兰、新西兰、挪威、瑞士、英国和美国。

[2] 值得注意的是，政治信任的来源较为保守和等级化，具体表现为低收入人群、右翼自我定位，以及宗教组织成员身份最能增加这种信任。

[3] 文化成员预测抗议活动、社会信任和参与的公民规范标准化回归系数分别为 0.029（$P<0.001$）、0.056（$P<0.001$）和 0.023（$P<0.001$）。

[4] 文化成员责任预测和团结的公民规范标准化回归系数分别为 −0.057（$P<0.001$）和 −0.056（$P<0.001$）。

四、结论

本文记录了文化和艺术参与的兴起，这一现象作为戏剧性的例外，打破了普遍持有的观点，即公民活动正在下降。在荷兰、美国、加拿大和斯堪的纳维亚等地，从1981年到2004年，艺术和文化的参与度增加了两倍或三倍。我们的发现基于对公民参与项目问题特异性的研究，而不是含蓄地假设问题是不同的（这是大多数参与研究的工作规则）。接下来，我们探讨了艺术和文化参与与民主政治若干衡量标准之间的相互关系，发现它们因环境不同而有显著差异。这与托克维尔/帕特南假说形成了鲜明对比。本文的核心是通过背景来解释这些差异。据我们所知，这是首次尝试在全球范围内确定和讨论艺术参与对政治的影响。

非政治关联生活对民主政治的启示是社会科学中的一个经典主题。利用基于调查的跨国数据，我们具体分析了文化组织成员对民主政治各项指标的影响——从投票或抗议、对政治制度的态度到公民信仰。我们的具体发现证明了此种假设，即文化的兴起对政治具有重要影响。然而，这些后果既不局限于民主政治的某一组成部分——例如，代议制民主的组成部分与挑战精英的活动——它们在不同的背景下（跨国或国家层面）也不是同质的。这些范式表明，个人生活的具体文化背景如何深刻地影响着文化成员对民主政治不同组成部分的影响。在一些方面，它使人们远离传统的政党政治，而在另一些方面，它产生了完全相反的效果，促进人们投票并参加政治活动。

文化的兴起不仅具有重要的政治意义，还推动了政策的形成。自20世纪70年代中期以来，世界各地的地方政府已经表明，艺术和文化领域的政策创新是一种强大的政治工具：从幽默和讽刺的战略性选举运用，到与文化活动或机构相关的雄心勃勃的城市改造计划，从哥伦比亚的波哥大、意大利的那不勒斯到美国的芝加哥等不同地方，都充分显示了文化在当地政策制定中的作用日益增强。波哥大、那不勒斯和芝加哥是新领导风格和公民意识的诸多来源之一，是与托克维尔/帕特南传统相冲突的公民参与的新模式。那不勒斯、芝加哥，尤其是波哥大的市长们没有把注意力集中在基瓦尼斯俱乐部或妇女选民联盟上，而是发展出一种极受欢迎的象征性领导，参与具体行动，作为有效的替代治理模式（而不是传统的公民组织）。这些可供选择的城市治理模式之所以有效，部分原因在于它们建立在不信任、异化和犬儒主义的基础上，这使得托克维尔模型的构建明显更加困难。在过去的几年里，我们已经与几个拉丁美洲、意大利、西班牙学者合作，共同记录和总结波哥大、那不勒斯甚至芝加哥的经验教训，使之适用于墨西哥城以及洛杉矶（和芝加哥）的一些社区的市民。从这个角度看，联合国支持的行动，如2004年的《21世纪文化议程》，不过是对世界各地几十个地方政府几十年来利用艺术和文化促进社会、经济和政治发展的积累经验的一种高层次的体制反映。

基于多样化的原因，我们应该认真对待文化艺术的参与。越来越多的人因为文化艺术参与而重塑生命体验；引用阿历克西·德·托克维尔的话，作为“民主学校”，文化组织培养公民美德的范围比大多数其他类型的协会更为广泛，至少比世界价值观调查中的标准类型更广；只有充分考虑文化多样性，人们才能开始理解文化崛起的政治意义。因此，我们有充分的理由将文化置于社会科学研究议程的优先位置。

语境如何转变市民参与：命题 *

摘　要：本文探讨了语境如何深刻转变市民参与的形式与性质，通过八个命题进行详细阐述。我们发现，宗教信仰、消费范式及多样化的政治体验显著改变了市民的参与模式。社会分层和专制环境不仅影响了市民的行为方式，还助长了反体制的参与和抗议活动。信任的建立并非普遍现象，而是在特定语境下有所体现。此外，艺术与文化参与的影响也因其他环境因素的变化而有所不同。这些命题揭示了市民参与不仅仅是个人选择的结果，更是受到复杂社会、文化和政治背景的深刻影响。

关键词：参与；政治；权威；宗教；文化；艺术

"悲叹"是美国社会科学研究中一个常见主题，近年来在学者中愈发流行，其修辞效果已经影响了几代人。罗伯特·帕特南的《独自打保龄》立足于逝去的黄金年代，成为自 1995 年出版以来被引用最多的政治学专著之一。基于这本专著，全球数以千计的政治学家致力于探究当代民主制度面临的严重挑战之一：在成熟自由的民主国家中，公民参与不可阻挡地日渐式微。人们越来越少地参与投票，也不像过去那样积极地参与政治竞选活动；与前几代人相比，现在的社交生活也显得更加黯淡。

阿历克西·德·托克维尔曾将美国民主的成功归结于充满活力的社会组织和自治组织，如果他看到今天的状况，可能会对美国民主的现状感到失望。然而，我们不确定他会完全认同罗伯特·帕特南的观点。我们无意用完全相反的观点或乌托邦式的理想来纠正罗伯特·帕特南的悲叹。悲观主义和乐观主义这两种态度都会妨碍人们对所涉现象关键可能性的认识。尽管这些情感倾向也可以应该被研究，但它们不应干扰科学性的调查研究。

马克斯·韦伯的悲观主义是他思想中最显著和精彩的部分之一，但也正是这种悲观主义使他未能充分认识到俾斯麦时代的社会阶段所蕴含的民主潜力。同样，顽固的乐观

* 本文作者菲利普·席尔瓦（Filipe Silva），里斯本大学社会科学研究所的研究员，剑桥大学塞尔温学院的访问学者；特里·克拉克，芝加哥大学社会学系终身教授。译者亓冉，深圳职业技术大学数字传媒学院讲师，主要研究领域为城市文化场景。

主义者（如汤姆斯·弗莱德曼认为全球化是解决许多问题的答案）也面临类似的困境。尽管这些夸张的理论策略可能有吸引力，但当面对更为严谨的科学研究模式时，它们的局限性很快就会显现出来。

在本文中，我们提出了一种替代的研究路径。我们认为，某些方面的民主经验并未得到足够关注，而这些经验并不符合罗伯特·帕特南新托克维尔观点中对公民美德的理解。我们的目标是揭示那些被忽视的民主实践，并提供一种更全面、更平衡的视角来理解公民参与的变化及其对民主的影响。

一、文化参与与民主政治：超越新托克维尔主义的视角

1. “独自打保龄球”命题（托克维尔 / 帕特南）

罗伯特·帕特南在《独自打保龄球》中提出，自愿组织参与程度越高，信任及政治合理性也越高。这代表随着福利国家的衰退，社会组织将会成为更为重要的合法性信任来源。该书立足于逝去的黄金年代，成为自1995年出版以来被引用最多的政治学专著之一。基于此，全球众多政治学家致力于探究当代成熟民主国家中公民参与日渐式微的原因——投票率下降、政治竞选参与减少及社交生活的黯淡。然而，我们不应将这种悲叹视为唯一解释。罗伯特·帕特南所谓的“标准公民”是新教主义性质的、类似于小镇集会形式的传统公民参与形式。他期望能够通过投入更多的社会资本重建信任，从而重新激发公民参与的活力。“信任”即“民主”，这一传统的“市民定义”基本上已经成为政治科学中衡量“民主”的标准。但这并不适用于所有情况，很明显它忽视了异议、冲突、讽刺、魅力等其他许多政治环境因素的影响。事实上，这些因素在民主生活中相当重要。因此，与罗伯特·帕特南这篇著作想表达的相反，我们认为信任与民主之间的联系并非绝对，所谓的建立“普遍信任”的方法并不能解决公民对高度分化的阶层、全球化以及多元文化所造成的诸多矛盾问题。人们不应高举科学中立的“善治”旗帜去提倡公民参与，而是应当适应全球多样性背景下公民参与形式的变革，特别关注诸如网络投票等新兴的政治参与形式。

2. “民主不仅仅是信任”命题

宗教、种族和阶级的同质性越高，普遍信任的程度也越高。然而，信任仅涵盖了民主经验的一小部分。自20世纪70年代以来，公民规范发生了普遍转变。以美国为代表的一些西方国家的公民参与规范已经逐渐取代了传统的基于义务的规范。公民进行政治参与的方式不再局限于投票，通过博客等社交平台及示威、集会等各种社会集体活动，人们（尤其是年轻人）越来越多地参与到各种形式的政治参与中。随着社会分化加剧，信任不再是衡量民主健康的唯一标准。因此，我们需要更广泛地理解民主参与形式及其

影响。

3.“新政治文化的兴起”命题

在富裕的民主社会中，越年轻、都市化程度高且受教育水平高的群体更喜欢享受社会自由并更勇于表达自我，但同时他们在财政支出上却是非常谨慎的，这代表了一种“社会个人主义”的倾向。新政治文化超越了传统的“正误”标签，政府效率的提升和市民参与决策的过程更加重要。这表明新政治文化越普及，问题导向的“新政治”就越可能取代阶级政治，同时，通过消费行为来进一步参与政治活动的“消费政治”就会愈加繁荣。也因此，作为影响生活质量的舒适物也会更加重要，舒适物的水平将直接影响地方发展。这表明，随着社会转向后唯物主义的新政治文化，人们对等级制度和福利家长制的态度变得更加排斥，而支持主张市民参与的横向的问题政治。

4.“公民规范”命题

在富裕民主社会中，年纪越大、受教育程度越低的人群更认可传统的基于义务的公民概念；相反，年轻且受教育程度高的人群更支持参与性的公民规范。随着新政治文化的扩散，人们越来越反对低强度、等级化的参与模式。

5.“政治语言”命题

越年轻、富裕且受教育程度高的人群，其政治语言越分化，表现为从传统投票与政治竞选逐渐转向抗议、互联网激进主义、消费者抵制行动等更具表现力的形式。发达社会中的代际变化伴随着更加多样化和参与性的政治参与范式。

以上命题实际上皆从侧面反映了文化参与的重要性，这一点应当引起重视。首当其冲的关键是文化传统的多样性显然会导致不同的政治参与机制。随着经济和文化全球化的程度日益加深，以及移民流动性的提高，新托克维尔式公民参与的局限性愈加显露无遗。虽然公民参与在某些程度上可以提高人与人之间的信任水平并且加强政治的合法性，但是事实并非如此。在某些特殊的情况下，更多的公民参与（包括艺术与文化）并不会产生更高程度的合法与信任。这正是我们与罗伯特·帕特南及其他那些主张“一刀切”式解决方法的人分道扬镳的地方。我们所主张的是不同的文化传统会导致不同的政治合法化机制，如像哥伦比亚波哥大那样的地方，比起罗伯特·帕特南所提倡的公民意识和合法性而言，迷人与讽刺显然是更为强劲的力量来源。新托克维尔模式在文化和地方多样性面前显得不合情理且过于简单。其中最主要的问题是：不同类型的参与究竟是如何影响信任与合法性的？而我们又如何去理解这种关系的国家 / 地方差异？

6.“公民的宗教传统很重要”命题

参与与信任之间的正相关关系主要适用于富裕的西方社会，但即使在此范围内，也不是普遍模式。不同国家群体中存在多种参与与信任的关系类型，如南美洲的低参与与低信任并存，日本的低参与与高信任相伴，韩国、葡萄牙或奥地利的高参与与低信任并存。宗教和公民传统深刻影响了参与如何塑造信任与合法性。[1]

我们所提议的替代方案指向一种新的参与、领导及合法性的形式，这种形式不仅具有更广泛的全球分布，而且与过去几十年里新兴的政治文化模式更为一致。从这个视角来看，罗伯特·帕特南对美国公民参与代际衰落的悲叹失去了很多吸引力。我们认为，罗伯特·帕特南所声称的自20世纪60年代以来美国公民参与的下降在理论上是不可信的，其复兴主义论调也导致了经验上的缺陷。实际上，在过去半个世纪里，政治参与不但没有下降，反而有所增长。这种增长与政治行动语言体系的扩展有关，而这一发展显然不在罗伯特·帕特南的考量范围内。自20世纪60年代以来，美国经历的是公民身份标准的一种转变：什么是政治参与？什么是一个“好公民”的责任？这些标准自艾森豪威尔时代以来已经发生了戏剧性的变化。

传统的公民概念可以理解为以义务为基础的，公民的义务包括选举参与、缴纳税款和服兵役，反过来，公民期望他们的公民权、政治权和社会经济权利得到保障。阿尔蒙德和韦尔巴在1963年出版的经典著作《公民文化》提出了三种不同类型的政治文化：“积极参与型”“臣民依附型”和“村落地域型”。在这种政治文化中，公民精神的最高标准与是否尽心履行公民职责息息相关。这种分类方式体现了基于义务的公民思想。

然而，这一切在20世纪60年代开始发生变化。个人主义和平等主义逐渐取代了过去的等级制度传统，对于公民、邻里和个人参与以及自下而上的政治关注变得更加明显。新一代的政治领导人打破了旧的制度规则，发展出了一种新的政治风格。个人主义倾向不仅在政治上表达出来，也在日常生活中体现，如选择衣服或计划休闲度假的方式。年轻人越来越倾向于探索更加个性化的生活方式，音乐也是这种社会范式和价值观转变的一个例子。现在可以在更多地方听到古典音乐，如音乐厅、节日活动及通过无线耳机等。

公民身份的构成变得更为多元化，传统组成部分包括守法、团结、批评和审议的规范。现在这些传统规范融入了更多自我表达和个人主义的内容，政治消费主义就是一个很好的例证。新政治文化意味着公民与平均主义、个人主义等概念的联系。当前，这两种公民身份的概念同时存在，但在不同群体中的重要性各不相同。年轻人与新政治文化式的公民规范表现出强烈的相关性，而老年人则更支持诸如遵守法律（经典的公民义务）之类的观念。受教育程度越高的人越可能对等级制度化的参与形式感到不满。

价值和实践之间的关系尤其复杂，厘清两者之间的确切因果机制仍需大量工作。尽管如此，公民规范似乎与某些政治惯例相一致。例如，在社会自由主义问题上持有观点

---

[1] PUTNAM R D.Democracies in Flux: The Evolution of Social Capital in Contemporary Society［M］. Oxford: Oxford University Press, 2002.

的人，更有可能因为道德原因抵制相关产品；认为参与是公民义务的人更有可能投票。两种公民规范都可能促进政治参与，只是形式不同。随着对制度化参与形式的不满增加，接近新政治文化组织结构的人更可能以更具表现力、个人主义和非制度化的方式实现参与。相反，那些有传统公民概念的人更倾向于制度化的参与方式。我们认为，这两种参与方式是相辅相成的。投票作为民主选举代表的有效方式固然重要，但在网络论坛上表达个人观点同样重要。

总之，在选举投票率下降的同时，人们通过其他方式实现参与，包括社区非正式组织的工作、争议性活动、互联网激进主义和政治消费者等形式。简而言之，在过去的四十年里，美国的政治参与并没有减少，而是经历了政治行动范围的显著扩展。人们仍然会参与投票和加入政党，但参与方式变了。更重要的是，他们还喜欢加入各种互联网社团，这是他们更具自我意识的个性表达。自 20 世纪 70 年代以来，一种新的价值观与规范体系已经稳步建立起来，普遍的阶级政治公民规范逐渐被更为多元化的政治形态所取代，新政治文化的公民显著增长。

文化的崛起是新政治文化的关键方面。随着新政治文化的发展，人们对工作和职业的忧虑下降，取而代之的是一种新的创造力、趣味性和企业家精神。像微软或谷歌这样的“理想”组织被描述为“校园式的创意环境”，成为商业杂志的新宠儿。休闲与工作不再孤立存在，而是融入工作场所当中。随着收入水平提升、受教育程度提高和新政治文化的普及，文化和旅游成为这种转变的关键部分。许多银行装饰有艺术品，大型公司投资影视、音乐和公共艺术。政治领导人意识到公民对艺术和文化的关注与日俱增，并通过公共艺术、音乐节、社区历史保护、博物馆等方式来表现重视。一些城市通过选举有创造力的市长和实施以艺术和文化为基础的政策实现了自身改变。我们在这些城市和其他地方看到书店、网站、咖啡厅和各种文化活动。财政紧缩与城市更新项目（FAUI）项目的参与者记录了这些地方及其他许多地方的深刻变化。

更普遍地说，消费、生活方式、便利设施和文化的兴起是“后工业社会”理论的产物。随着消费取代工作成为实现社会身份认同的方式，人们对自我的定义日益通过喜欢的电影、音乐节、食物和衣服来决定。文化需要在个人层面上重新考虑，只有在这个层面上，我们才能真正理解其意义及其可能带来的影响。艺术参与不同于文化参与，它是一种公共产品，培养创造性、批判思维，有助于自我发现和自身授权。艺术参与的影响远超个人，与政治合法性的批判、反等级和个人主义形式相关联。通过赋予个人权利，自愿参加文化组织改变了个人作为公民的行为方式。艺术参与提升了对政治参与至关重要的能力，如树立批判性思维和培养审美判断，这与公民权利与义务的行使呈现出正相关的关系。正是在这一方面，艺术参与促进了政治合法性的形成，使个人和整个社区受益

7.“参与事项类型”命题

不同类型的社会、政治、文化、体育或社区参与会产生不同的公民利益，包括积极、消极或不显著的影响。群体性和等级性组织（如政党、工会和教会）的成员越多，政治动员反而越少。某些类型的参与能提升政治系统中的信任，其他则通过表达对系统的不满来促进政治动员。两者都是民主不可或缺的部分：信任对于政治稳定至关重要，而抗议则是自由民主的重要标志。

艺术参与作为公民参与和政治合法性的驱动力，在当今政治参与的研究当中非常容易被忽视的一个非常重要的方面。文化的兴起作为实际参与的一种主题和形式，我们在这里第一次系统地对其进行分析记录，这是更值得注意的，因为过去它一直为政治科学家们所忽视。我们的主要观点是，艺术参与在某种程度上刺激了公民生活和政治生活，并且这些方式还没有为人所注意到。具体来说，随着文化和艺术推动了地方发展，在文化活动以及文化组织当中的参与促进了公民生活与政治生活。然而，它是以脱离传统的新托克维尔主义的分析方式实现的。人们需要拓宽我们的分析视野，才能够理解这一重要的发展。我们通过解构新教主义的公民传统，考虑参与及合法性的其他形式，以及理解好公民的定义是什么来进行分析。理念及方法的创新也是必要的。“场景”的概念是一个重大的创新，它超越了阶级、收入等传统的结构性因素，同时也保留了精细度更高的民族志所普遍缺少的解释力与比较潜力。

8.“艺术和场景”命题

艺术和文化的兴起通过不同形式的“场景”实现地方性嵌入，这些场景受到地方真实性、越界性和自我表达等因素的影响。迪士尼主题公园或面向儿童的郊区电影院与成人主导的第二邻里的电影院截然不同。艺术参与对个人实现的意义是提升信任和政治合法性的关键，研究这种意义的产生与变化，“场景”是最有效的分析工具。

托克维尔 / 帕特南传统提供了一种特定的公民参与模式，但它不能全面反映当今复杂多样的民主实践。文化参与作为一种公共产品，不仅改变了个人行为方式，还促进了整个社区的发展。我们的研究揭示了文化参与对民主政治的多重贡献，并强调了理解和适应不同文化背景的重要性。通过引入“场景”概念，我们可以更好地捕捉到文化活动如何在地方层面嵌入并影响政治合法性。这种方法论上的创新使我们能够超越单一视角，为社会科学提供更加立体和丰富的分析框架。

二、相反视角：关注被忽视的群体与场景

如果我们研究的对象转向那些经常被政治理论家忽视的人群，他们恰恰能够反映一些“错误”的事情。我们的目标不是提高读者的理论修养，而是对独特类型的场景有更

加深入的理解。这需要我们补充阿历克西·德·托克维尔和传统公民教育所教授的“好孩子”的游戏和故事。为什么需要这样做？因为作为观察员、新闻记者或社会科学家，如果我们要理解当今政治和文化的动态，我们必须审查那些政治上不正确的情况。

正如埃米尔·涂尔干（Émile Durkheim）在其著作《社会分工论》和《自杀论》中所展示的，关注极端偏离、犯罪及不道德行为可以揭示社会最深层的价值观。埃米尔·涂尔干认为，通过检验这些行为及其受到的制裁，我们可以校准社会和政治价值观。例如，通过考查公民法典中针对不同行为的制裁程度，并对其进行分类，我们可以了解大多数非罪犯所能承受的最高承诺程度。这种分析不仅帮助我们理解社会规范的边界，还能揭示社会如何维持秩序和合法性。

断头台作为一种象征性工具，在法国已经不再使用，但其象征力量仍然存在。游客若想见证这一历史符号，必须前往瑞士参观保存完好的法国断头台。这种象征性的存在正是埃米尔·涂尔干所强调的社会机制的一部分——它不仅是惩罚的象征，更是社会共识和法律权威的体现。[1][2]

因此，通过对这些被忽视的群体和场景的研究，我们可以更全面地理解社会和政治生活的复杂性。这种方法不仅补充了传统的政治理论，还提供了更丰富的视角来审视民主和社会秩序的运作机制。通过关注那些通常被视为边缘或负面的现象，我们可以更深刻地洞察社会结构和文化动态，从而更好地理解现代社会中的权力、冲突与合作。

---

❶ ALMOND G A, VERBA S.The Civic Culture: Political Attitudes and Democracy in Five Nations［M］. Princeton: Princeton University Press, 1963.

❷ KIMMELMAN M.The Mash of Myriad Sounds［J］. The New York Review of Books, 2008, 40(14): 40–44.

文化正在崛起：文化参与理论与实验证据*

摘　要：近年来，关于公民参与的传统理论观点认为其正在衰退，但我们的研究揭示了一个显著例外：艺术和文化领域的参与在多个国家和环境中呈现上升趋势。通过分析跨国数据，我们发现随着社会经济的发展和个人主义增强，人们越来越倾向于通过艺术和文化活动表达自我并参与社会政治议题。这些活动不仅促进个人发展，还为社会带来积极的政治效应，成为现代公民生活中不可或缺的一部分。

关键词：参与；艺术；文化；比较政治

一、文化参与的已有理论

首先，介绍三个受到广泛讨论的理论视角，它们可以扩展用于解决文化问题。

一是文化活动与自愿社团及公民文化的联系。许多讨论集中在罗伯特·帕特南著作《独自打保龄》的主题上，最近则体现在有关信任衰落的研究。这些讨论认为社会组织正在弱化，自愿组织成员数量持续下降，导致信任减少、社区丧失及个人内向化。罗伯特·帕特南引用了许多特别针对美国公民和传统组织团体（如保龄球联盟）的调查。然而，我们的研究发现文化组织呈现出相反的趋势。在多个研究中，文化组织正在兴起，主要活跃分子是年轻人，显示出与罗伯特·帕特南结论截然不同的趋势。

二是阶级政治模式的经典理论。另一个经典传统由西德尼·维巴（Sidney Verba）等人提出并不断更新。[1]他们认为，“正常”模式本质上是阶级政治，即作为公民生活和政治生活主要参与者的公民，其地位更高，与社会联系更多。因此，受教育水平、收入、职业地位等因素被认为能够提升老年人的参与度。然而，我们发现这并不适用于文

* 本节作者特里·克拉克，芝加哥大学社会学系终身教授；彼得·阿克特伯格（Peter Achterberg），荷兰伊拉斯谟大学社会学副教授，鹿特丹文化社会学中心 (CROCUS) 成员。译者张必春，华中师范大学政治与国际关系学院，湖北省城市社区研究中心教授，场景（中国）学术联合体发起人。

[1] VERBA S，et al.Voice and Equality Civic Voluntarism in American Politics［M］. Cambridge：Harvard University Press，1995.

化参与和艺术参与的结果——年轻人和社会联系较少的人反而表现出更高的参与度，显示实际状况因问题而异。

三是后现代价值观的兴起。第三个相关观点来自罗纳德·英格哈特，他强调后现代价值观（包括文化关怀）的兴起。英格哈特提出并用大量数据表明，随着国家现代化和个人富裕程度提高，这些普遍价值观变得愈加重要。结论是富人和年轻人对文化更感兴趣、更关心文化。尽管我们找到了一些支持该命题的证据，但存在不足，特别是缺乏关于身处具体社会背景中的个人如何影响文化活动的具体证据。

上述三个主要理论可能忽视了社会变化的关键因素。对此，我们回顾了新政治文化理论，然后通过引入新的“场景”概念来适应消费、艺术和文化等因素。我们提出了几个命题，并使用多个大型数据集进行检验，以更好地理解文化参与的独特动态及其对社会和政治的影响。

二、新政治文化：过去几十年里，世界发生了巨大变化

新的“知识经济”“创意阶层”，以及全球化中的外包整合在以下几个领域运作。

一是金融和经济交流：通过世界银行和其他机构强调的金融和经济交流。

二是通信：通过计算机、宽带、互联网和外包，马努尔·卡斯梯尔斯（Manual Castells）和托马斯·弗里德曼（Thomas Friedman）在其著作《世界是平的》中对此进行了详细讨论。

三是政治：通过人权、非政府组织和新政治文化的兴起。

四是消费、生活方式和大众文化：通过对好莱坞、宝莱坞、英国广播公司、美国有线电视新闻网、激光唱片、数字通用光盘和苹果播放器等大众媒体传播的新强调。

我们仅考虑这四个领域中的几个共同主题，然后探寻它们与文化的关联。在金融、通信、政治和消费这四个领域，我们看到了与新政治文化相同的轮廓。它超越了过去关于资本主义与社会主义、左翼与右翼的争论。我们看到的不是过去的贫富冲突，而是一些新的具体问题，如女权主义和环境保护等，有时还围绕着互联网群体。与过去的等级制度和传统相比，我们更多地看到的是个人主义和平等主义。

（1）通过自由市场、小企业家和经济中的流动劳动力，而不是长期职业、强大的工会和依赖客户银行或国家贷款的大型组织。

（2）通过互联网和个人通信工具，如 iPod 和其他个性化选择，博客，而不是对大型电视频道或主流报刊的有限选择。

（3）通过对公民、社区、个人参与及自身的自下而上型政治的新关注，而不是对自上而下型政治的关注。传统政党和选民投票率正在衰弱，而本地化的、有具体议题的群

体正在增长。去中心化是韩国的一大主题，以借此摆脱来自首尔和国家政府的控制。当然，实施起来比较困难，但有一个明显的制度变化，即市长由地方选举产生。同样，互联网也为韩国的政治竞选增添了针对性和议题明确性。

（4）通过比尔·克林顿、托尼·布莱尔和格哈德·施罗德（Gerhard Schroeder）等人，许多打破旧规则和意识形态类别的新政治人物出现了。

（5）通过个性化的生活方式，如在着装和娱乐等方面的自发性和波动性选择。这种可以在政治上表现出来的个人主义，也在人们的日常生活中表现出来，如选择衣服、食物、帽子，以及在哪里消磨时间，这就将个人主义扩展到了许多新领域。相比之下，游客们成群结队地去景点、固定的目的地旅游，或者和家人去同一个度假屋旅游。相反，年轻人却越来越多地找到或正在探索更独特的个性化生活方式。

这种新政治文化正在世界各地兴起。在这本名为《新政治文化》的书中，我们记录了它在35个国家的15000多个城镇的发展程度和变化。《阶级政治的衰落》《公民崛起》《新型领导者的出现》《芝加哥案例研究》《世界政治文化》等著作对新政治文化作了进一步探讨。访问网站www.faui.org，其中包括过去20多年来我们的“财政紧缩和城市创新项目”出版的50本书的简讯摘要。

新政治文化框架中关键变量之间的关系，如图1所示。

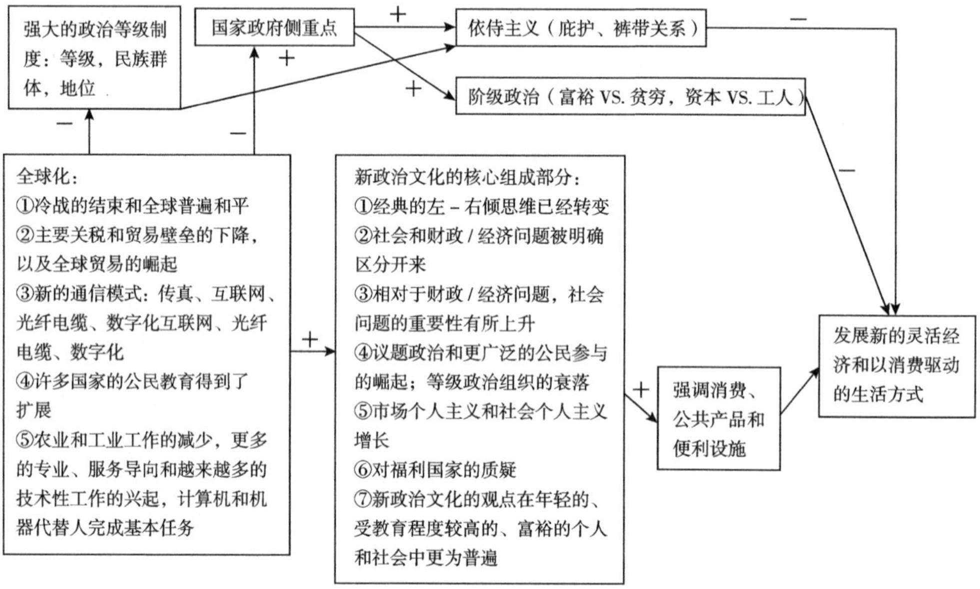

图1　新政治文化框架中关键变量之间的关系

注：“+”表示正相关关系；“−”表示负相关关系。

三、个人、团体和政治领导人对消费和便利设施的关注提高

对工作的典型担忧逐渐减弱，并非因为人们变得懒惰，而是因为一种新的创造力、休闲趣味性和企业家精神已经重新定义了理想的工作场所。像微软或谷歌这样的组织被描述为“校园式的创造性设置”，成为《财富》和《商业周刊》等商业杂志介绍的新模式。工作与休闲不再彼此孤立；休闲元素渗透到工作环境中。随着收入增长、教育水平提高及新政治文化的推动，文化和旅游成为这一转变的关键部分。许多银行的墙壁上挂着艺术品；大型企业开始赞助剧场、音乐和公共艺术。政治领导人意识到公民对艺术和文化日益关注的重要性，并通过公共艺术、音乐节、社区历史保护、博物馆等方式来吸引公众注意。

德国的埃森、意大利的那不勒斯、哥伦比亚的波哥大和美国的芝加哥都是曾经的重工业城市，在过去的一二十年里，这些城市经历了翻天覆地的变化。这种变化不仅是因为长期传统的延续，更是由于强有力的政治领导人实施的迅速而深刻的变革。在这些城市及世界各地，我们看到更多的书店、网站、咖啡馆和各种形式的文化活动。“财政紧缩和城市创新项目”的参与者记录了各地的深刻变化。

更广泛地说，新兴的“后工业社会”理论描述了消费、生活方式、便利设施和文化的兴起，这与传统工作场所理论形成鲜明对比。在约翰·洛克（John Locke）、托马斯·霍布斯（Thomas Hobbs）和亚当·斯密（Adam Smith）的传统中，纯市场形式的经典个人主义与新型理论化主题形成了鲜明对比。特里·克拉克在其著作《作为娱乐机器的城市》中阐释了新政治文化的这种转变和扩展，其标题强调娱乐、消费和文化对城市日益增长的重要性。[1] 该书提出了一种分析观点，强调便利设施的重要性，因为它吸引人们前往拥有最强大便利设施（如学校、低犯罪率、清洁空气、朋友和家人、餐馆、文化设施）的地方。

这本书的核心论点总结在一个简单的路径图中，展示了便利设施如何增加土地、劳动力、资本和人力资本的价值。它们能够吸引人才，促进城市发展。

三种相继的发展模式，如图 2 所示。

---

[1] CLARK T. The City as an Entertainment Machine［M］. Boulder：Jai Press，2003.

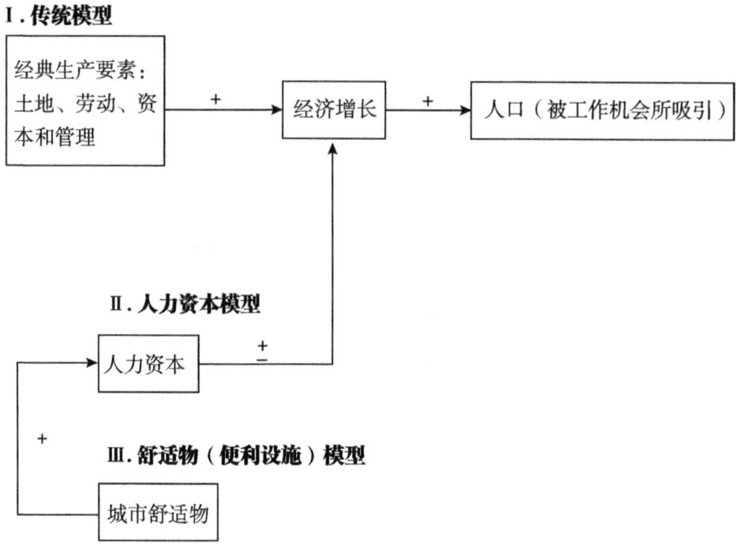

图 2　三种相继的发展模式

注："+" 表示正相关关系；"−" 表示负相关关系。

（一）传统模型

这本书及其所扩展的传统在很大程度上孤立地看待不同的便利设施。这种做法对于那些倾向于以原子化观念看待世界的经济学家来说很正常，也有许多文学（文化）批评家关注的是单独的画作、莎士比亚的"戏剧作品"、小说的"文本"，或"以书为对象"。然而，当我们询问人们去博物馆或剧院的原因，以及是什么使他们认为这种经历重要或不重要时，通常会得到更全面的答案。这些回答往往反映出对游客生活方式的吸引力，就像游客"想要"参观的"景点"一样吸引他们。有许多美学理论可以通过结合一系列更全面的元素得到丰富，并与其共同构成一种场景。正如我之前的简短描述，安东（Andong）解释了一种几个世纪以来吸引学者和朝圣者的强大"场景"。它正在不断翻新，显然受到游客的关注。

（二）文化的兴起：实验证据

从市长的城市重建议程到普通民众的习俗，在大多数发达国家，艺术已成为获得政治利益、进行经济投资和实现自我价值的主要领域。尽管如此，艺术和文化的这种全球性崛起在很大程度上被忽视了。原因有两个方面。

一是研究范围局限：大多数关于艺术的研究都是个案研究，研究者并未试图探索艺术参与的更广泛含义和政治含义。

二是量化研究偏见：领先的有关艺术和文化参与的定量研究倾向于聚焦于传统艺术

形式（如现场戏剧、交响音乐会、参观博物馆），而忽略了小型乐队演奏和许多数字化艺术形式（如平面设计、视频、网络、交互设计、动画）等新活动。

此外，还存在一个矛盾：近几十年来，很多关于艺术的著作暗示艺术在衰落，而不是增长。解决这一矛盾的主要方法是关注不同类型的艺术和文化活动。

在许多国家，古典音乐会、歌剧和博物馆参观等著名的“高级”艺术表现出稳定或衰退的趋势，这引起了许多艺术组织的危机意识。例如，美国国家艺术基金会委托进行了多项研究，显示了许多“基准性”高级艺术的典型衰落。然而，诺瓦克·伦纳德（Novak Leonard）和艾伦·布朗（Alan Brown）的研究揭示了一些非传统活动的高参与率和增长。法国文化部的研究详细地记录了这种模式，包括与电影、音乐等内容相关的媒体的增长，这种增长在有个人娱乐收藏的年轻人中尤为明显。由于不是经典的基准性艺术，这类艺术经常被忽略。但“世界价值观调查”项目涉及了这类艺术，允许调查对象计入他们参与的所有艺术和文化活动。我们希望鼓励社会科学家跟上这些进展。

图 3 展示了一项简单的回归分析结果，其中文化的显著性（以各国政党在大选之年解决文化相关问题的支出所占据的份额来测量，如提供艺术类、运动类等文化和休闲设施，博物馆、艺术画廊等方面的支出，鼓励发展有价值的休闲活动和文化大众媒体的花费）在 22 个西方国家得到了显著发展。趋势线清楚展现了这些文化问题突出性的上升趋势。

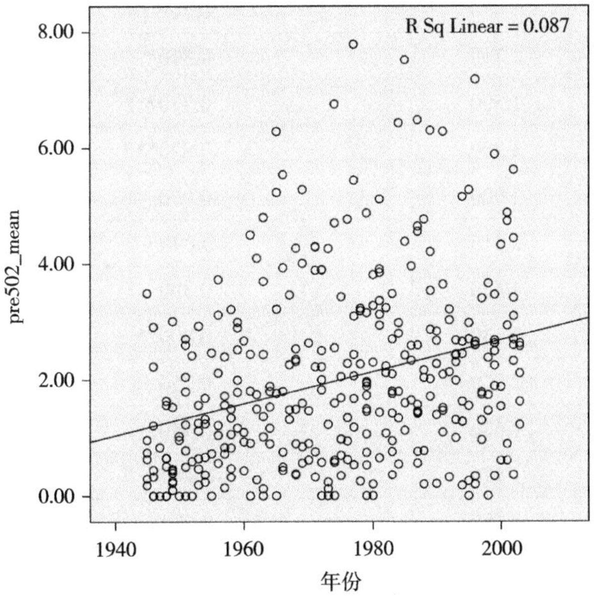

图 3　文化问题显著性的趋势

注：per502_mean 是某个特定指标相关的平均百分比；R Sq Linear = 0.087 是统计学中用于衡量线性回归模型拟合程度的一个指标，称为决定系数。

分开来看表 1 中对每个国家的分析，我们发现只有在奥地利，文化问题的突出性呈现出明显的下降趋势；而在其余 16 个国家中，文化的重要性表现出积极且统计上显著增长的趋势。结论是尽管政治文化倾向于传统的“高级”文化，但总体而言，文化在政治层面上明显处于上升趋势。

表 1　文化崛起的详细情况

国家	一般平均	皮尔逊相关系数（Pearson's r）	*N*
澳大利亚	1.230	0.400*	23.000
奥地利	2.520	–0.360 ~	17.000
比利时	3.650	0.510*	19.000
加拿大	1.190	0.220	18.000
丹麦	0.560	0.430*	17.000
芬兰	1.030	0.320 ~	17.000
法国	1.760	0.600**	15.000
德国	1.950	0.510*	15.000
英国	1.630	0.570*	15.000
希腊	2.720	0.800**	9.000
冰岛	1.660	0.360 ~	16.000
爱尔兰	2.710	0.390*	16.000
意大利	1.590	0.770***	15.000
卢森堡	3.200	0.820***	13.000
荷兰	3.000	0.050	18.000
新西兰	2.010	–0.090	18.000
挪威	4.450	0.390 ~	15.000
葡萄牙	3.130	0.800**	11.000
西班牙	2.100	0.250	8.000
瑞典	1.680	0.440*	18.000
瑞士	1.570	–0.190	15.000
美国	0.680	–0.090	14.000

注：~ 表示 $P<0.100$；* 表示 $P<0.050$；** 表示 $P<0.010$；*** 表示 $P<0.001$（单侧检验）。

数据来源：所有分析中的“世界价值观调查”。

如果这些文化问题日趋重要，那么，哪些政党特别关注这些问题（见表 2）。

表 2　政党对文化的关注情况

政党	文化的平均突出性	N	趋势
生态党	2.460	22.000	0.030
共产党	2.050	58.000	0.330**
社会民主党	2.160	59.000	0.500***
自由党	1.930	59.000	0.490***
基督教民主党	2.400	58.000	0.190
保守党	1.730	59.000	0.480***
民族主义政党	2.680	33.000	−0.260
农业党	1.810	55.000	0.240
民族和区域政党	1.650	35.000	0.250
特殊问题党	1.620	42.000	0.150

注：~ 表示 $P < 0.100$；* 表示 $P < 0.050$；** 表示 $P < 0.010$；*** 表示 $P < 0.001$（单侧检验）。统计结果为：$F = 1.891$，$P = 0.051$。

文化问题对每个政党都很重要，但这种重要性在各政党之间没有明显差异。这一点尤为引人注目，因为按理说绿党应该比其意识形态对手（数值更高的民族主义政党）更关注文化问题。然而，对于两个给予文化最高关注的政党（民族主义政党和绿党）而言，存在不同的趋势：绿党对文化问题的关注在增长，而民族主义政党的关注度则在下降。

为了丰富分析层次，我们还调查了文化活动团体成员数是否随着时间推移而增加。通过使用“世界价值观调查”的数据，表 3 展示了 1981—2000 年的相关结果。

表 3　文化活动团体成员数的增加情况

单位：%

国家	1981 年	1990 年	2000 年	增量
荷兰	12.5	34.6	45.2	32.7
美国	13.9	19.7	36.9	23.0
瑞典	13.0	12.7	26.7	13.7
芬兰	3.1	20.1	14.6	11.5
加拿大	9.7	17.7	20.1	10.4
丹麦	6.2	12.5	16.6	10.4
比利时	10.3	16.2	18.9	8.6

续表

国家	1981 年	1990 年	2000 年	增量
冰岛	7.6	13.8	15.5	7.9
爱沙尼亚	—	11.1	7.9	7.9
韩国	3.2	11.0	7.8	—
日本	3.8	6.0	11.0	7.2
挪威	6.6	13.5	6.9	—
意大利	3.9	4.9	9.9	6.0
南非	8.2	13.5	5.3	—
英国	6.1	9.3	10.4	4.3
爱尔兰	6.7	10.1	10.9	4.2
阿根廷	5.3	5.9	9.0	3.7
墨西哥	6.5	11.5	9.5	3.0
法国	5.6	8.8	8.1	2.5
西班牙	4.9	5.3	6.6	1.7
北爱尔兰	6.1	10.9	7.6	1.5
匈牙利	—	2.5	3.6	1.1
罗马尼亚	—	1.6	2.6	1.0
奥地利	13.0	8.0	13.2	0.2
智利	—	9.3	9.3	0.0
保加利亚	—	4.3	4.0	–0.3
葡萄牙	—	6.2	3.7	–2.5
巴西	—	5.4	2.4	–3.0
拉脱维亚	—	6.8	3.7	–3.1
俄罗斯	—	4.9	1.2	–3.7
立陶宛	—	7.3	2.9	–4.4

注：俄罗斯在 1990 年的数据代表苏联时期的情况。

结论：对于大多数国家而言，实际情况是文化团体的成员数确实在增加。

鉴于文献中对价值观和行为的代际差异给予了大量关注，我们在图 4 中分析了几代人之间文化活动团体成员的差异。

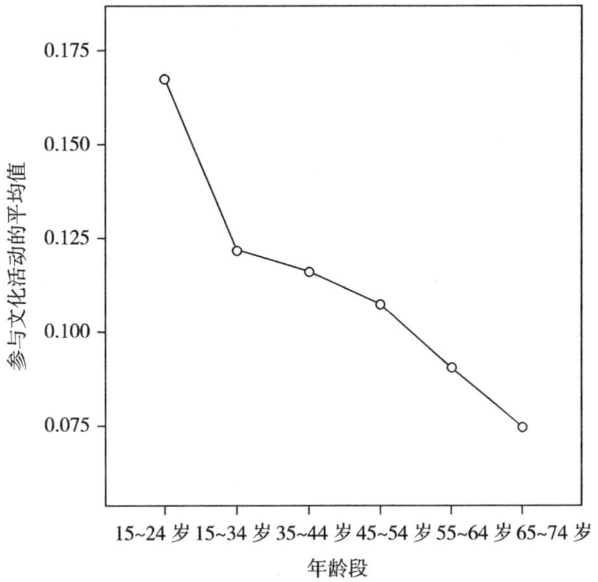

图 4　不同年龄段文化活动团体成员差异

注：统计分析结果显示 F 值为 115.196，P 值小于 0.001，样本量 $N = 78675$。

由此我们可以得出结论，西德尼·维巴和罗伯特·帕特南等对文化的分析在某些方面未能完全捕捉到当前文化崛起的趋势。虽然他们的工作提供了宝贵的见解，但数据明确显示，文化正在显著崛起，这与罗纳德·英格哈特关于文化重要性提升的理论相一致。然而，值得注意的是，尽管“文化正在兴起”的结论是正确的，但这并不意味着其背后的所有机制都能通过罗纳德·英格哈特的理论来解释。

四、理解文化兴起的背景

（一）解释文化的兴起

罗纳德·英格哈特对文化问题日益重要的解释源于他对后唯物主义价值观高涨的理论。根据这一理论，那些在性格形成期（14 ~ 16 岁）生活在富裕环境中的人会更加重视非物质问题。第二次世界大战后几代人是在安全和富裕的环境中成长的，因此他们更关注非物质问题、生活质量的提升和未来的文化。按照这种逻辑，在比较富裕的国家，物质问题并不被认为具有紧迫性，因为大多数公民从未经历物质匮乏时期。因此，在更繁荣的国家，个人会将注意力集中在通过努力实现自我、参与艺术活动等方式提高生活质量。在繁荣程度足够高的地方，人们无须担心生计问题，文化活动也在不断增加。

然而，关于个人自由和社会秩序的重要性上升是否完全由经济发展引起的问题，值得进一步探讨。❶ 另一种解释集中于许多西方国家的世俗化过程。传统基督教在这些社会中失去了对个人生活的控制能力，导致其道德“支配”社会的能力减弱。❷ 随着教会作为权威机构的传统影响力的消失，行为规则和通过某些行为证明自我的方式不再理所当然。❸ 伯格等人指出，现代社会存在不稳定、无凝聚力、信任结构不可靠的特征，个体必须越来越多地决定自己的生活。“标准传记”已经被“自我创作传记”取代，个人比以往任何时候都更需要选择自己的人生道路。❹ 换句话说，传统失去了显著性和部分重要性，宗教信仰和意识形态逐渐消失，对人们生活的控制力不断减弱。具体的行为规则被更泛化的行为规则取代。❺

现代生活因此越来越被视为寻找确定性和真实性的过程，因为人们必须选择他们认为有价值的生活方式，并定义或重新定义自我身份。个人自由、审美判断、价值评估等问题需要在一个没有明确主导传统指引的世界里不断回答。因此，文化问题的突出性也可以从社会从传统转向个人的事实来理解。❻

上述解释假设或强调单一的主要因素，如后唯物主义或世俗化。然而，另一种态度认为，许多因素以多因果关系的方式运作，它们的相对权重和动态变化部分上与较小单位有关，比如场景。这种观点避免了历史决定论，而是更新了马克斯·韦伯的传统，例如迈克尔·汤普森（Michael Thompson）、理查德·埃利斯（Richard Ellis）和亚伦·威尔达夫斯基（Aaron Wildavsky）等人的理论。我们的场景方法遵循这一主要传统，即在可能的情况下将视野放在低于国家的较低级别单位。特里·克拉克、菲利普·席尔瓦和苏珊娜·卡巴科在本书中对此进行了详细说明。

（二）用于解释文化的实验证据

为简化分析，我们选择探究每个国家文化问题的突出性是否随其文化活动团体成员数量的增加而提升，以此来确认“文化中心主义指数”。表 4 展示了这一分析的结果。

---

❶ HOUTMAN D.Class and Politics in Contemporary Social Science：“Marxism Lite” and Its Blind Spot for Culture［M］.New York：Aldine de Gruyter，2003.

❷ BERGER P L.The Sacred Canopy：Elements of a Sociological Theory of Religion［M］. New York：Anchor，1967.

❸ WILSON B.Religion in the Sociological Perspective［M］. New York：Oxford University Press（USA），1982.

❹ BERGEN P L，BERGER B & KELLNER H .The Homeless Mind：Modernization and Consciousness［M］. New York：Vintage，1974.

❺ ELCHARDUS M.De Dramademocratie［M］. Ghent：Lannoo，2002.

❻ HEELAS P，LASCH S.Detraditionalization［M］.Oxford：Blackwell，1996.

表 4　文化的政治突出性与文化艺术团体成员数的关系

国家	成员数和文化突出性的关系
奥地利	0.73
比利时	–0.68
英国	0.99
加拿大	0.73
丹麦	0.81
芬兰	0.89
法国	–0.88
德国	0.05
冰岛	0.99
爱尔兰	0.40
意大利	0.99
荷兰	0.97
挪威	0.99
葡萄牙	–0.08
西班牙	0.71
瑞典	0.54
美国	–0.25

从国家层面来看，文化团体成员数与文化问题的突出性之间存在正相关关系（平均相关性为 0.47）。基于此发现，我们构建了一个衡量文化在国家中向心性的尺度。相比之下，GDP 和宗教信仰程度的回归分析结果显示它们对文化向心性的影响较低（见表 5）。

表 5　解释文化的突出性

自变量	模型 0	模型 1
常量	0.30	–0.09
GDP	—	0.89**
宗教信仰	—	–0.73**
偏差	82.22	70.84
国家层面的 R^2	—	0.46
时间层面的 R^2	—	0.20

续表

自变量	模型 0	模型 1
N	34	34

注：* 表示 $P < 0.05$；** 表示 $P < 0.01$。

分析显示，宗教和经济繁荣对文化突出性具有同等贡献，从而验证了唯物主义逻辑和关注制度变迁的逻辑。然而，这一分析并未充分考虑文化对个人产生影响的具体背景和情境。为此，我们提出了场景理论，旨在更全面地理解这些影响，并在其他相关研究中对此进行了详细阐述。

公共文化空间与文化参与——基于文化场景理论的实证研究*

摘　要：公共文化空间是由公共文化服务体系构筑的，包括设施、场所和文化活动在内的物理场域，是居民公共文化生活的重要载体。居民的文化参与率与其对公共文化空间的主观认识体系密切相关。本文基于文化场景理论的解释框架，通过理论和实证研究，分析主观认识体系与文化参与率之间的关系，并提出在文化表达和氛围营造方面完善公共文化空间、提高参与率的政策建议。

关键词：公共文化空间；文化参与；文化场景理论

一、研究问题及背景

文化场景理论是由芝加哥大学特里·克拉克教授领导的研究团队提出的城市发展动力新范式。不同于传统上仅关注土地、资金和技术等生产要素的城市发展模式，文化场景理论聚焦于城市中的一系列文化生活便利设施及其背后的文化和价值观，强调文化场景所蕴含的文化价值观是吸引人力资本、推动文化消费实践，并重塑城市形态的新型动力。

在中国，政府主导的公共文化服务体系构筑了包括图书馆、博物馆、美术馆和广场等在内的公共文化空间，这些设施形成了独具特色的文化场景，对提供公共文化服务、丰富群众文化生活及保障公民基本文化权利起到了重要作用。尽管国家对公共文化服务的投资增加且设施不断完善，居民的公共文化空间参与率并未随之显著提高，反而维持在较低水平。这表明，在硬件设施达到一定标准后，进一步提升公众的文化参与积极性成为亟待解决的问题。

---

* 本文作者陈波，武汉大学新闻与传播学院教授，场景研究中心主任，国家高层次青年人才计划入选者，场景（中国）学术联合体发起人；侯雪言，郑州大学政治与公共管理学院讲师。

为此，本文基于文化场景理论的主观解释框架，运用二元回归模型分析公共文化空间的主观价值体系与文化参与之间的关系，探讨如何通过构建和评估文化场景的主观价值体系来提高文化参与率，并提出相关政策建议。

二、研究综述

近年来，国内有很多学者从不同层面对公共文化空间进行了研究。首先，有部分学者以某一类型公共文化空间为研究对象，论述该空间的价值和提升策略。例如，肖希明认为不能仅把图书馆看作一种工具，而应该视其为具有价值理性的文化“场所”，充分发挥图书馆作为公共文化空间的功能[1]；王晴认为作为公共文化空间的图书馆在文化服务方面发挥了重要作用，表现出了伦理性、社会性和人文性等诸多价值特征，并进一步提出了图书馆公共文化空间环境优化策略[2]；其次，很多学者重点关注农村公共文化空间的建设和发展。例如，何兰萍提出农村公共文化生活空间的日益退缩导致农民精神生活的虚空和伦理价值的迷失，因此需要从多方面加强农村公共文化建设，以达到重塑农村公共文化空间的目的[3]；马永强认为乡村公共文化空间和公共文化生活的发达程度是影响乡村发展的关键因素，并从传统文化空间载体和新型空间载体两个方面提出重建乡村公共文化空间的实现途径[4]；陈波、李婷婷论述了城镇化加速背景下农村公共文化空间面临的“空心化”、“格式化”等一系列问题，并提出了“池塘聚落型”“设施助推型”“信仰聚落型”和“活动召集型”四种公共文化空间再造模式[5]。另外，还有部分学者对公共文化服务与公共文化空间之间的关系进行了探讨。例如，马树华认为公共文化服务体系对文化消费和文化创新具有重要的推动作用，是城市公共文化空间再造的重要因素[6]；方坤（2015）认为，当前的公共文化服务体系建设正朝着以文化空间为重心的方向转变，一方面文化空间是公共文化服务体系的基本向度，另一方面公共文化服务体系是文化空间的实践的经验表达，因此空间重建是公共文化服务体系的最终走向[7]。

---

[1] 肖希明．图书馆作为公共文化空间的价值［C］// 图书馆学理论的使命与担当——第六次全国图书馆学基础理论研讨会论文集，2011：190-198.

[2] 王晴．论图书馆作为公共文化空间的价值特征及优化策略［J］．图书馆建设，2013（2）：77-80.

[3] 何兰萍．关于重构农村公共文化生活空间的思考［J］．学习与实践，2007（11）：122-126.

[4] 马永强．重建乡村公共文化空间的意义与实现途径［J］．甘肃社会科学，2011（3）：179-183.

[5] 陈波，李婷婷．城镇化加速期我国农村公共文化空间再造：理论与模式构建［J］．艺术百家，2015，31（6）：64-71.

[6] 马树华．公共文化服务体系与城市文化空间拓展［J］．福建论坛（人文社会科学版），2010（6）：58-61.

[7] 方坤．重塑文化空间：公共文化服务建设的空间转向［J］．云南行政学院学报，2015，17（6）：26-31.

关于文化参与，近年来也有很多学者进行了比较深入研究。例如，陶艺军、杜鹃通过对北京市民公共文化参与和需求调查，发现市民文化参与的新特点和影响文化参与的三大因素：个人爱好、闲暇时间和价格[1]；吴理财、邓佳斌通过在全国范围内开展的对市中心、城郊、集镇和村落四类社区的文化参与调查，发现公共文化产品参与偏差、公共文化服务民主参与式微和公共文化服务供给政府信任危机等问题[2]；陈旭峰在两篇文章中通过实证研究分别分析了社会融入情况和社会经济地位对农民文化参与的影响，并提出了提高农民公共文化参与率的对策建议[3]；张小莉、邓佳斌基于农村公共文化服务的参与主体分化、参与内容私性化和参与内涵简单化的困境，提出应该构建科学系统的文化参与机制的建议[4]；吴军根据文化场景理论中市民参与的文化转向成为推动城市发展的新动力来源这一核心理论，阐释文化参与的理论解释框架，探讨文化参与的发生条件和理论脉络[5]。

根据对公共文化空间和文化参与相关文献的梳理和分析，我们发现以下几点问题：首先，尽管近年来对公共文化空间的研究逐渐深入，成果也不断丰富，但大多数研究局限于对某一类型场馆或某一地区的本体研究，缺乏对公共文化空间与城市或农村文化建设之间宏观层面关系的探讨。其次，虽然现有文化参与的实证研究在需求、影响因素及机制建设方面取得了一定成果，但这些研究主要集中在经济地位、设施水平和场馆便利性等客观结构层面，很少涉及主观认识体系与文化参与之间的关系。此外，尽管有部分学者尝试探讨公共文化空间与文化参与之间的关系，但多采用定性分析方法，缺乏系统的实证研究。

与上述研究相区别，本文基于文化场景理论的主观认识体系解释框架，以居民公共文化参与率为研究对象，通过实证分析，深入探讨公共文化空间的主观认知与居民文化参与程度之间的关系，并提出提高公共文化空间文化参与率的具体对策建议。

三、数据来源及样本的基本情况

本文所用数据来源于武汉大学国家文化创新研究中心“公共文化参与”课题组对全国 27 个省（直辖市、自治区）进行的随机抽样调研。2016 年暑期，课题组在全国范围

---

[1] 陶艺军，杜鹃．北京市民公共文化参与和需求调查分析［J］．调研世界，2012（10）：13-16.

[2] 吴理财，邓佳斌．公共文化参与的偏好与思考：对城乡四类社区的考察［J］．中华文化论坛，2014（8）：27-33.

[3] 陈旭峰．社会经济地位对农民文化参与的影响研究：“上楼农民”与“居村农民”的比较［J］．浙江社会科学，2012（11）：67-75.

[4] 张小莉，邓佳斌．农村公共文化服务参与：式微与重构［J］．求实，2015（1）：90-96.

[5] 吴军．市民参与的文化转向：城市公共政策国际理论前沿［J］．社会科学战线，2015（5）：202-206.

内展开了为期两个多月的问卷调查，覆盖湖北、湖南、山东、四川等 27 个省（直辖市、自治区），共发放问卷 4000 份，有效回收 3499 份，有效回收率为 87.5%。

在有效问卷中，女性受访者比例略高于男性，分别为 51.7% 和 48.3%。年龄分布显示，18 ~ 25 岁年龄段的比例最大，而 60 岁以上年龄段的比例最小。18 ~ 44 岁的青年人群占样本总数的 60% 以上，表明受访群体以青年人为主。职业构成中，学生群体占比最高，达 26.1%，其他各类职业的占比均在 10% 左右。受访者的教育水平普遍较高，大专和本科程度的人数最多，占 46.3%，中学、中专及大专、本科两个阶段的受访者合计占样本总量的 80% 以上。在人均月收入方面，受访群体在各收入层次上的分布较为均衡；而在年文化消费支出方面，支出在 500 元的人群比例最大，而支出在 100 元以下的人群比例最小，这表明不论收入高低，人们都有一定的文化消费行为。具体情况如表 1 所示。

表 1　样本基本情况

项目		占比 /%
性别	男	48.30
	女	51.70
年龄	≤17 岁	10.70
	18 ~ 25 岁	24.70
	26 ~ 35 岁	17.80
	36 ~ 44 岁	18.50
	45 ~ 60 岁	20.20
	≥60 岁	8.20
职业	学生	26.10
	公务员	9.60
	教师或科研人员	10.60
	企业员工	18.60
	农民	5.30
	个体工商户	9.30
	自由职业者	10.1
	其他	10.3
文化程度	小学及以下	8.20
	中学、中专	40.60
	大专、本科	46.30
	研究生及以上	5.00

续表

项目		占比 /%
2015 月均收入	≤1000 元	24.50
	1001 ~ 2000 元	16.20
	2001 ~ 3000 元	22.60
	3001 ~ 5000 元	22.70
2015 年文化消费支出	≤100 元	16.20
	100 ~ 300 元	28.60
	300 ~ 500 元	22.70
	≥500 元	32.40

四、变量的选择和描述性分析

（一）变量的选择

本文基于文化场景理论的解释框架，研究公共文化空间对居民文化参与的影响。文化场景理论是由芝加哥大学社会学系特里·克拉克教授等城市研究者提出的一个理论框架，旨在探讨后工业时代背景下城市发展动力的变化。随着土地、资本、工作机会和通勤区位等传统因素对居住选择影响的逐渐弱化，体现在生活娱乐设施背后的文化和价值观的重要性日益凸显。文化场景理论透过城市场景反映出的文化和价值观来研究城市发展动力，包括客观结构和主观认识体系两个部分。

客观结构是指公园、广场、图书馆、博物馆等公共文化空间中的物理场域；而主观认识体系则是一个包含三个主维度和十五个次维度的解释框架（见表 2），提炼自人们对文化空间的主观感受：**一是真实性**（Authenticity），描述人们对文化场景产生的直观感受，例如空间感受和舒适度体验；**二是戏剧性**（Theatricality），在真实性的基础上，对直观感受的延展和升华，如体验文化氛围或进行自我表达；**三是合法性**（Legitimacy），基于感受和体验，进一步寻求认同和提升。

表 2　场景理论主观认识体系解释框架

主维度	次维度
真实性（Authenticity）	理性的
	本地的
	国家的
	合作的
	少数群体的
戏剧性（Theatricality）	亲善的
	正式的
	展示的
	时尚魅力
	挑衅的
合法性（Legitimacy）	传统主义
	自我表现
	实用主义
	超凡魅力
	平等主义

资料来源：AARON S D，NICHOLS T.Scene Scapes：How Qualities of Place Shape Social Life［M］. Chicago：The University of Chicago Press，2016.

根据文化场景理论的解释框架，本文将居民文化参与的获得感作为因变量，并划分为三个层次（见表 3）：一是真实性，通过休闲娱乐、交流会友和打发时间三个指标衡量；二是戏剧性，通过文化氛围、兴趣爱好和生活品位三个指标衡量；三是合法性：通过解决专业问题、增长知识技能和教育子女三个指标衡量。

表 3　因变量和自变量的基本情况

项目			程度（结果）	占比 /%
因变量		文化参与程度高	低	34.1
			65.9	
自变量	真实性	休闲娱乐	否	46.4
			是	53.6
		交流会友	否	71.2
			是	28.8

续表

项目			程度（结果）	占比 /%
自变量	真实性	打发时间	否	72.2
			是	27.8
	戏剧性	文化氛围	否	59.1
			是	40.9
		兴趣爱好	否	62.8
			是	37.2
		生活品位	否	78.9
			是	21.1
	合法性	解决专业问题	否	83.7
			是	16.3
		增长知识技能	否	73.7
			是	26.3
		教育子女	否	65.4
			是	34.6

（二）变量的描述性分析

为了分析公共文化空间对文化参与的影响，本文将文化参与程度视为因变量，并以文化参与时间为衡量标准根据问卷调查数据统计，参与程度低的群体平均每次在文化场馆停留时间在一小时及以下，占 34.1%，而参与程度较高的群体平均每次停留时间超过一小时，占 65.9% 自变量基于受访群体在文化参与过程中的获得感，主要体现在九个方面，并结合文化场景理论的主观认识体系解释框架，分为三个层次：真实性、戏剧性和合法性具体而言，在真实性层面，获得休闲娱乐体验的人所占比例最高，为 53.6%，远高于交流会友和打发时间的人；在戏剧性层面，享受文化氛围的人最多，其次是兴趣爱好、提高生活品位的人所占比例最小；在合法性层面，出于教育子女目的的人多于解决专业问题和增长知识技能的人这些自变量反映了公共文化参与活动的广泛性和体验性，而非强烈的目的性和专业性为了进一步探讨公共文化参与的获得感（即公共文化空间的主观认识体系）与文化参与程度之间的关系，本文将运用回归模型进行分析有助于揭示两者之间的确切关联，为提高公共文化参与率提供科学依据。

五、公共文化空间对居民文化参与的影响分析

为了研究公共文化空间的主观认识体系与文化参与之间的关系，本文建立了一个二元逻辑（Logistic）回归模型，具体分析结果如表 4 所示。首先，真实性是文化场景理论中关于场景具有个体身份内涵的描述，在公共文化空间的主观认识体系中，更多表现为个体依托文化场馆所产生的直观感受，并具化为“休闲娱乐”“交流会友”和“打发时间”三个指标。从分析结果来看，交流会友这一项体验对文化参与的影响最为显著，其次是打发时间，而休闲娱乐这一项体验与文化参与没有显著相关性，但其影响是正向的，即获得休闲娱乐体验感与文化参与的可能性呈正相关。从发生比率上看，出于交流会友目的的人参与公共文化活动的可能性最大，是没有获得该体验的人参与可能性的 1.461 倍；其次是希望获得休闲娱乐体验的人，是没有获得该体验的人参与可能性的 1.150 倍；而出于打发时间目的的人文化参与的可能性最小，仅为 0.765。由此可见，人们走出家门，进入公共文化空间，参与公共文化活动的目的不仅在于打发时间，更多的是想要获得休闲娱乐体验，并且获得与人交流的机会，弥补私性文化生活所造成的孤独感。

表 4　文化场景体验对居民文化参与影响的逻辑回归模型

影响因素		显著性（*P* 值）	优势比
真实性	休闲娱乐	0.184	1.105
	交流会友	0.000***	1.461
	打发时间	0.001***	0.765
戏剧性	文化氛围	0.036**	1.173
	兴趣爱好	0.002***	1.273
	生活品位	0.000***	1.537
合法性	解决专业问题	0.000***	2.413
	增长知识技能	0.002***	1.329
	教育子女	0.270	1.090
常量		0.129	1.136

注：* 表示 $P < 0.100$；** 表示 $P < 0.050$；*** 表示 $P < 0.010$。

戏剧性是场景理论主观认识体系中对外向展示性的描述，是对直观感受的延展，在公共文化空间的主观体验中可以用“文化氛围”“兴趣爱好”和“生活品位”三项指标衡量。在这三个指标中，文化氛围体验与文化参与程度呈显著相关，获得兴趣爱好和提

高生活品味的相关体验也都与文化参与程度相关，因此可以说戏剧性这一维度的主观体验与文化参与显著相关。在发生比率上，获得文化氛围体验、满足兴趣爱好和希望提高生活品味的人相较于没有获得此项体验的人，文化参与的可能性显著高于平均水平。显然，人们对公共文化空间的要求不仅限于基本的休闲娱乐功能，而是希望通过这些空间获得有异于日常生活的文化氛围体验，并能在培养兴趣爱好和提高生活品位方面获得积极体验。

合法性是场景理论主观认识体系的第三个解释维度，主要涉及对客观事实的判断，具有一定实用主义特征。反映在公共文化空间感知中，具体包括“解决专业问题”“增长知识技能”和“教育子女”三项指标。在这三项指标中，解决专业问题的文化体验与文化参与显著相关，其文化参与发生比为 2.413；增长知识技能同样与文化参与显著相关，文化参与发生比率为 1.329。虽然在教育子女这个指标上的显著性不强，但相对于没有这一诉求的居民，其文化参与的可能性仍为 1.090，有一定的正向影响。因此，在实用性层面，如果公共文化场所提供的设施或服务能够解决一定的专业问题，人们的文化参与率将显著提高。

六、结论及思考

本文基于文化场景理论的解释框架，探讨了公共文化空间主观认识体系与文化参与程度之间的关系。通过选取变量和模型分析，我们发现居民对公共文化空间的主观认识体系与文化参与率显著相关，但在不同层面呈现出显著差异。

首先，在真实性层面，以交流会友为目的参与公共文化服务的人群，其文化参与率最高；而仅为了打发时间才到公共文化空间中去的人群，其文化参与率最低。这表明，人类是群居生物，私性文化生活（如看电视、听广播）不能完全满足人们的日常交际需求，一定比例的公共文化活动有助于人际交往和身心健康。例如，广场舞活动之所以活跃且覆盖面广，是因为它是一项集体活动，居民在参与过程中能够与人交流，增强邻里关系。因此，为提高文化参与率，需在完善公共文化设施和服务水平的同时，提升公共文化空间的便利性和互动性，促进邻里间的共同参与。

其次，在戏剧性层面，文化氛围、兴趣爱好和生活品位三项指标均对文化参与率产生显著影响，获得这些体验的人群的文化参与程度较高，发生比率约为 1.2。这说明，良好的文化氛围能显著提升居民的文化参与意愿。然而，当前很多乡镇文化站尽管场地大、设施齐全，但文化感染力有限，导致前来参加活动的人数较少。因此，营造吸引人的文化氛围是提高文化参与率的关键。

最后，在合法性层面，解决专业问题和增长知识技能两项指标对文化参与表现出显著的相关性，文化参与程度高的发生比率也相对较高；教育子女这一项虽然未显示出显著影响，但相较于没有该项需求的人群，其文化参与的可能性仍显著高于平均水平。这表明，居民的文化参与不仅满足人际交往和享受文化氛围的需求，还表现出强烈的专业性需求。例如，农家书屋的图书配备应根据不同地区和群体的需求进行调整，以满足居民对专业文化知识的需求。

基于以上分析，针对如何建设和完善公共文化空间以提高居民文化参与率的问题，本文提出以下几点建议。

（1）完善公共文化设施，提高文化参与的便利性。虽然假设公共文化服务体系已经达到一定标准，但公共文化设施的建设水平和便利性直接影响文化参与率。我国公共文化服务体系长期存在文化产品单一、服务效率低和供给不均衡的问题，影响居民文化参与积极性。因此，必须首先完善公共文化设施，提高文化空间的便利性，为居民创造更佳的文化参与条件。

（2）整合公共资源，提升文化参与内涵。文化场景的魅力在于设施组合形成的特定场景。公共文化空间不仅是物理空间，还需关注软件资源的文化内涵。一方面结合当地文化特色构造具有特色的休闲娱乐空间；另一方面，结合现代文化元素和技术手段，增强空间吸引力，使参与者获得更多的休闲娱乐和交流体验。

（3）关注文化表达，培养文化参与氛围。文化场景理论强调普通大众的文化消费需求和表达对城市发展的影响。公共文化空间作为文化参与和表达的平台，其文化氛围塑造至关重要。因此，需鼓励政府购买和社会参与，开发多元供给渠道，并提供合理的文化表达和意见反馈渠道，实现全面的文化参与。

（4）构建文化数据库，破解"格式化"建设。合法性维度的计算结果显示，居民的文化参与表现出很强的专业性需求。由于"自上而下"的管理方式，我国的公共文化空间建设呈现"格式化"，难以满足不同群体的专业化需求。因此，应通过实地调研建立文化数据库，根据实际群体特征和需求，建设更具地区特色的公共文化空间，破解公共文化建设的"格式化"。

后　记

在文化创造城市场景中，塑造多元文化和多样生态的同时，如何赋予“场景”文化精神，注入发展动力，并实现其文化价值？从“创意城市”理念延伸到“创意乡村”，文化艺术与创意逐步打破了“艺术自律”和“机械反映论”的传统桎梏，在更广阔的时空领域与内容范畴中发挥积极作用。在此背景下，“场景”中由广泛的文化参与和活跃的艺术创意所产生的引人瞩目的文化氛围和文化场域——即“蜂鸣”，逐渐成为关注焦点。“蜂鸣”作为一种激励创新的思想“种子”和激发公众参与的创意“火光”，与“场景”理论互补互生，不仅为全球城市研究提供了一个重要的理论视角，还提供了一种基于城市场景研究的测度工具。

本书收集了近年来全球对场景理论的广泛关注，尤其是对吸引全球民众广泛参与的情景、实践和范式的深入探讨。特别地，书中分析了波西米亚情景与创意阶层集聚法则对全球创意产生的不可估量的影响，系统论述了蜂鸣理论的创新魅力和创造语法，以期打开理解城市创新的新视角，为城市更新和城乡可持续发展提供文化创新动力。此外，本书还对场景中的舒适物对全球城市产生的动力和价值进行了跨学科分析，尤其为国际消费城市的规划和建设提供了相对稳定的构建范式。通过对蜂鸣理论的阐释、全球化分析和多样化解读，本书为实现当代城市有创想的生活、有引力的就业、有交互的容纳和有活力的治理，最大可能地释放“场景红利”，作出了卓越的理论贡献。

从场景理论出发，我们可以回答场景的诞生及其背后的深层次社会原因。“场景”关注不同元素之间的有机联系及其异质元素之间相互作用的机理，而“蜂鸣”则聚焦于这些符号和信息形成的原因和本质——是什么促使场景产生不同的特质，以及什么导致“场景”中异质性元素的萌生、发展和蔓生。因此，场景和蜂鸣之间的关系既是互补的，又是共生的。本书通过探讨场景中参与者的感受及其创造场景的行动，作为促生场景的力量，通过理论和实践范式的分析，赋予场景以灵魂，并增加其魅力。

从全球对比的角度来看，本书认真审视并理性对待“舶来理论”。当前中国学界对以场景理论为代表的外来理论态度两极化：或直接质疑其在中国的有效性，或盲目照搬使用。本书在全球比较视角下分析了诸如“参与（有时）引导民主、合法性和信任”“波西米亚驱动创新发展”等经典西方理论观点在非西方语境下的适用性及其底层原因，体现了理性学术精神。特别是通过对“蜂鸣”现象的研究，证实了文化参与和创意活动能够创造财富、权力和信任，使场景在其所属系统中赢得一席之地。反过来，场景也可以从商业团体、政治角色和居民团体获得外部支持，并将其转化为“蜂鸣”文化资源。

从问题导向出发，在跨领域的视角下深化理论研究，本书并未局限于文化艺术本身，而是广泛关联政治学、经济学等经典理论范式。在此基础上，本书创新性地提出了场景理论与蜂鸣理论，旨在新的时代与区域语境下建立新的理论分析框架。正如本书主编之一、芝加哥大学社会学系终身教授特里·克拉克所指出的，人文科学和“蜂鸣”驱动力交织在一起的大片灰色地带不仅是跨界研究的乐土，也是数字文明时代人工智能驱动场景走向虚实互动、场景要素更加活跃的文化沃土。这凸显了蜂鸣的应用价值——让美好生活的实现过程具有体验性、创造性和实践性，同时也让美好生活更加多样性、可获得性和高品质。

再次感谢参与本书写作、翻译、校对等工作的场景领域的青年学者们。他们为本书的付梓出版付出了辛勤的劳动。参与编纂本书工作的人员具体分工如下（按照文章顺序依次排名）：第一篇由吴军、范霁雯、温雯、戴俊骋负责翻译及写作；第二篇由范霁雯、孙鸿妍、张必春负责翻译及写作；第三篇由温雯、朱丹、孙鸿妍、宋朝丽负责翻译及写作；第四篇由齐骥、亓冉、刘晓菲负责翻译及写作；第五篇由温雯、王青、亓冉、齐骥、陆梓欣负责翻译及写作；第六篇由魏文坤、亓冉、张必春、陈波、侯雪言负责翻译及写作。这些参与者包括场景（中国）学术联合体的发起人，以及来自高校和科研院所的科研人员和青年学者。他们或专注于文字翻译的准确性，或致力于学术研究的科学性，皆以匠心独运之精神，促成了本书的问世。

大家聚焦于场景理论，关注文化艺术，致力于城市发展，不仅为系统地梳理场景理论的全球旅行、回顾蜂鸣理论的全球进展付出了宝贵的时间，而且就如何更好地探索城市发展新动能、发掘美好生活新愿景打开了新的思路。通过他们的努力，本书得以呈现给读者，成为这一领域的重要贡献。